21世纪经济管理新形态教材·工商管理系列

数智企业经营管理沙盘理论与实践

李璠　刘超 ◎ 主编

清华大学出版社
北京

内 容 简 介

本书依托"数智企业经营管理沙盘",从理论到实践,系统地介绍企业经典管理理论及数字化技术所带来的场景变革。本书分为模拟企业经营管理沙盘、企业经营管理解析、企业经营管理沙盘详解、企业家四个部分,结合沙盘教具和实际经营案例,分别介绍了营销4P理论、精益生产、筹资管理、人力资源管理5P模型、企业三大报表、财务数据分析等知识,并进行实际运用训练。

本书还注重思政教育,在学习知识的同时,力求实现学习社会主义企业家精神,理解中国制造的历史使命,认知不正当竞争的危害,加强依法纳税的公民意识,正确理解碳中和与碳达峰。

本书既可作为高等学校工商管理、财务管理、会计及相关专业学生的教材,也可作为企业内部管理能力提升培训的参考资料。

本书封面贴有清华大学出版社防伪标签,无标签者不得销售。
版权所有,侵权必究。举报:010-62782989,beiqinquan@tup.tsinghua.edu.cn。

图书在版编目(CIP)数据

数智企业经营管理沙盘理论与实践/李璠,刘超主编.—北京:清华大学出版社,2023.1(2025.1重印)
21世纪经济管理新形态教材.工商管理系列
ISBN 978-7-302-62522-3

Ⅰ.①数… Ⅱ.①李… ②刘… Ⅲ.①企业经营管理－计算机管理系统－高等学校－教材 Ⅳ.① F272.7

中国国家版本馆 CIP 数据核字 (2023) 第 021738 号

责任编辑:付潭娇　刘志彬
封面设计:汉风唐韵
版式设计:方加青
责任校对:宋玉莲
责任印制:刘　菲

出版发行:清华大学出版社
　　　　网　　址:https://www.tup.com.cn,https://www.wqxuetang.com
　　　　地　　址:北京清华大学学研大厦A座　　　邮　　编:100084
　　　　社 总 机:010-83470000　　　　　　　　邮　　购:010-62786544
　　　　投稿与读者服务:010-62776969,c-service@tup.tsinghua.edu.cn
　　　　质 量 反 馈:010-62772015,zhiliang@tup.tsinghua.edu.cn
印 装 者:三河市东方印刷有限公司
经　　销:全国新华书店
开　　本:185mm×260mm　　印　　张:14.25　　字　　数:310千字
版　　次:2023年2月第1版　　印　　次:2025年1月第11次印刷
定　　价:49.00元

产品编号:098854-01

前　言

"企业经营管理沙盘"是如今高校工商管理、财务管理等专业的一门核心课程。对高校教学而言，沙盘模拟的"流程仿真"可以让学生实现"真看真听真感受"。往往在20～30个课时的教学中，学生就可以理解企业整体运营的全貌。

本书作为企业经营管理沙盘实践的专用教材，科学合理地为广大师生提供了一本可以全面指导数智企业经营管理沙盘教学学习的好工具。

本书所依托的数智企业经营管理沙盘，融入市场变数，结合角色扮演与情景模拟，让学生能在虚拟的企业中，体验从市场需求、销售反馈、渠道运营、经销商订货竞标，到人力资源招聘、薪酬管理、能力培训、涨薪激励，再到生产派工、产品设计、原料订货、技术研发，再到融资贷款、日常费用结清、营运资金管理、全面预算，最后到财务报表等企业经营的完整流程。通过数字化节奏的设计，让学生能够清晰地感受数字技术的发展，为企业带来管理变化以及新的活力。

本书融理论与实践于一体，有别于一般的实践教材，加大了理论学习与案例分析的比例，设计思路新颖独到，内容丰富充实，能使学生在学习体验中，完成由知识到技能的转化。同时在学习中加入了思政内容，升华了学生的思想境界。

当前已经出版的有关管理沙盘的教学图书，多数局限在规则讲解及介绍层面，而能够结合管理知识，特别是能够深入浅出地讲解沙盘中所包含的知识内容的尚有欠缺。为此，我们结合多年沙盘研发经营以及教学感受，将心得体会汇集起来，希望对沙盘教学工作者有所帮助，并由此推动沙盘模拟教学的发展。

本书共分为四个部分，具体如下。

第一部分为"模拟企业经营管理沙盘"，对标题进行详细拆解，主要介绍企业的概念、经营的主体、管理的意义、沙盘的形态，让学生对企业经营管理沙盘有基本的认知。

第二部分为"企业经营管理解析"，系统地讲解企业管理的四大模块：营销管理、人力资源管理、生产管理、财务管理的概念以及核心内容。通过案例分析，帮助学生理解企业经营管理的内容。

第三部分为"企业经营管理沙盘详解"，详细阐述数智企业经营管理沙盘的操作方法和经营规则，并以数据分析的形式对核心策略给出具体的分析方法和建议。

第四部分为"企业家"，介绍了成功的企业家应该拥有的精神面貌，引用了习近平总书记对社会主义企业家的期许，希望学生能够有朝一日成为对社会主义建设有贡献的大企业家。

本书是清华大学与新道科技股份有限公司多年校企合作的结晶，由清华大学李璠老师起草大纲并担任主编，新道科技股份有限公司产品经理刘超担任副主编，内容设计师王亚楠参与部分内容的编写，最后由李璠老师通读全书，进行适当修改。同时，本书参阅的主要文献已列出，在此一并对各位作者表示感谢。

由于作者的水平和能力有限，书中难免有不足之处，敬请批评指正，提出宝贵意见，我们将在修订或重印时予以体现。

编者

2022 年 8 月

目　　录

第一部分　模拟企业经营管理沙盘

第一章　企业经营管理 ··· 002

- 1.1 什么是企业 ··· 004
  - 1.1.1 企业的由来 ·· 004
  - 1.1.2 企业及其组织形式 ·· 004
  - 1.1.3 企业的分类 ·· 006
- 1.2 什么是经营 ··· 007
  - 1.2.1 经营的概念 ·· 007
  - 1.2.2 经营要素 ··· 007
- 1.3 什么是管理 ··· 008
  - 1.3.1 管理的概念 ·· 008
  - 1.3.2 管理的职能 ·· 008
  - 1.3.3 经营与管理的关系 ·· 010
- 1.4 什么是沙盘 ··· 011
  - 1.4.1 沙盘的历史背景 ·· 011
  - 1.4.2 沙盘分类 ··· 012
  - 1.4.3 管理沙盘教学 ··· 012

第二章　组建沙盘团队 ··· 014

- 2.1 什么是团队 ··· 015
- 2.2 组建企业团队 ·· 016
  - 2.2.1 企业组织架构 ··· 016
  - 2.2.2 营销总监角色任务 ·· 016

2.2.3　财务总监角色任务 …………………………………………………… 017
　　2.2.4　人力总监角色任务 …………………………………………………… 018
　　2.2.5　生产总监角色任务 …………………………………………………… 019
　　2.2.6　协调企业各角色之间的关系 ………………………………………… 020

第二部分　企业经营管理解析

第三章　市场营销管理 …………………………………………………… 022

3.1　什么是市场营销 …………………………………………………………… 023
　　3.1.1　认识市场营销 …………………………………………………………… 023
　　3.1.2　市场营销理论应用的发展 …………………………………………… 023
　　3.1.3　市场营销的核心概念 ………………………………………………… 024
　　3.1.4　市场营销环境分析 …………………………………………………… 027
　　3.1.5　目标市场的选择 ……………………………………………………… 032
　　3.1.6　营销策略的制定 ……………………………………………………… 035
3.2　沙盘营销总监操作指南 …………………………………………………… 050
3.3　数字营销与企业数字化 …………………………………………………… 055
　　3.3.1　背景 ……………………………………………………………………… 055
　　3.3.2　什么是数字营销 ……………………………………………………… 057
　　3.3.3　数字营销的本质特征 ………………………………………………… 057
　　3.3.4　企业数字营销核心四要素 …………………………………………… 059
　　3.3.5　未来数字营销的变与不变 …………………………………………… 059
3.4　沙盘数字营销操作指南 …………………………………………………… 060

第四章　财务管理 ………………………………………………………… 063

4.1　什么是财务管理 …………………………………………………………… 064
　　4.1.1　认识财务管理 ………………………………………………………… 064
　　4.1.2　预算管理 ……………………………………………………………… 069
　　4.1.3　筹资管理 ……………………………………………………………… 071
　　4.1.4　投资管理 ……………………………………………………………… 073
　　4.1.5　营运资金管理 ………………………………………………………… 077
　　4.1.6　成本管理 ……………………………………………………………… 078
　　4.1.7　财务报表分析 ………………………………………………………… 081

  4.1.8 财务经营策略——杜邦分析法 ·············089
 4.2 沙盘财务总监操作指南 ·············091
 4.3 智能财务与企业数字化 ·············095
 4.4 沙盘数字财务操作指南 ·············100

第五章 人力资源管理 ·············103

 5.1 什么是人力资源管理 ·············104
  5.1.1 人力资源管理的发展阶段 ·············104
  5.1.2 人力资源管理的概念 ·············106
  5.1.3 人力资源管理的特征 ·············108
  5.1.4 人力资源管理的发展趋势 ·············108
  5.1.5 人力资源管理的研究内容 ·············109
  5.1.6 人力资源管理的任务 ·············110
  5.1.7 人力资源"5P"模型概述 ·············112
  5.1.8 平衡计分卡法 ·············116
 5.2 沙盘人力总监操作指南 ·············118
 5.3 数字人力与企业数字化 ·············122
  5.3.1 数字化人力资源管理的概念及意义 ·············122
  5.3.2 数字化人力资源管理特征 ·············123
  5.3.3 人力资源管理数智化创新的应用场景分析 ·············127
 5.4 沙盘数字人力操作指南 ·············129

第六章 生产管理 ·············133

 6.1 什么是生产管理 ·············134
  6.1.1 生产管理的概念与内容 ·············134
  6.1.2 生产管理的三大手法 ·············137
  6.1.3 认知精益生产 ·············139
  6.1.4 生产管理的分析方法 ·············144
  6.1.5 生产管理的绩效考核 ·············147
  6.1.6 "双碳" ·············149
 6.2 沙盘生产总监操作指南 ·············153
 6.3 数智工厂与企业数字化 ·············158
  6.3.1 什么是数智工厂 ·············158
  6.3.2 数智工厂的特征 ·············159

  6.3.3 数智工厂的关键技术 ·········· 159

  6.3.4 数智工厂的应用场景 ·········· 160

 6.4 沙盘数字生产操作指南 ·········· 163

第三部分 企业经营管理沙盘详解

第七章 沙盘经营规则 ·········· 168

 7.1 模拟企业背景 ·········· 168

  7.1.1 新管理团队建设 ·········· 169

  7.1.2 产品类型和市场需求趋势 ·········· 170

  7.1.3 企业面临的市场 ·········· 170

  7.1.4 企业目前经营状况 ·········· 171

 7.2 企业管理流程 ·········· 171

 7.3 沙盘模拟操作规则介绍 ·········· 172

  7.3.1 市场开拓和品牌建设 ·········· 172

  7.3.2 销售会议与广告计划、竞单顺序 ·········· 174

  7.3.3 销售订单、销售交货 ·········· 176

  7.3.4 生产厂房管理 ·········· 177

  7.3.5 生产设备管理 ·········· 178

  7.3.6 生产管理 ·········· 178

  7.3.7 特性研发 ·········· 181

  7.3.8 融资管理 ·········· 181

  7.3.9 工人管理 ·········· 182

  7.3.10 应收账款、应付账款及贴现 ·········· 184

  7.3.11 费用核算 ·········· 184

  7.3.12 碳排放 ·········· 185

  7.3.13 社会责任 ·········· 185

 7.4 "引导年"操作 ·········· 186

  7.4.1 沙盘初始状态 ·········· 186

  7.4.2 "引导年"操作流程 ·········· 187

第八章 沙盘数据分析 ·········· 193

 8.1 如何制定营销策略 ·········· 193

8.2 如何制订生产计划 199
8.3 如何使得工人效率最大化 202
8.4 如何避免破产 203

第四部分 企业家

第九章 企业家精神 208
9.1 企业家精神 209
9.2 社会企业家精神 210

参考文献 213
附录 214

第一部分
模拟企业经营管理沙盘

第一章
企业经营管理

学习目标

- 了解企业、经营、管理及沙盘的概念。
- 了解传统企业分类及其组织形式。
- 了解经营概念及要素。
- 了解沙盘背景及其分类。
- 掌握企业经营管理的重要性,学会用战略的眼光看待企业经营与管理。

导入案例

两座"神山"

2020年1月23日10时武汉按下暂停键后,当天下午,武汉市政府召开紧急会议,决定由中建三局牵头,中信建筑设计院设计,武汉建工、武汉市政、汉阳市政等单位主要承建,参照"非典"期间北京"小汤山"模式,在蔡甸区筹建一所应急传染病医院,取名"火神山"。一项"几乎不可能完成的任务"下达到武汉市城乡建设局:"十天,建成一所可容纳1 000张床位的救命医院。"

扩展阅读1.1
两座"神山"

1月24日,除夕,火神山医院开建。总建筑面积3.39万平方米,编设床位1 000张。次日,工程正式开工。13 500名建设者、1 500台各类机械设备,陆续开赴"火神山"。火神山医院施工人员24小时不间断地忙碌着。中建三局总承包公司总工程师、火神山医院项目总工程师余地华透露,公司接到任务的第一时间,就把设计管理团队派到设计院,与设计院共同开展工作,整个工程形成设计、采购、施工融合,并且配备相应的组织机构。

上百位中国优秀项目经理不断加入,四面八方的物资、建材源源而来,省际省内"绿色通道"全面开启。

"火神山"工地外的知音湖大道上,高峰时,运送各类建材等待入场的车流队伍长达1公里,巨大的工地上一度同时有4 000多人施工。

在全国人民和备受煎熬的武汉市民的关注下,在3 300多万"在线云监工"的监督下,在武汉知音湖畔5万平方米的滩涂坡地上，由中建三局牵头，武汉建工、武汉市政、汉阳市政等企业参建，来自各行各业的数百家企业的7 500名建设者和近千台机械设备，一起接下这震撼世界的军令状。正如世卫组织（WHO）总干事谭德塞在同年1月31日日内瓦举行的发布会上说："我一生中从未见过这种动员。"

之后，便是震撼世界的奇迹般诞生的"火神山医院"。相信看过"10天10夜"火神山施工视频的"云监工"最能证明，哪有什么奇迹，不过是一群最平凡的人将最平凡的事做到了极致。据《国资报告》统计，正是这些来自各行各业的企业不计辛劳、不计报酬、不求回报、不畏艰险才实现了"火神山"的奇迹，在模块化分工的配合下完成了"不可能完成的任务"。

而正月初一的那天，火神山医院建设号角刚吹响，武汉市又决定在江夏区黄家湖再建一所"雷神山医院"。总建筑面积7.99万平方米，床位1 600张。

相较"火神山"，"雷神山"需要投入更多人力，整个中建集团对内广发英雄帖，顷刻间一呼百应，八方来援。中建铁投、中建科工、中建安装、中建装饰、中建商砼、中建二局、中建四局、中建五局、中建八局等中建集团所属公司骨干火速驰援。

24 500名建设者闻讯而来，2 000台（套）机械设备及车辆参与，各参建单位不计成本，听从统一指挥，密切配合。

2月6日，雷神山医院开始收治新冠肺炎病人。

在这段时间里，"两山"医院建设过程24小时直播，让数千万网友一起见证了奇迹的产生。奇迹的背后是实力，速度的背后是能力。2020年5月，在湖北省技术交易所组织召开的"两山"医院科技成果评价会上，与会专家认定，基于"两山"医院建设实践，由中建三局牵头完成的《新冠肺炎应急医院快速建造关键技术》科技成果整体达到国际领先水平。

10天建成火神山医院，12天建成雷神山医院，"两山"医院成为武汉战"疫"的坚强支点。这奇迹是中国的奇迹，近4万名建设者、千万武汉市民与全国亿万人民群众亲自参与，亲眼目睹。这奇迹生动诠释了生命至上、举国同心、舍生忘死、尊重科学、命运与共的伟大抗疫精神。

在两所医院的建设过程中，有不少企业伸出援助之手。援建企业的部分名单如下。

（1）建材行业：北京高能时代环境技术股份有限公司、天鼎丰控有限公司、日丰企业集团有限公司、北京东方雨虹防水技术股份有限公司。

（2）能源行业：中国石油天然气集团有限公司、国家电网有限公司、惠州亿玮锂能股份有限公司。

（3）家电行业：美的集团股份有限公司、创维集团有限公司、北京小米科技有限责任公司、海尔集团公司。

（4）电力通信行业：中国移动通信集团有限公司、中国信息通信科技集团有限公司、华为技术有限公司。

以上的众多企业也仅是参与医院建设的一部分。然而，还有更意外和欣慰的捐赠则来自社会大众！价值20万元的文件柜，由洛阳14家家具厂连夜赶工生产出来，却在发货后表示"不用买，我们捐"；400个板凳，捐赠自营业不到一年的淘宝店主金辰——他心疼昼夜赶工的工人们席地而坐……

在感动于企业家的社会责任感之余，我们有没有发现一个问题？为什么这些企业的名称都各不相同？有限公司、股份有限公司、控股有限公司、有限责任公司……

要解读这个问题，我们要先理解"什么是企业"。

1.1 什么是企业

1.1.1 企业的由来

企业的历史起源可以追溯至17世纪由英国人和荷兰人发起的航海探险。英国东印度公司创立于1 600年，荷兰东印度公司创立于1602年，这两家欧洲的贸易公司即最早有记载的企业。

现代汉语中"企业"一词源自日语。与其他一些社会科学领域常用的基本词汇一样，它是在日本明治维新后，大规模引进西方文化与制度的过程中翻译而来的汉字词汇，而戊戌变法之后，这些汉字词汇从日语中被大量引入现代汉语。

在中国计划经济时期，"企业"是与"事业单位"平行使用的常用词语，在1978年版的《辞海》中，"企业"的解释为"从事生产、流通或服务活动的独立核算经济单位"。

1.1.2 企业及其组织形式

一、企业的定义及功能

企业是依法设立的，以盈利为目的，运用各种生产要素（土地、劳动力、资本和技术等），向市场提供商品或服务，实行自主经营、自负盈亏、独立核算的法人或其他社会经济组织。企业的目标是创造财富（或价值）。企业在创造财富（或价值）过程中必须承担相应的社会责任。

当今社会，企业作为国民经济细胞，扮演着越来越重要的角色。

（一）企业是市场经济活动的主要参与者

市场经济活动的顺利进行离不开企业的生产和销售活动，离开了企业的生产和销售活动，市场就成了无源之水、无本之木。制造价值是企业经营行为动机的内在要求，企业的生产状况和经济效益直接影响社会经济实力和人民物质生活水平。只有培育大量充满生机与活力的企业，社会才能稳定、和谐而健康的发展。

（二）企业是社会生产和服务的主要承担者

社会经济活动的主要过程即生产和服务过程，大多是由企业来承担和完成的。许多企业要组织社会生产，通过劳动者将生产资料（劳动工具等）作用于劳动对象，从而生产出商品，这个过程就是企业组织社会生产的过程，所以企业是社会生产的直接承担者。企业在组织社会生产过程中必然要在社会上购买其他企业的商品，再把本企业的产品销售出去，从而形成了服务（包括商品流通）的过程。离开了企业的生产和服务活动，社会经济活动就会中断或停止。

（三）企业是经济社会发展的重要推动力量

为了在竞争中立于不败之地，企业就需要不断积极采用先进技术，这在客观上必将推动整个社会经济技术的进步。企业的发展对整个社会的经济技术进步有着不可替代的作用。加快企业技术进步，加速科技成果产业化，培育发展创新型企业，是企业发展壮大的重要途径。

二、企业的组织形式

典型的企业组织形式有三种：个人独资企业、合伙企业和公司制企业。

（一）个人独资企业

个人独资企业是由一个自然人投资，全部资产为投资人个人所有，全部债务由投资者个人承担的经营实体。个人投资企业是非法人企业，不具有法人资格。

个人独资企业具有创立容易、经营管理灵活自由、不需要缴纳企业所得税等优点。

个人独资企业的局限性表现为：①业主需要对企业债务承担无限责任，当企业的损失超过业主最初对企业的投资时，业主需要用个人的其他财产偿债；②难以从外部获得大量资金用于经营；③个人独资企业所有权的转移比较困难；④企业的生命有限，企业随着业主的死亡而自动消亡。

（二）合伙企业

合伙企业通常是由两个或两个以上的自然人（有时也包括法人或其他组织）合伙经营的企业。它是由各合伙人遵循自愿、平等、公平、诚实信用原则订立合伙协议，共同出资、合伙经营、共享收益、共担风险的营利性组织。合伙企业分为普通合伙企业和有限合伙企业。

普通合伙企业由普通合伙人组成，合伙人对合伙企业债务承担无限连带责任。

有限合伙企业由普通合伙人和有限合伙人组成，普通合伙人对合伙企业债务承担无限连带责任，有限合伙人以其认缴的出资额为限对合伙企业债务承担责任。

合伙企业的生产经营所得和其他所得，按照国家有关税收规定，由合伙人分别缴纳所得税。

除业主不止一人外，合伙企业的优点和缺点与个人独资企业类似。此外，法律规定普通合伙人对企业债务须承担无限连带责任。如果一个合伙人没有能力偿还其应分担的债务，其他合伙人须承担连带责任，即有责任替其偿还债务。法律还规定合伙人转让其所有权时需要取得其他合伙人的同意，有时甚至还需要修改合伙协议。

由于合伙企业与个人独资企业存在着共同缺陷，所以一些企业尽管在刚成立时以独资或合伙的形式出现，但是在发展至某一阶段后都将转换成公司制企业的形式。

（三）公司制企业

公司（或称公司制企业）是指由投资人（自然人或法人）依法出资组建，具有独立法人财产、自主经营、自负盈亏的法人企业。

公司是经政府注册的营利性法人组织，并且独立于所有者和经营者。根据现行的法律，其形式分为有限责任公司和股份有限公司两种。

有限责任公司简称有限公司，是指股东以其认缴的出资额为限对公司承担责任，公司以其全部财产为限对公司的债务承担责任的企业法人。根据《公司法》的规定，必须在公司名称中标明"有限责任公司"或者"有限公司"字样。

股份有限公司简称股份公司，是指其全部资本分为等额股份，股东以其所持股份为限对公司承担责任，公司以其全部财产对公司的债务承担责任的企业法人。

有限责任公司和股份有限公司的区别：①公司设立时对股东人数要求不同。设立有限责任公司的股东人数可以为 1 人或 50 人以下；设立股份有限公司，应当有 2 人以上 200 人以下为发起人。②股东的股权表现形式不同。有限责任公司的权益总额不进行等额划分，股东的股权是通过投资人所拥有的比例来表示的；股份有限公司的权益总额平均划分为相等的股份，股东的股权是用持有多少股份来表示的。③股份转让限制不同。有限责任公司不发行股票，对股东只发放一张出资证明书，股东转让出资需要由股东会或董事会讨论通过；股份有限公司可以发行股票，股票可以依法转让。

1.1.3 企业的分类

企业可以根据投资人的出资方式、责任形式、所有制结构、股东对公司所负责任等分为不同种类的公司，具体分类如下。

（1）以投资人的出资方式和责任形式分为：个人独资企业、合伙企业、公司制企业。公司制企业又分为有限责任公司和股份有限公司。

（2）以投资者的地区不同分为内资企业、外资企业和港、澳、台商投资企业。

（3）按所有制结构可分为全民所有制企业、集体所有制企业、私营企业和外资企业。

（4）按股东对公司所负责不同分为无限责任公司、有限责任公司、股份有限公司。

（5）按信用等级可分为人合公司、资合公司、人合兼资合公司。

（6）按公司地位类型可分为母公司、子公司。

（7）按规模可分为特大型企业、大型企业、中型企业、小型企业和微型企业。

（8）按经济部门可分为农业企业、工业企业和服务企业等。

（9）按企业健康程度可分为相对比较健康的随机应变型企业、军队型企业、韧力调节型企业和相对不健康的消极进取型企业、时停时进型企业、过度膨胀型企业、过度管理型企业。

1.2 什么是经营

1.2.1 经营的概念

早在两千五百多年前，我国古代第一部诗歌总集《诗经》里，《大雅·灵台》篇就有"经始灵台，经之营之"的诗句，这是"经""营"见于我国文字记载的最早记录，含义是"经度营造"。后来，司马迁把"经之营之"发展为"经营"一词。

现代"经营"有"策划并管理"之意，是指根据经营主体自身的资源状况和所处环境，对经营主体的长期发展进行战略规划和部署，制定明确的经营方针、经营目标的方法和手段。在企业中，经营的目的在于创造企业价值，追求效益最大化。

将"经营"的意义拆分出来，还含有筹划、谋划、计划、规划、组织、治理、管理等含义。但经营并不是管理，经营和管理相比，经营更侧重于动态性谋划发展，而管理侧重于使组织正常合理运转之意。

1.2.2 经营要素

前面我们讲到企业是以盈利为根本目的的组织。而经营是指企业通过运用决策、管理、监督、改进等职能充分利用自身人、财、物等资源，寻找、整合外部资源和需求，以求向外界提供产品或服务，满足客户需求，获得经济效益的一系列外向经济活动行为。那么经营究竟由哪几个基本要素组成呢？

（1）经营者。根据《中华人民共和国反垄断法》第十二条规定，从事商品生产、经营或提供服务的自然人、法人或其他组织都被称作经营者。一般我们把经营活动的主体统称为经营者，没有经营者就不可能有经营活动。不论路边的小商小贩还是写字楼里面的企业家，都属于经营者。经营者既可以是单个人，也可以是几个人的集合，还可以是团体，如"董事会"等。

（2）经营对象，即经营活动的客体。经营对象是经营者把自己的经营活动加于其上的东西。比如，企业的经营对象是物质资料；政府的经营对象是人类本身即社会。

（3）经营权，即实现经营的手段。经营权一般是指经营者对经营对象的占有、支配、使用和处理或强制、规范并承担经营责任的权力。物质资料的经营权称为经济权力，一般表现为企业经营权；社会的经营权称为政治权力，一般表现为政府经营权。

（4）经营载体，一般是指经营活动得以进行的组织。比如，经济的载体一般是家庭或企业，而政治的载体却只能是政府。

（5）经营活动，此处是指企业投资活动和筹资活动以外的所有交易和事项。它是使经营目的得以实现的过程，所含范围很广。就工商企业来说，经营活动包括销售商品、提供劳务、购买商品、广告宣传、缴纳税款等。

将企业和经营结合起来，就形成了企业经营。企业的经营是企业根据自身的资源状况和所处的市场竞争环境对企业长期发展进行战略性规划和部署、制定企业的远景目标和方针的战略层面的活动。它解决的是企业的发展方向、发展战略问题，具有全局性和长远性，是企业或经营者有目的的经济活动，是经营者在国家的方针政策指导下，根据国家计划任务、市场需求状况及企业自身的需要，从本身所处的内外环境条件出发，对企业的经济活动进行的筹划、设计与安排等活动。

1.3 什么是管理

1.3.1 管理的概念

管理是指一定组织中的管理者，通过实施计划（策略）、组织、领导、控制、创新等职能来协调他人的活动，使别人同自己一起实现既定目标的活动过程。其是人类各种组织活动中最普通和最重要的一种活动。

近百年来，人们把研究管理活动所形成的管理基本原理和方法统称为管理学。作为一种知识体系，管理学是管理思想、管理原理、管理技能和方法的综合。随着管理实践的发展，管理学不断充实其内容，使之成为指导人们开展各种管理活动，有效达到管理目的的指南。

1.3.2 管理的职能

一、决策

组织中所有层次的管理者，包括高层管理者、中层管理者和一线（或基层）管理者，都必须从事计划活动。所有管理者必须制定符合并支持组织的总体战略目标。另外，他们必须制订支配和协调他们所负责的资源的计划，且在制订计划过程中必须进行决策。决策是制订计划和修正计划的前提，而计划又是实施决策的保证，计划与决策密不可分，其关系如图1-1所示。

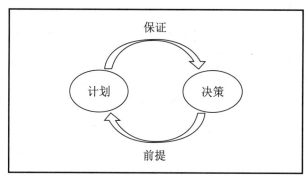

图 1-1 计划与决策

二、组织

计划的执行要靠他人的合作，组织工作源自人类对合作的需要。组织目标决定着组织结构的具体形式和特点。例如，政府、企业、学校、医院、军队、教会、政党等社会组织由于各自的目标不同，其组织结构形式也各不相同，并显示出各自的特点。反过来，组织工作的状况又在很大程度上决定着这些组织各自的工作效率和活力。在每一项计划的执行和管理业务中，都要做大量的组织工作。组织工作的优劣同样在很大程度上决定着这些计划和管理活动的成败。任何社会组织是否具有自适应机制、自组织机制、自激励机制和自约束机制，在很大程度上也取决于该组织结构的状态。因此，组织职能是管理活动的根本职能，是其他一切管理活动的保证和依托。

三、领导

计划与组织工作做好了，也不一定能保证组织目标的实现，因为组织目标的实现要依靠组织全体成员的努力。配备在组织机构各个岗位上的人员，由于在个人目标、需求、偏好、性格、素质、价值观、工作职责和掌握信息量等方面存在很大差异，在相互合作中必然会产生各种矛盾和冲突。因此，就需要有权威的领导者领导并指导人们的行为，通过沟通增强人们的相互理解，统一人们的认识和行动，激励每个成员自觉地为实现组织目标共同努力。

四、控制

人们在执行计划的过程中，由于受各种因素的干扰，常常使实践活动偏离原来的计划。为了保证目标及为此而制订的计划得以实现，就需要控制职能。控制的实质就是使实践活动符合计划，计划就是控制的标准。管理者既要有防止下属和事态失控的充分措施，又必须及时取得计划执行情况的信息，并将有关信息与计划进行比较，发现实践活动中存在的问题，分析原因，及时采取有效的纠正措施。有的管理者以为有了良好的组织和领导，目标和计划自然就会实现。但实际上只给员工下达计划、布置任务、授予职权、奖励，而不对员工的工作实绩进行严格的检查、监督，发现问题却不采取有效的纠正措施、听之任之，员工很难自动自觉。因此，控制与信任并不对立。

五、创新

最近几十年来,由于科学技术的迅猛发展,社会经济活动空前活跃,市场需求瞬息万变,社会关系也日益复杂,每位管理者每天都会遇到新情况、新问题,所以现在已经到了不创新就无法维持的地步——管理者成功的关键就在于创新。要办好任何一项事业,大到国家的改革,小到办实业、学校、医院,推销一份报纸或者一种产品,都要敢于走新的路,开辟新的天地。所以,创新自然而然地成为管理过程不可或缺的重要职能。

各项管理职能的相互关系如图1-2所示。每一项管理工作一般都是从决策开始,经过组织、领导到控制结束。各项职能之间相互交叉渗透,控制的结果可能导致新的决策,开始又一轮新的管理循环。如此循环不息,把工作不断地向前推进。创新在管理循环中处于轴心的地位,也成为推动管理循环的原动力。

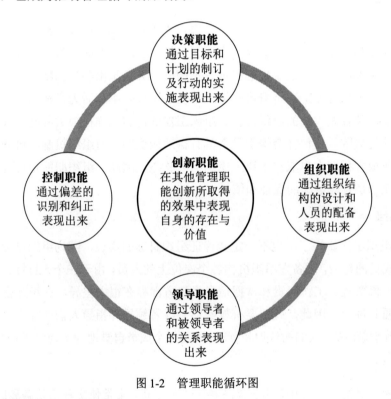

图1-2 管理职能循环图

1.3.3 经营与管理的关系

(1)"经营"在"管理"的外延之中。通常对经营和管理可以这样理解:企业运营都会包括经营和管理这两个主要环节,经营是指企业进行市场活动的行为,而管理是指企业理顺工作流程、发现问题的行为。

经营与管理是相互渗透的,我们也经常把经营管理放在一起讲,经营中的科学决策过程便是管理的渗透,而管理中的经营意识可以说是情商的体现。把经营和管理严格区分开来是误区，也是务虚的表现。

（2）经营是对外的，追求从企业外部获取资源和建立影响；管理是对内的，强调对内部资源的整合和建立秩序。

经营追求的是效益，即资源和利润；管理追求的是效率，即节流和成本。经营是扩张性的，要积极进取，抓住机会，胆子要大；管理是收敛性的，要谨慎稳妥，评估和控制风险。

（3）经营与管理是密不可分的。经营与管理必须共生共存，在相互矛盾中寻求相互统一：光明中必须有阴影，而阴影中必须有光明；经营与管理也相互依赖，密不可分。一方面，忽视管理的经营是不能长久、不能持续的，挣回来多少钱却又浪费掉多少钱，"竹篮打水一场空"。另一方面，忽视经营的管理是没有活力的，是僵化的，为了管理而管理，为了控制而控制，只会把企业"管死"。企业发展必须有规则，有约束，但也必须有动力，有张力，否则就是"一潭死水"。

（4）经营是龙头，管理是基础，管理必须为经营服务。企业要做大做强，首先必须关注经营，研究市场和客户，并为目标客户提供有针对性的产品和服务；其次基础管理必须跟上。只有管理跟上了，经营才可能继续往前进；经营前进后，又要对管理水平提出更高的要求。所以，企业发展的规律就是："经营—管理—经营—管理"交替前进。如果撇开管理光抓经营是行不通的，管理扯后腿，经营就前进不了。相反，撇开经营，光抓管理，就会原地踏步，甚至倒退。

1.4　什么是沙盘

1.4.1　沙盘的历史背景

秦在部署灭六国时，秦王亲自堆制模型研究各国地理形势，在李斯的辅佐下，派大将王翦进行统一战争。后来，秦始皇在修建陵墓时，在自己的陵墓中堆建了一个大型的地形模型。模型中不仅砌有高山、丘陵、城池等，而且用水银模拟江河、大海，用机器装置使水银流动循环。可以说，这是最早的沙盘雏形，至今已有两千多年历史。

范晔的《后汉书·马援传》中记载：汉建武八年（公元32年）光武帝征伐天水、武都一带地方豪强隗嚣时，大将马援"聚米为山谷，指画形势"，使光武帝顿有"虏在吾目中矣"的感觉，这就是最早的沙盘作业。

1811年，普鲁士国王菲特烈·威廉三世的文职军事顾问冯·莱斯维茨，用胶泥制作了一个精巧的战场模型，用颜色把道路、河流、村庄和树林表示出来，用小瓷块代表军队和武器，并将其陈列在波茨坦皇宫里用来进行军事游戏。后来，莱斯维茨的儿子利用沙盘、地图表示地形地貌，以算时器表示军队和武器的配置情况，按照实战方式进行策略谋划。这种"战争博弈"就是现代沙盘作业。

19 世纪末和 20 世纪初，沙盘主要用于军事训练，第一次世界大战后，它才在实际中得到广泛运用。随着电子信息技术的发展，出现了模拟战场情况的新技术，也为研究作战指挥提供了新的手段。

1.4.2 沙盘分类

沙盘主要分为地形沙盘、建筑沙盘和管理沙盘。

（1）地形沙盘。地形模型是以微缩实体的方式来表示地形地貌特征，并在模型中体现山体、水体、道路等，主要表现的是地形数据，使人们能从微观的角度来了解宏观的事物。地形模型的应用范围极其广泛，主要运用在政府、交通、水利、电力、公安指挥、国土资源、旅游、人武、军事等行业。

（2）建筑沙盘。建筑模型是以微缩实体的方式来表示建筑艺术的。无论是单体的造型，还是群体的组合都是如实地表达建筑思想的构造，将建筑师的意图转化成具体的形象。

（3）管理沙盘。管理沙盘起源于 20 世纪的欧洲，于 21 世纪初由用友公司推广使用。最早是用来模拟一个企业生产运营的关键环节——整体战略规划、市场营销、产品研发、市场开发、资金筹集、生产管理、固定资产的投资和改造、财务管理等部分。在后期发展中，逐渐有了决策模拟、商业模式模拟等分支。

1.4.3 管理沙盘教学

企业经营管理沙盘起源于 20 世纪 50 年代美国哈佛大学的 MBA 教学，沙盘作为教学工具正式走进了管理的教学课堂。这一教学方式借鉴了古代军事沙盘和建筑沙盘的原型特点，将一个企业生产运营的关键环节——整体战略规划、市场营销、产品研发、市场开发、资金筹集、生产管理、固定资产的投资和改造、财务管理等部分设计为运营的主要内容。学生通过角色扮演和岗位体验，置身于真实的企业经营，以此体会经营企业的压力和喜悦。

近年来，我国企业管理沙盘教学作为一种新的体验式实验教学模式，在如新道科技股份有限公司等企业推广之下，得以普及，由于其具有模拟情境、角色扮演、综合应用和寓教于乐的特点，突破了传统校外实训教学的诸多局限，有效地解决了经管专业学生素质和能力的培养问题。

它针对代表先进的现代企业经营与管理技术，设计角色体验的实验平台。模拟沙盘各职能中涵盖了企业运营的所有关键环节：战略规划、资金筹集、市场营销、产品研发、生产组织、物资采购、设备投资与改造、财务核算与管理等部分，把企业运营所处的内外环境抽象为一系列的规则。

通过学生参与、沙盘载体、模拟经营、对抗演练、讲师评析、学生感悟等一系列的实验环节，其融合理论与实践议题、集角色扮演与岗位体验于一身的设计思想，使受训者在分析市场、制定战略、营销策划、组织生产、财务管理等一系列活动中，参悟科学的管理规律，同时也对企业资源的管理过程有了实际的体验。

经过数年的发展，沙盘由最初的物理沙盘演变成如今广受学生喜爱的电子沙盘，这不仅仅是时代的改变，更是课程的实际需要。传统的理论教学可以满足学生在知识层面的补充，但缺少实践环节。电子沙盘可以帮助学生在进入社会之前，通过体验的方式，提前感受企业的经营流程，学习企业中各方面知识。

思考题 >>>

一、概述企业的分类。

二、概述经营与管理的关系。

案例分析—分槽喂马

即测即练

第二章
组建沙盘团队

学习目标 >>>

> ➢ 认知企业中各角色任务,学会任务分层,有效处理各角色之间的关系。
> ➢ 了解企业组织架构,体会团队协作重要性。
> ➢ 树立全局观念及共赢理念,体会人尽其才的价值。

导入案例 >>>

中国共产党——中国最牛的创业团队

这是一支 100 年前的创业团队。

1921 年 7 月公司注册,资本金接近于零,靠共产主义的故事拿到了苏联的天使轮和 A 轮,历经艰辛打败了西方跨国公司和国内强有力的竞争对手,1949 年 10 月 1 日在主板市场上市。

经过 60 多年五代 CEO 经营,目前市值突破 11 万亿美元,居全球第二,未来有望成为全球第一。

1921 年 7 月,初创团队在上海召开团队成立的第一次筹备会,在会议召开期间被同行业垄断对手不断地干扰,后转移至一艘船上顺利完成注册。初期注册资本接近为零,靠着马恩列的商业计划书,拿到了北极熊创投的天使轮和 A 轮。

1924 年,为了打破传统行业的垄断,联合友商发起新战略,但是由于友商的恶意陷害和投机行为,造成了最终计划的失败。

1935 年,在多次地受到竞争对手打击之后,纠正了团队内"海归"所领导的错误路线,选出了行业内天才 CEO 作为领导核心。

1937 年,东洋大财团妄图以强力的措施兼并中国市场,消灭在中国市场的竞争对手。团队上下联合一切力量,巩固用户市场。

1945 年,击败了东洋财团的不正当竞争,东洋财团彻底被驱逐出中国市场。

1947 年,国内竞争对手,也就是前文提到的友商,撕毁了公司联席合并发展的协议,通过各种恶意营销和强行干扰用户的行为,引起了广大用户强烈的不满。

1949 年，在广大用户的支持下，通过拿下了决定性的三个市场的份额，并最终一鼓作气，击败了竞争对手。

1949 年 10 月 1 日，在北京上市，正式加入全球市场。

1992 年，转变了持续数十年的公司管理体制，开展公司市场化发展。

1997 年和 1999 年，成功地收回被国外集团长期兼并的两个子公司。

2003 年，面对高速增长的公司规模和业绩，时任国家领导层提出了团队良好健康持续发展的规划，要求强调以用户体验至上，树立市场的全局观念，强调产品和市场的协调统一。

2013 年，新一届高层领导班子上任，此时的团队实力更为强大，面临着更为重要的挑战。为了使公司内部更具有竞争力，强有力地开展了团队内部大考评，欺压员工的、爱用潜规则的、欺上瞒下的、在其位不谋其政的不合格员工都被调查，屡教不改顶风作案的被要求离开团队。净化了团队内部不和谐的因素，又端正了整个公司的企业文化，使之更有竞争力。

2015 年，国际市场的飞速变化使整个团队也面临着重要的机遇，领导层创造性地提出了互联互通的跨国产业链建设规划以及成立以本团队为核心的投资银行。积极开展跨地区、跨行业的合作模式，将自己团队的优秀技术和产品推广至世界各地。在广泛的用户中，树立良好的公司形象。目前市值已超过 10 万亿美元，位居世界第二。

辉煌一百多年，有过成功，也有过失败，却是当之无愧为史上最牛创业团队！

她，就是伟大的中国共产党。

而这支辉煌的团队中，离不开各领导人的优秀统领。他们拥有坚定的理想信念，上下一心、矢志不渝的献身精神。跟上时代步伐、与时俱进、拥抱变化等都是他们成功的关键。

了解了这个伟大而又成功的团队后，你觉得在一个团队中什么最重要？如果让你来选择你的队伍，你会如何选择？

2.1 什么是团队

团队（team）是由基层和管理层人员组成的一个共同体，它合理利用每一个成员的知识和技能协同工作，以解决问题，达到共同的目标。

团队的构成要素可总结为"5P"，分别为目标(purpose)、人(people)、定位（place）、权限（power）、计划（plan）。团队和群体有着根本性的区别，群体可以向团队过渡。一般根据团队存在的目的和拥有自主权的大小将团队分为五种类型：问题解决型团队、自我管理型团队、多功能型团队、共同目标型团队、正面默契型团队。

扩展阅读 2.1

优秀团队案例

2.2 组建企业团队

2.2.1 企业组织架构

组织架构的本质是为了实现企业战略目标而进行的分工与协作的安排，组织架构的设计受内外部环境、发展战略、生命周期、技术特征、组织规模、人员素质等因素影响，并且在不同的环境、时期、使命下有不同的组织架构模式。因此，只要能实现企业的战略目标，增加企业对外竞争力，提高企业运营效率，就是合适的组织架构。组织架构管理得好，可以形成整体力量的汇聚和放大效应。否则，就很容易出现"一盘散沙"，甚至造成力量相互抵消的"窝里斗"局面。

企业的组织架构是企业管理的基础和载体，是企业生产经营管理功能的具体表现。在一定程度上讲，企业之间的竞争就是企业"效率"的竞争，而这个"效率"很大程度上有赖于合理的组织架构。符合企业发展特点的组织架构能够大力推动企业的发展，提高企业的核心竞争力；反之，则会成为企业发展的障碍。

企业组织架构设计没有固定的模式，根据企业生产技术特点及内外部条件而有所不同。但是，组织架构建设的思路与章法还是能够借鉴的，一般来说要解决好以下四个问题。

（1）职能结构。一项业务的成功运作需要多项职能共同发挥作用，因此在组织架构设计时首先应该确定企业经营需要哪几个职能，然后确定各职能间的比例与相互之间的关系。具体而言，是指实现组织目标所需的各项业务以及比例和关系。其考量维度包括职能交叉、职能冗余、职能缺失、职能割裂、职能分散、职能分工过细、职能错位、职能弱化等方面。

（2）层次结构。层次结构是指管理层次的构成及管理者所管理的人数。其考量维度包括管理人员分职能的相似性、管理幅度、授权范围、决策复杂性、指导与控制的工作量、下属专业分工的相近性。

（3）部门结构。部门结构是指各管理部门的构成（横向结构）。其考量维度主要是一些关键部门是否缺失或优化。

（4）职权结构。职权结构是指各层次、各部门在权力和责任方面的分工及相互关系。其主要考量部门、岗位之间权责关系是否对等。

在实际课程中可采用情境模拟、群体分享、分组操作、教师点评等相结合的授课形式。在数智管理沙盘模拟实战演练时，学员可自行分成若干个小组，每组分别选择营销总监、财务总监、人力总监、生产总监，四个角色构成一个企业，即作为一个实验小组，各企业之间进行对抗与竞争，完成2~4个年度的企业经营活动。

2.2.2 营销总监角色任务

在数智企业经营管理沙盘实验中，营销总监实际上是负责整个企业销售的"掌舵人"。营销总监负责制造企业产品与服务的实际销售，通过确定销售领域、配额、目标来协调企业的销售工作。

营销总监具体承担以下岗位职责。

（1）负责组织拟订公司的营销计划、销售预测和具体的战略目标、战略措施，负责具体的实施工作，确保各期营销计划及销售目标的完成。

（2）根据公司的营销策略及营销计划，负责向下属部门进行任务分解。

（3）定期对市场营销环境、目标、计划、业务活动进行核查分析，及时调整营销策略和计划，制定预防和纠正措施，确保完成营销目标和营销计划。

（4）主持制定公司营销管理有关的销售政策、规章制度、实施细则和工作程序，经批准后组织实施。

（5）组织监督、检查各项制度的执行情况，确保部门日常管理的有序进行。

（6）负责公司年度营销费用预算。

（7）负责公司营销费用的审核，确保营销费用的合理性。

（8）开展对客户、市场、竞争对手的调查研究，针对市场和竞争对手的动向制定应对措施，巩固原有市场，开发新市场，提高品牌形象。

（9）根据市场需求状况报批新产品开发方案。

（10）全面负责公司客户信息的管理，妥善处理客户营销层面的投诉问题。

（11）监督、检查客户服务及售后情况，确保服务质量不断提高。

（12）组织建立健全营销组织，建立并拓展公司的营销网络，开发并巩固目标市场。

（13）定期主持召开公司营销工作会议，全面准确地把握公司的营销运营情况。

（14）审阅营销系统以及相关的文件，在权限范围内签发文件。

（15）及时向总裁汇报营销系统的真实情况及有关数据。

（16）培养和发现人才，根据工作需要按程序申请招聘和调配直接下属，负责直接下级岗位人员任用的提名和隔级下级岗位人员的任命。

（17）指导、监督、检查所属部门的各项工作，掌握工作情况和相关数据。

（18）负责协调营销部与公司其他部门之间的工作关系。

（19）完成领导临时交办的工作。

2.2.3 财务总监角色任务

在数智企业经营管理沙盘实验中，财务总监是整个企业的财务负责人，负责组织制定企业年度财务预算，建立健全财务核算体系和内控制度，建立成本控制体系，完善现金流管理，为企业重大投资等经营活动提供财务决策支持。对于一个企业而言，良好的财务状况和健康的财务体系往往起着至关重要的作用。

财务总监具体承担以下岗位职责。

（1）负责公司的财务管理工作，建立健全公司内部财务管理制度并组织实施，确保公司财务体系的高效运转。

（2）根据集团公司中长期经营计划，制定财务战略规划和控制标准。

（3）主导公司整个上市过程中的财务配套相关工作。

（4）对公司重大投资、融资、并购等经营活动提供建议和决策支持，参与风险评估、指导、跟踪和控制。

（5）领导公司的财务管理、成本管理、预算管理、会计核算、会计监督、税务筹划等模块的流程及内控体系建立。

（6）根据公司经营计划制订年度财务工作计划，并组织实施。

（7）根据相关财务管理制度组织制定公司的各项财务管理制度、内部控制制度及实施细则、工作流程，完善和规范公司财务管理体系。

（8）制订公司资金运营计划，监督资金管理报告和预决算，负责公司财务管理、会计核算、成本控制、资金管理及税务事宜的总体运作。

（9）指导和督促财务部及时完成会计报表的编制，并对会计报表的准确性负责。

（10）监督和检查公司财务及相关业务活动的真实性、有效性，及时发现和制止违反公司财务制度的行为，确保公司资产和资金的安全。

2.2.4　人力总监角色任务

在沙盘中，人力总监是企业的重要管理人员，负责进行企业的人才选拔，建立科学的考核与激励机制，最大限度地激发人才潜能，创建优秀团队，推动企业展开全面生产。

人力总监具体承担以下岗位职责。

（1）根据公司实际情况和发展规划拟订公司人力资源计划，经批准后组织实施。

（2）组织制定公司用工制度、人事管理制度、劳动工资制度、人事档案管理制度、员工手册、培训大纲等规章制度、实施细则和人力资源部工作程序，经批准后组织实施。

（3）组织办理员工绩效考核工作并负责审查各项考核、培训结果。

（4）审批经人事部门核准的过失单和奖励单，并安排执行。

（5）负责在公司内外收集有潜力的和所需的人才信息并组织招聘工作。

（6）受理员工投诉和员工与企业劳动争议事宜并负责及时解决。

（7）了解人力资源部工作情况和相关数据，收集分析公司人事、劳资信息。

（8）审批公司员工薪酬表，报总经理核准后转会计部门执行。

（9）制订人力资源部专业培训计划并协助培训部实施、考核。

（10）加强与同业者之间的联系。

（11）代表公司与政府对口部门和有关社会团体、机构联络。

（12）根据公司业务发展战略，拟订招聘计划，负责整体定岗、定编工作，执行员工招聘工作，搭建并不断完善拓展公司现有的招聘渠道。

（13）搭建适应公司发展需要的人力资源管理体系（如人才发展、招聘配置、绩效管理、薪酬福利、员工关系等），并负责管理、执行、监督和完善。

（14）对公司的人力资源状况进行定期诊断和评估，擅长各类人才甄别及选拔，完善人才储备及人才梯队建设。

（15）做好公司年度人力资源成本预算和分析，向公司提供人力资源、企业管理等方面的合理化建议，以及控制人力成本风险和运营管理等方面对策，及时处理公司管理过程中的重大人事问题。

（16）负责企业的整体文化建设、提升和传承，以及与员工沟通协调等。

（17）关注业务需求，定期进行组织诊断，及时发现问题并提出人力调整建议，为企业重大人事决策提供信息支持。

2.2.5 生产总监角色任务

在整个沙盘中，生产总监将营销总监制订的销售计划，转换为近期企业的主导生产供货计划、材料需求计划及成品分销供货计划，然后采购相应原材料和设计相应的图样等，并组织安排与管理相应的生产计划，再将生产出的成品通过销售订单，调往经销商和零售商那里，保证满足客户的需求。

生产总监具体承担以下岗位职责。

（1）根据公司战略目标及经营计划，合理配置设备、人员、场地等生产资源，满足产能需求。

（2）负责车间制造管理，包含生产、工艺工程、设备运维，规划并完成组织生产目标。

（3）负责对生产车间员工进行工作技能和安全操作规范的培训。

（4）负责对生产车间设备的管理和维护。

（5）负责监督车间员工做好品质自检工作。

（6）监控生产人员规范操作方法，确保生产现场的安全和清洁。

（7）具备良好的制造管理经验，能够带领团队发挥较好的团队合作精神。

（8）具备良好的组织、领导能力，能够承受高强度的工作压力。

（9）根据生产计划安排生产工作，安排和协调人员、物料、设备等准备工作，确保生产进度。

（10）建立生产进度、安全、质量等体系制度、规章制度，负责生产、设备、安全检查、生产统计等管理制度的拟定、检查、监督等。

（11）监督和管理生产现场及人员，推进生产现场的"6S"管理[①]，落实公司安全生产教育。

（12）监督生产设备的运作和日常维护及保养工作。

（13）全面管理公司的品质工作，根据客户、订单、工艺标准制定统一的检验标准，编制进料、制程、成品的质量检验标准。

---

① "6S"管理是一种管理模式，包括整理（seiri）、整顿（seiton）、清扫（seiso）、清洁（seiketsu）、素养（shitsuke）、安全（security）六方面内容。

2.2.6 协调企业各角色之间的关系

在众多的国内企业里，内部协调、配合、支援不畅是许多企业，尤其是大企业里存在的普遍现象。当某个部门需要其他部门支援时，大多数人都觉得自己原来的工作已经很忙，总是以各种理由推诿，心态变得很被动，一些发出求助的部门只能通过高层领导才能取得受托部门的支持。在实际工作中可以从以下几个方面来提高各部门之间的配合。

（1）建立内部满意度调查制度。可以发放问卷，询问对这次服务是否满意。这样随时随地通过调查结果，可以了解这个部门一年的服务水准。

（2）明确部门的职责定位。除了本位主义观念之外，部门负责人及所属员工还有其能力的问题。企业应该明确部门的职责定位，部门的设立是为了方便其他部门的员工。为部门主管划分工作范围，有各自发展的空间，让他们能够适当发挥，而不会彼此冲突。高级管理层也应做好协调工作，为各部门制定一些共同目标，使部门主管在互相协作的基础上寻求自身的发展。

（3）畅通的沟通渠道。一个最无形的机制，就是所谓的沟通渠道。不是有没有会议的问题，而是会议由少数人掌控的问题，如果大家都不讲话，也就无所谓沟通。企业文化有问题，如果是部门的问题，就应当是部门领导的责任；如果是公司的问题，就是公司最高领导人的责任。作为最高领导人应该清楚，既然公司设立了各个相关部门和岗位，就不应该厚此薄彼。

（4）内部轮调制。轮调制度可以让员工在不同的部门工作，了解别人的工作内容。当回到原来的部门时，就能更多地站在别人的角度来处理问题。轮调应尽可能在员工入职初期进行，因为工作时间越长专业化程度越高。

销售总监和财务总监分别代表业务和财务。销售总监侧重于业务拓展，创造新的收益，注重数量；而财务总监针对业务更多的是风险监控，注重业务收入的质量，在保值的基础上减少损失。财务总监是监管部门的排头兵，需要从股东角度出发，从总体考虑企业效益和利润的增长，同时需要协调各个部门关系，把控公司与税务、银行及其他单位的关系。销售和财务需要相互配合协调，销售需要在风险可控的前提下开疆扩土，财务需要为销售做好后勤风控。

很多企业在经营过程中，往往忽略了这样的内部合作，导致各部门只顾完成自己的工作，而给其他部门带来了众多麻烦，不仅效率低下，而且容易产生内部矛盾。因此，协调好企业内部关系，也是企业经营过程中必不可少的部分。

思考题

一、概述企业中的角色及其任务。

二、概述企业的组织架构。

扩展阅读 2.2

HQ 公司案例分析

即测即练

第二部分
企业经营管理解析

第三章
市场营销管理

学习目标

- 认知什么是市场营销。
- 了解市场营销概念,学会区分市场环境。
- 掌握目标市场的选择及营销"4P"策略的制定,学会运用营销策略进行案例分析。
- 了解数字营销与企业数字化,认知数字营销在企业中的应用。
- 掌握沙盘操作流程,理解操作步骤及其逻辑关系。

导入案例

诚信经营

2020年10月25日,网络主播"辛巴"(本名辛有志)的徒弟"时大漂亮"(本名时诗)在直播间推广一款茗挚品牌旗下的"小金碗碗装燕窝冰糖即食燕窝"商品,直播间价格为258元15碗,每碗17.2元,相比天猫旗舰店正常价格便宜56%左右。之后,陆续有消费者质疑该燕窝是假货。

11月6日,燕窝品牌所属公司发布律师声明称,此次发出的商品均为合格正品,已经合规合法通过各项环节的质检流程,不存在质量问题。对于恶意剪辑视频、采用误导性用语歪曲事实并传播、恶意中伤品牌产品者,将用法律维护正当权益和商誉。

可事情并没有就此结束,燕窝事件又一次出现了反转。

11月7日,职业打假人W开始对此事发表看法,认为辛巴销售的燕窝就是糖水,称自己已将此款产品送检;11月19日,W在社交媒体发文称辛巴销售的某品牌燕窝是风味饮料而不是燕窝,其综合成本每碗不超过1元钱,并出示送检权威机构的检测报告。报告显示,该产品蔗糖含量4.8%,成分表里碳水化合物为5%,确认该产品就是糖水。

12月23日,广州市场监管部门公布燕窝事件调查结果。广州市场监管部门表示,在此次燕窝销售过程中,辛巴所属涉事直播公司存在引人误解的商业宣传行为,其行为违反了《中华人民共和国反不正当竞争法》第八条第一款的规定。根据《中华人民共和国反不正当竞争法》的规定,市场监管部门拟对其做出责令停止违法行为、罚款90万元的行政处罚。燕窝销售方融昱公司为和翔公司直播活动提供的"卖点卡",以及在天猫"茗挚旗舰店"网店发布的内容，均存在引人误解的商业宣传行为，其行为违反了《中华人民共和国反不正当竞争法》第八条第一款的规定。根据《中华人民共和国反不正当竞争法》等规定，市场监管部门拟对其做出责令停止违法行为、罚款 200 万元的行政处罚。

11 月 27 日，辛巴发布道歉声明，承认此前旗下主播"时大漂亮"直播间所销售的"茗挚"品牌燕窝产品，实为一款燕窝风味饮品，存在夸大宣传的内容，提出先行赔付方案，并承诺将召回直播间所售产品，退一赔三。同时，辛巴还公布了团队整改方案，并贴出了与品牌方合同的相关责任条款。

这款"茗挚"品牌燕窝产品，每碗燕窝成分不足 2 克，实为一款燕窝风味饮品，不应当作为燕窝制品进行推广。根据赔付方案——直播间共售出"茗挚"品牌燕窝产品 57 820 单，销售金额 15 495 760 元，共需退还 6 200 万元给消费者。

事件到此，看似已经画上一个较完满的句点，产品经营商家的天猫网店"茗挚旗舰店"多款燕窝产品均已下架，涉事公司广州融昱贸易有限公司的管理层和股权发生变动。辛巴所属的广州和翔贸易有限责任公司也退还 6 000 余万元。但估计辛巴也很委屈：公司只负责推广，不涉及任何采购销售行为，为何会承担如此恶果？

带着这个问题，我们来学习"什么是市场营销"。

3.1 什么是市场营销

3.1.1 认识市场营销

市场营销学是由英文"marketing"一词翻译过来的。关于"marketing"一词的中文翻译还有"市场学""行销学""销售学""市场经营学""营销学"等，本书从静态和动态结合视角把握"marketing"的含义，认为"市场营销学"的译法比较合适。市场营销学是在经济学、行为科学等学科基础上发展起来的。正如营销大师菲利普·科特勒（Philip Kotler）在 1987 年美国市场营销协会成立 50 周年纪念大会上所言："营销学之父为经济学，其母为行为学，哲学和数学为其祖父、祖母。"

3.1.2 市场营销理论应用的发展

首先，市场营销观念和理论被引进生产领域。先是日用品企业，如小包装消费品企业，继而被引入耐用消费品企业，接着被引入工业设备企业，而后被引入重工业企业，如钢铁、化工企业。其次，市场营销观念和理论从生产领域引入服务业领域。先是被引入航空公司、银行，继而被引入保险、证券金融公司。后来又被专业团体，如律师、会计师、医生和建筑师等所运用。

在资本主义国家，市场营销原理与方法亦应用于社会及政治领域。比如，将市场营销方法应用于大学、医院、博物馆及政府政策的推行等社会领域中。又如，法国政府应用市场营销原则与方法，了解公众对政府废除死刑及扩大欧洲共同体的看法，根据公众不同的政见进行市场细分，然后采用广告宣传去影响或改变公众对政府政策的反对态度。为了与市场营销学应用范围的扩大相适应，市场营销学从基础市场营销学扩展细分为工业市场营销学、服务市场营销学、社会市场营销学、政治市场营销学及国际市场营销学等学科。

20世纪初，市场营销学首创于美国，20世纪50年代传播至日本、法国、苏联及东欧国家。中国则是自改革开放以后，才开始引进市场营销学的。先是通过对国外市场营销学图书及国外学者的讲课内容进行翻译介绍。自1978年开始选派学者、专家、学生出国访问、学习，考察国外市场营销学开设课程的状况以及国外企业对市场营销原理的应用情况，同时邀请外国专家和学者来国内讲学。1984年1月，中国高等院校市场学研究会成立，继而各省先后成立了市场营销学会。这些营销学术团体对于推动市场营销学理论研究及在企业中的应用起到了巨大的作用。如今，"市场营销学"已成为各高校经济管理专业的必修课，市场营销学原理与方法也已广泛地应用于各类企业。由于各地区、各部门之间的生产力发展水平不平衡，产品市场趋势有别，加之各部门经济体制改革进度不一，各企业经营机制改革深度不同等，市场营销学在各地区、各部门、各类企业的应用程度不尽相同。

3.1.3 市场营销的核心概念

（一）市场的概念

市场是社会分工和商品经济发展至一定程度的产物。随着社会生产力的发展，社会分工的细化，商品交换日益丰富，交换形式复杂化，人们对市场的认识日益深入。传统的观念认为，市场指的是商品交换的场所，如商店、集市、商场、批发站、交易所等。这是市场的最一般、最容易被人们理解的概念，所有商品都可以市场上流进流出，实现商品由卖方向买方转换。广义的市场是由那些具有特定需要或欲望，愿意并能够通过交换来满足这种需要或欲望的全部顾客所构成的。这种市场范围，既可以指一定的区域，如国际市场、国内市场、城市市场、农村市场，也可以指一定的商品，如食品市场、家电市场、劳动力市场等，甚至还可指某一类经营方式，如超级市场、百货市场、专业市场、集贸市场等。

从广义的市场概念可以看出，市场的大小并不取决于商品交换场所的大小，而是取决于那些表示有某种需要，并拥有使别人感兴趣的资源，且愿意以这种资源来换取其需要的东西的主体数量。具体来说，市场由购买者、购买力和购买愿望这三要素组成。只有当这三要素同时具备时，企业才拥有市场，即

$$市场=\{有需求的人口\}=\{购买者+购买力+购买愿望\}$$

从经营者的角度来看，人们常常把卖方称为行业，而将买方称为市场，它们的关系如图3-1所示。

图 3-1　市场与行业的关系

这里买方与卖方之间有四种流动相连：卖方把商品或服务送至市场，并与市场取得联系，买方把金钱和信息送至行业。

从宏观角度来看，市场是所有交换关系活动的总和，其交换内容可以是有形的，如商品、金融、生产要素等；也可以是无形的，如服务、内容。这些由交换过程连接而形成的复杂市场就构成了一个整体市场，如图 3-2 所示。

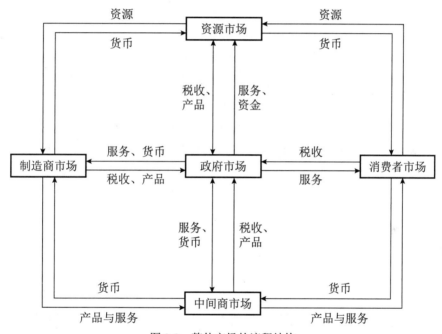

图 3-2　整体市场的流程结构

在整体市场中，制造商去资源市场（原材料市场、劳动力市场、资金市场）购买资源并将它们转换成产品和服务，然后把制成品卖给中间商，中间商卖给消费者。消费者则出售他们的劳动力获得用以购买产品和服务的钱。政府依靠税收收入从资源市场、制造商和中间商那里购买物资，并将这些产品和服务用于公共服务。每个国家的经济和全球经济都是由交换过程连接的互动市场构成的。

（二）市场的功能

市场功能是市场机制在市场营销活动中，以商品交换为中心所具有的客观职能。市场一般有以下功能。

（1）交换功能。交换功能是指通过市场进行商品收购和商品销售的活动，能实现商品所有权与货币持有权之间的相互转移，最终把商品送到消费者手中，使买卖双方都得到满足。

（2）供给功能。供给功能是指商品的运输和储存等方面的活动。由于商品的生产与消费往往不在同一地点，这就需要通过运输把商品从生产地转移至消费地。另外，商品通过储存设施加以保存，以保证市场上商品的及时供应。

（3）价值实现功能。商品的价值是人们在生产过程中创造的，其实现则是在市场上通过商品交换来完成的。任何商品都会接受市场的检验，市场是企业营销活动的"试金石"。市场状况良好，商品能顺利地在卖者和买者之间转换，最终将商品送到消费者手里实现消费，价值才能得以实现。

（4）反馈功能。市场能客观反映商品供求的状况，把供求正常或不正常的信息反馈给企业，为企业制定经营决策提供依据。

（5）调节功能。市场的调节功能是通过价值规律、供求规律和竞争规律来体现的。人们从市场上得到有关市场供求、市场价格和市场竞争情况的信息反馈后，可以通过一定的调节手段和措施使生产的商品适应市场的需求。

（6）便利功能。这是为了保证交换和供给功能能够顺利实现而提供的各种便利条件，包括资金融通、风险承担、商品标准化和市场信息系统等。市场的这些功能是通过参与市场活动的企业和个人的经济行为来实现的，它们之间存在互相制约、互相促进的关系。

（三）市场营销的概念

什么是市场营销？很多人将市场营销仅理解为销售和广告，其实，销售和广告只是市场营销的一小部分。

现在，市场营销不像过去一样仅仅被理解为把东西卖出去——宣传和推销，而应理解为满足客户需求。如果营销人员了解客户需求，开发出提供更多顾客价值的产品和服务，通过合理的定价、分销、有效推广、促销，这些产品将很容易被售出。实际上，根据"管理学之父"彼得·德鲁克（Peter Drucker）的观点"营销的目的就是使推销成为多余"，销售和广告只是市场营销组合中的一种策略。

从广义上来讲，市场营销是一个社会性、管理性的过程，在此过程中，个人和组织通过创造并与他人交换以满足他们的需要。在狭义的公司范畴中，市场营销就是与客户构建营利性的、有价值的交换关系。因此，我们将市场营销定义为公司通过为顾客创造价值并建立稳固的关系，获取顾客价值回报的过程。

图3-3展示了简要的市场营销过程五步模型。在前四步中，公司致力于了解客户需求，创造客户价值，与客户构建稳固的关系。在最后一步，公司从客户身上获取价值回报。通

过为客户创造价值，公司以销售额、利润和长期客户资产等形式从客户处获得相应的价值回报。

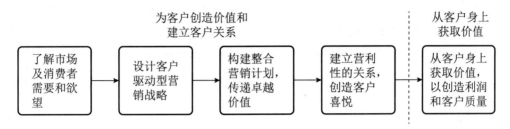

图 3-3　市场营销过程的简要模型

思考：你认为营销、推销、促销、直销、传销之间的区别是什么？

3.1.4　市场营销环境分析

（一）市场营销环境的含义

任何企业都是在不断变化的整体经营环境中运行的，所展开的市场营销活动都是在与其他组织、目标顾客和社会公众相互协作、服务、竞争和监督中完成的。只有全面、准确地认知市场营销环境，把握各种环境因素的变化，才能提高企业营销活动的有效性。

市场营销环境泛指一切影响和制约企业市场营销决策和实施的内部环境和外部环境的总和。它是指企业在其中开展营销活动并受之影响和冲击的各种行动者与社会力量的组合，如供应商、顾客、文化与法律环境等。市场营销环境一般可以分为两大类：微观市场环境和宏观市场环境。

微观市场环境是指与企业紧密相连，直接影响企业营销能力和效率的各种力量和因素的总和，主要包括企业自身、供应商、营销中介、消费者、竞争者及社会公众。由于这些环境因素对企业的营销活动有着直接的影响，所以微观市场环境又称直接营销环境。

宏观市场营销环境是企业无法直接控制的因素。它是通过微观环境来影响企业营销能力和效率的一系列巨大的社会力量，包括人口、经济、政治法律、科学技术、社会文化及自然生态等因素。由于这些环境因素对企业的营销活动起间接的影响，所以宏观市场环境又称间接营销环境，如国家的政治法律因素。

微观市场营销环境和宏观市场营销环境之间不是并列关系，而是主从关系。微观市场营销环境受制于宏观市场营销环境，微观市场营销环境中的所有因素均受宏观市场营销环境中的各种力量和因素影响。

研究营销环境的目的是通过对环境变化的观察来把握其趋势，以发现企业发展的新机会和避免这些变化所带来的威胁。营销者的职责在于正确识别市场环境所带来的机会和威胁，从而调整企业的营销策略以适应环境变化。

（二）市场营销环境的特点

1. 客观性

企业总是在特定的社会、市场环境中生产、发展的，所以宏观环境对企业的影响尤为显著。这种宏观环境不以营销者的意志为转移，具有强制性与不可控制性的特点，如人口因素、政治环境因素、社会文化因素等。对于这些不可控的环境因素，不论企业是否愿意，都必须面对各种环境因素的制约，所以只能主动适应并利用营销环境的变化来调整市场营销策略。

2. 差异性

不同的国家或地域之间，宏观环境存在着显著的差异，如人口、经济、政治、文化等。企业面对这种环境的差异性，需制定不同的营销策略。对于不同的企业，微观环境也是千差万别的，如海湾危机造成国际石油市场的极大波动，对石化行业的企业影响十分大，而对那些与石油关系不大的企业影响则较小。企业要根据行业、企业自身的特点，应对不同环境的变化，采取有针对性的营销策略。

3. 相关性

构成营销环境的各种因素是相互影响和相互制约的。这种相关性主要表现在两个方面。

（1）某一环境因素的变化会带动其他因素的互动变化。比如，受新冠肺炎疫情影响，许多行业的模式都发生了巨大的变化，如远程办公，云教学等。这也促进了一些直播、会议等服务企业的发展。

（2）企业营销活动会受多种环境因素的共同制约，而并非仅仅受单一环境因素的影响。比如企业的产品开发，就会受制于国家环保政策、技术标准、消费者需求特点、竞争者产品、替代品等多种因素的制约，如果不考虑这些外在的力量，生产出来的产品能否进入市场是很难把握的。

4. 多变性

市场营销环境是一个多变的动态环境。这个动态环境会受许多环境因素的影响，每一个环境因素都会因社会经济的变化而变化。一般来说，科技、经济、政治与法律因素对企业市场营销环境的影响比较大，尤其科技因素的变化最快、最强。

5. "双重性格"

市场机会与威胁环境并存。一方面，市场营销环境为企业创造新的市场机会，即未被满足的市场需求，造成营销的有利时机和条件，这为企业提供了进一步发展的空间；另一方面，可能为企业带来环境威胁和风险，造成营销的障碍和压力，即对企业营销不利的趋势。

（三）营销机会与威胁

1. 营销机会

营销机会就是企业实现经营目标的机遇。通过分析和评价，确认市场对某种产品有需求时，在企业有营销能力的时候，要积极创造和利用这一市场机会。分析营销机会时重点考虑其潜在的营利性和企业优势所在。

2. 环境威胁

环境威胁是分析营销环境中对企业营销不利的趋势，通过识别所面临的威胁，按其严重性和出现的可能性分类，从而采取相应的措施，以避开威胁或尽力把损失降至最低。

企业面对威胁时有两种态度。

（1）被动态度。持被动态度的企业认为环境是客观存在、难以控制的，企业只能被动、消极地应付。因此，企业一般根据环境变化来制定营销策略。持这种态度的营销活动者忽视了人和组织在营销环境变化中的主观能动性，容易保守经营，缺乏开拓创新精神，难以创造良好的营销业绩，容易被激烈竞争的市场所淘汰。

（2）主动态度。持主动态度的企业认为在企业与环境的对立统一中，企业既依赖于客观环境，同时又能够主动地认识、适应和改造环境。企业通过借助科学方法和现代营销研究手段，根据环境变化趋势制定营销策略，利用各种宣传手段来创造需求、引导需求，以创造有利的环境。促进某些环境因素有利于企业营销目标的实现。

总之，在现实生活中，市场营销环境总是在不断变化中的，环境变化能给企业带来威胁，也能给企业带来机会。营销者就是要采取积极、主动的态度，通过市场营销环境调研和分析抓住机会、克服威胁。

扩展阅读 3.1

高途案例分析

（四）市场营销环境的分析方法

通过对企业营销微观环境和宏观环境的分析与研究，使我们对企业营销环境有了初步认识。环境的发展变化可能给企业带来机会，也可能形成威胁。但是，并不是所有的市场机会都会为企业的营销活动带来利益，也不是所有的环境威胁都会对企业造成危害。一般来说，企业可以利用SWOT分析法（企业内部环境对照法）和机会—威胁分析法来加以评价与分析。

1. SWOT分析法

SWOT是由优势（strength）、劣势（weakness）、机会（opportunity）、威胁（threat）四个英文单词的首字母构成。其中，优势和劣势是内部因素，机会和威胁是外部因素。按照企业竞争战略的完整概念，战略应是一个企业"能够做的"（即组织的强项和弱项）和"可能做的"（即环境的机会和威胁）之间的有机组合。

SWOT分析法的主要思想是：抓住机会，强化优势，避免威胁，克服劣势。进行SWOT分析时，主要有以下几个步骤。

（1）分析环境因素，找出企业面临的机会与威胁。运用各种调查研究方法，分析企业所处的各种环境因素，即外部环境和内部环境因素。

首先，分析企业所处的外部环境中存在的机会因素和威胁因素，它们分别是影响企业发展的有利因素和不利因素，属于客观因素。这些因素包括整体需求、市场饱和程度、政府的政策、经济条件、社会文化、技术的发展以及行业中的竞争力量等。

其次，分析企业内部环境中的优势因素和劣势因素，它们分别是企业在发展中自身存在的积极因素和消极因素。其一般包括管理、组织、财务、人力资源等不同范畴。

（2）构造SWOT矩阵。优势、劣势与机会、威胁相结合，形成SO策略、WO策略、ST策略、WT策略，并将其填入表格中，如表3-1所示。

表3-1　SWOT分析表格

内部优势	内部劣势
1. 2. 3. …	1. 2. 3. …
外部机会	外部威胁
1. 2. 3. …	1. 2. 3. …

（3）制订行动计划。在完成环境因素分析和SWOT矩阵的构造后，将考虑各种环境因素相互匹配组合，得出一系列企业未来发展的可供选择对策。SWOT矩阵分析如图3-4所示。

		内部环境	
		优势（strength） S_1、S_2、S_3…	劣势（weakness） W_1、W_2、W_3…
外部环境	机会（opportunity） O_1、O_2、O_3…	SO策略	WO策略
	威胁（threat） T_1、T_2、T_3…	ST策略	WT策略

图3-4　SWOT矩阵分析图

① WT策略（劣势＋威胁）。WT策略又称为防御战略，对企业来说，这是最糟糕的环境。企业一旦处于这样的位置，要尽量避开威胁并逐渐消除劣势。如果处理不当，就可能直接导致企业的死亡。

② WO策略（劣势＋机会）。WO策略又称为扭转战略。虽然外部环境中存在机会，但是企业在这方面处于劣势，企业要利用外部机会，转变内部劣势。对企业来说，一方面，要控制面临的威胁，以阻止或减小它带来的不良后果；另一方面，当环境提供的机会与企业内部资源优势不协调，难以发挥企业优势时，企业应通过资源的开发或重组，将劣势向优势转化，从而赢得外部机会。

③ ST策略（优势＋威胁），即利用内部优势，规避外部威胁。当环境状况对公司优势构成威胁，优势难以充分发挥时，一方面，企业可以通过重新构建企业资源来获得竞争

优势，将威胁转化为机会；另一方面，可以选用自己的优势，抓住市场中的其他机会。

④ SO策略（优势＋机会）。SO策略又称为增长战略。这是一种最理想的组合，组织的内部资源和外部环境的机会达最佳匹配。在这种情形下，企业应强化、扩大已有的竞争优势，获得新的竞争机会。机会往往是稍纵即逝的，因此企业必须敏锐地捕捉机会，把握时机，以寻求更好的发展。

(4) 确定策略。SWOT分析法不是仅仅列出四项清单，而是通过评价公司的优势、劣势、机会、威胁对SO策略、WO策略、ST策略、WT策略进行甄别和选择，并最终得出结论，即在公司现有的内外部环境下，如何更好地运用自己的资源，以及如何建立公司的未来资源。

2. 机会－威胁分析法

面对威胁程度不同和市场机会不同的营销环境，企业需要通过环境分析来评估环境机会与环境威胁，从而采取相应的营销策略。

用机会－威胁矩阵分析方法来评价企业所在的环境，可能出现如下四种不同的结果（见图3-5）。

区域1：高机会和高威胁的环境——冒险环境。建议：加强调查研究、进行全面分析以降低风险，并争取利益。

区域2：低机会和高威胁的环境——困难环境。建议：若情况凶险、大势已去，应另谋发展。

区域3：高机会和低威胁的环境——理想环境。建议：抓住机遇，大力发展。

区域4：低机会和低威胁的环境——成熟环境。建议：一方面，维持正常运转，取得平均利润；另一方面，储备力量，为进行理想环境或冒险环境做准备。

1）机会分析法

有效地抓住和利用市场机会，将市场机会变为企业机会。机会分析矩阵主要考虑潜在的吸引力和成功的可能性（见图3-6）。

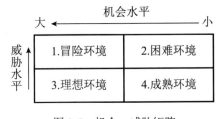

图3-5　机会—威胁矩阵

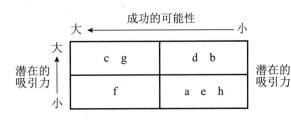

图3-6　机会分析矩阵

在图3-6中，处于c、g位置的机会，潜在的吸引力和成功的可能性都大，有极大可能为企业带来高利润，企业应把握机会，快速发展；而处于a、e、h的机会，潜在的利润小，成功的概率低，企业应改善自身的条件，关注机会的发展变化，谨慎地开展营销活动。

2）威胁分析法

面对环境威胁的分析，一般要注重两个方面：一是分析威胁的潜在严重性，即影响程度；二是分析威胁出现的可能性，即出现的概率。

图 3-7 为威胁分析矩阵图。图中，处于 c、e 位置的威胁出现的概率和影响程度都大，要及时制定相应对策；处于 g 位置的威胁出现的概率和影响程度小，企业不必过于担心，关注发展变化即可；处于 a、f 位置的威胁出现的概率虽小，但影响程度较大，必须密切注意它的发展变化；处于 b、d、h 位置的威胁影响程度较小，但出现的概率大，也应充分重视。

扩展阅读 3.2
HA 公司案例分析

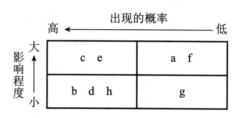

图 3-7　威胁分析矩阵图

3.1.5　目标市场的选择

（一）目标市场选择模式

企业根据市场需求的多样性和购买者行为的差异性，会把整体市场即全部顾客和潜在顾客，划分为若干具有某种相似特征的顾客群，每个顾客群都代表一个细分市场。任何企业拓展市场，都应该在细分市场的基础上发现可能的目标市场并对其进行选择。所谓目标市场，就是指在细分市场的基础上，企业经过分析、比较和选择，决定把一个或几个子市场作为服务对象。

企业在评估不同的细分市场以后，可以根据自身情况，选择一个或几个细分市场作为目标市场。归纳起来，目标市场的选择主要有五种基本模式。

1. 产品—市场集中化模式

如图 3-8（a）所示，企业集中力量只生产或经营某一种产品，供应某一类市场。这种模式的优点是企业可以集中力量了解这个细分市场的特点，实行专业生产和经营。这种经营模式风险较大，一般适宜实力较弱的中小企业使用。

2. 产品专业化模式

如图 3-8（b）所示，企业选择几个细分市场，对其顾客群同时供应某种产品。面对不同的子市场，产品的式样、档次有所不同。比如海尔公司专心制造冰箱整整七年，自从实施多元化战略后，才向冰箱以外的项目发展。这种模式的优点是能分散企业的经营风险。即使其中某个子市场失去了吸引力，企业还能在其他市场获利，但产品有了替代品，就会对企业造成威胁。

3. 市场专业化模式

如图 3-8（c）所示，企业以所有产品供应给某一类顾客群，产品的性能有所区别。比如企业专为学校实验室生产经营各种实验室用品。这种模式有利于与顾客建立稳固的关系。

4. 选择性专业化模式

如图 3-8（d）所示，企业有选择地专门服务于几个不同子市场的顾客群体，提供各种性能的、生命力较强的同类产品，尽力满足不同消费者群体的各种需求。这种模式有利于分散企业经营风险。

5. 市场全面化模式

如图 3-8（e）所示，企业为所有顾客群供应其需要的各种产品。实力强大的企业为了占据市场领先地位，常采用这种模式。比如通用公司在全球汽车市场、海尔集团在家电市场、联想集团在电脑市场，都采用了市场全面化模式。

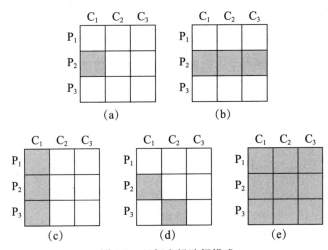

图 3-8 目标市场选择模式

（二）目标市场的选择策略

在确定目标市场模式后，可根据具体条件选择四种不同策略使自己的营销力量提高并影响目标市场。

1. 无差异性市场营销策略

无差异性市场营销策略是指企业面对整个市场只提供一种产品，采用一套市场营销方案，试图满足整体市场的某种共同需要，如图 3-9 所示。

图 3-9 无差异性市场营销策略示意图

在无差异性市场营销策略下，企业将整体市场作为企业的目标市场，认为所有消费者对某种商品有共同的需求，因此不考虑他们实际存在的需求差异。

这种策略的优点是生产经营的品种少、批量大，能节省各项费用，降低成本，有利于以廉价争取更多的消费者。当然，其缺点也很明显：首先，少有一种产品能迎合所有顾客的需求；其次，假如许多企业都采取这种策略，就会造成共性市场的激烈竞争，难以获利。以下产品可采用无差异性市场经营策略：①消费者的挑选性不大、需求弹性较小的生活必需品和主要工业原料，如粮食、棉花、油料、煤炭、工业用糖等；②经营的企业不多、竞争性不强的产品，如石油等。

2. 差异性市场营销策略

差异性市场营销策略是指企业在市场细分的基础上，选择两个或两个以上的细分市场作为目标市场，针对不同的细分市场推出不同的产品，采用不同的营销组合方案，如图3-10所示。

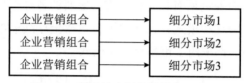

图3-10　差异性市场营销策略示意图

差异性市场营销策略的理论依据是：根据消费者需求的差异性，获得更多的市场营销机会。例如，中国移动目前用"全球通"主打高端的政务和商务人群，"动感地带"针对年轻时尚群体，"神州行""大众卡"用来"围剿"低端市场。依据其每用户平均收入（average revenue per user，ARPU）的不同值推出了不同的客户服务方案，从而让用户体会真正的品牌价值。

这种策略的优点是企业可以更好地满足多个细分市场上消费者的不同需求，扩大商品销售量；同时，通过强有力的市场营销组合来增强竞争力，可以提高市场占有率。但是，差异性营销会增加设计、制造、管理、仓储和促销等方面的成本，造成市场营销总体成本上升。可见，究竟差异到什么程度，要权衡利弊再进行决策。一般来说，以下产品适宜采用差异性市场营销战略。

（1）消费者需求弹性较大的商品，如高档家具、高档家电、名牌服装等。

（2）规格等级复杂的产品。由于产品的规格等级需求存在较大的差异性，采用差异性市场营销可以满足不同消费群体的需求。

3. 集中性市场营销策略

集中性市场营销策略即企业选择一个或少数几个子市场作为目标市场，定制一套营销方案，集中力量为它服务，力图在这些目标市场上占有很大份额，如图3-11所示。

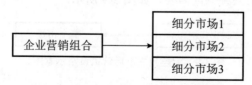

图3-11　集中性市场营销策略示意图

采用这种目标市场策略的企业，追求的不是在较大市场上占有较小的份额，而是在较小的市场上占有较大的份额。在市场面前，所有企业都想占有市场的大部分甚至全部，这是不现实的。优秀的企业家宁可集中全力去争取一个或极少数几个细分市场，也不将有限的人力、物力、财力分散用在广大的市场上。在部分市场上如能拥有较高的占有率，远胜于在所有市场上都获得微不足道的占有率。采用这种策略的好处是可以照顾个别市场的特殊性，使企业经营的产品在个别市场上占有优势地位，提高市场占有率和知名度；生产专业化程度高，能准确了解和满足顾客的不同需要；营销组合方案针对性强，可节约成本和营销费用。因此，对于生产周期短、数量波动大的产品，以及资源有限、资金薄弱、规模较小、活动范围不广但有很强应变力的中小企业，比较适合采用这种策略。但是，实行这种策略也要做好应变准备，规避风险。

4. 定制营销策略

定制营销策略是指企业在大规模生产的基础上，将每一位顾客都视为一个单独的子市场。通过与顾客进行单独的沟通，准确把握特定顾客的需求，并为其提供不同方式的服务，以更好地实现企业利益的活动过程。定制营销策略也被称为"一对一"营销、个性营销，如图 3-12 所示。

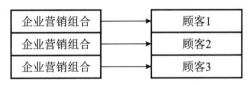

图 3-12　定制营销策略示意图

定制营销策略的突出优点是：能极大地满足消费者的个性化需求，提高企业竞争力；以需定产，有利于减少库存积压，加快企业的资金周转；有利于产品、技术上的创新，促进企业不断发展。但定制营销策略有可能导致营销工作的复杂化，增大经营成本和经营风险，需要建立在定制的利润高于定制的成本的基础之上。另外，生产领域的定制营销还对企业的设计、生产、供应等系统和管理的信息化程度有很高的要求，一般的生产企业可能还很难做到。

扩展阅读 3.3

汇源果汁案例分析

3.1.6　营销策略的制定

正如前文所讲，营销并非单纯的产品推销活动。在市场竞争如此激烈的今天，营销活动需要策略与战术。1960 年麦卡锡在《基础营销》一书中提出了"4P"组合，将营销要素概括为四类：产品（product）、价格（price）、渠道（place）、促销（promotion）。营销组合"4P"理论是指企业在市场营销活动中通过对自己可控的各种营销因素进行优化组合和综合运用使之协调配合、扬长避短、发挥优势，以取得更好的经济效益和社会效益的一种理论。其内容如下：

1）产品

产品通常是指企业提供给目标市场的货物服务的集合。它不仅包括产品的效用、质量、外观、式样、品牌、包装、规格、性能、设计安装维修、说明书,而且包括服务和保证因素等。

2)价格

价格是指顾客购买商品时的价格。内容有价目表的价格、折扣、折让、支付方式、支付期限和信用条件等,所以通常又称之为定价。

3)渠道

渠道是指企业为使其产品进入和达到目标市场所组织、实施的各种活动,包括商品流通环节中间商选择、渠道管理、仓储、运输以及物流配送等。

4)促销

促销是指企业为宣传介绍产品的优点和为说服目标顾客购买所进行的活动,包括广告、销售促进宣传、人员推广、公共关系等。

产品、价格、渠道和促销是市场营销中可以控制的因素,也是企业进行市场营销活动的主要手段。对它们的具体运用,形成了企业的市场营销战略。它们之间是密不可分、相互依存、相互影响和相互制约的关系。在市场营销中,企业必须从目标市场需求和市场营销环境的特点出发,根据企业的资源条件和优势,综合运用各种市场营销手段形成统一配套的市场营销战略,使之发挥整体效应,达到最好的效果。

(一)产品策略制定

1. 运用产品生命周期

产品生命周期,是指产品在完成研制以后,从投入市场开始到被市场淘汰,最终退出市场所经历的时间过程。

理解产品的生命周期时应该注意以下问题。

(1)产品的生命周期不同于产品的使用寿命。比如肥皂,其使用寿命很短,但市场生命周期很长;而计算机,其使用寿命很长,但市场生命周期很短。

(2)在不同国家和地区,同一产品可能处于生命周期的不同阶段。典型的产品生命周期以产品的市场占有率、销售额和利润额的变化为标志分为四个阶段:导入期、成长期、成熟期、衰退期,如图3-13所示。

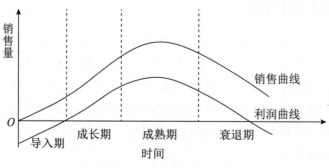

图3-13 产品生命周期

2. 产品生命周期的特征

在产品生命周期的不同阶段中，销售量、利润、购买者、市场竞争等都有不同的特征。

（1）导入期。导入期也称为投入期。这一阶段，产品刚投入市场，消费者还不太了解，产品生产的工艺不成熟，质量不稳定，销售渠道和服务不适应消费者的需求，销量不大；生产批量小，成本较高，广告费用大；利润较低甚至亏损，企业承担的风险最大；没有或只有极少的竞争对手，有利于企业的产品定位和发展市场空间。

（2）成长期。成长期的消费者对产品已相当熟悉，有的已经产生偏爱；产品生产工艺成熟且大批量生产；成本大幅度下降，销售量急剧上升，利润增长较快；大批竞争者纷纷介入，竞争开始激烈；建立了比较理想的营销渠道。

（3）成熟期。潜在的购买者已加入了购买的行列，市场需求渐趋饱和，产品销售量达到最高点并处于相对稳定状态；产品的生产技术成熟、生产批量大、成本低、薄利多销、利润达到最高点；很多同类产品进入市场，竞争更加激烈，具有规模和品牌实力的企业市场占有率逐渐提高，一些企业被挤出市场；更新的产品陆续出现，销售增长缓慢，成熟后期，销售增长趋于零，甚至出现负数。

（4）衰退期。消费者已经转移，产品销量明显下降，甚至停滞不前；市场上产品供过于求，价格进一步下跌，企业生产量下降，获取的利润也很微薄，甚至出现负利润；竞争日益淡化，一些竞争者的同类产品纷纷退出市场。

产品生命周期各阶段的特征可用表3-2概括。

表3-2 产品生命周期各阶段特征表

	导入期	成长期	成熟期		衰退期
			前期	后期	
销售量	低	快速增大	持续增长	有降低趋势	下降
利润	微小或负	大	高峰	逐渐下降	低或负
购买者	爱好新奇者	较多	大众	大众	落后者
竞争	甚微	兴起	增加	甚多	减少

3. 产品生命周期各阶段的营销策略

由于产品生命周期各阶段的特点不同，企业在各阶段的经营决策内容也不一样，企业应针对产品生命周期不同阶段的特征，制定相应的营销策略。产品生命周期不同阶段的营销策略如表3-3所示。

扩展阅读3.4

CD唱片案例分析

（二）价格策略制定

1. 企业定价的含义

企业定价是由企业根据多种因素自行决定产品价格的行为。

表 3-3　产品生命周期不同阶段的营销策略

	导入期	成长期	成熟期	衰退期
产品策略	确保产品的核心产品层次	提高质量、改进款式、特色	改进工艺、降低成本、产品改进	有计划地淘汰滞销品种
促销策略	介绍商品	品牌宣传	突出企业形象	维护声誉
营销策略	开始建立与中间商的联系	选择有力的营销渠道	充分利用并扩大营销渠道	处理淘汰产品的存货
价格策略	撇取价或渗透价	适当调价	价格竞争	削价或大幅度削价

生产和经营企业在国家规定的有关权限范围内按照价值规律、供求规律的要求，自主制定商品价格和劳务收费标准。根据《中华人民共和国价格管理条例》的有关规定，企业的定价权利主要为对实行国家指导价的商品和收费项目，按照有关规定制定商品价格和收费标准，制定市场调节价的商品价格和收费标准。

随着我国经济体制改革的深入发展，企业自主权的逐步扩大，市场经济模式的确立，企业定价商品的范围也随之逐步扩大。除了极少数十分重要的商品和劳务由国家定价外，大多数商品由企业在国家有关政策和法规允许的条件下，根据其内在条件和外部环境，自行或协商定价。企业定价是一种有一定约束的自由定价行为，这种定价行为既受国家的宏观调控，又充分反映了商品生产和经营者的意愿。

2. 企业定价的目标

自由市场经济主导的国家，企业的定价目标一般包括如下几个。

（1）利润最大化。

（2）采用低价维持或扩大市场份额。

（3）分层撇油。先定高价，再逐步降价，吸引对价格较敏感的次一层顾客。

（4）实现目标利润。

（5）扩大推销产品。

3. 影响企业定价的主要因素

价格的形成和变动是经济活动中最复杂的现象之一。现实生活，价格受多种因素的影响。商品价格是企业市场营销过程中十分敏感而又难以控制的因素，直接关系市场对产品的接受程度，影响销售量的大小和企业利润的多少。在企业的营销组合里，价格是最直接影响销售收入的因素，定价的运作过程相当复杂。如何在消费者可接受的价格范围里，制定出对公司最有利、最符合公司目标与政策的价格，是一门需要仔细谋划的艺术，也是企业市场营销所面临的重大挑战。

影响产品定价的因素很多，有企业的内部因素，也有外部因素；有主观的因素，也有客观的因素。概括起来，大体上包括商品价值与产品成本、市场因素、国家政策因素、消费者行为和心理因素以及其他因素几个方面。此处主要介绍前两种因素。

（1）商品价值与产品成本。价值是形成价格的基础，而成本又是价值的重要组成部分。因此，价格的制定必须考虑这两个重要因素。

①商品价值。商品价值量的大小决定商品价格的高低。价值反映社会必要劳动消耗，而社会必要劳动消耗是由生产资料消耗价值（C）、劳动消耗的补偿价值（V）和剩余产品价值（M）所组成，即：商品价值 $=C+V+M$。因此，企业制定营销价格时必须首先考虑商品价值的三个组成因素。但是，在一定时期内，价格与价值并不总是一致的，而是围绕着价值上下波动。当商品供过于求时，价格就会下降；当商品供不应求时，价格就会上升。因此，不能把价值看成是影响营销价格的唯一因素。

②商品成本。对企业的定价来说，成本是一个关键因素。企业产品定价以成本为最低界限，产品价格只有高于成本，企业才能补偿生产上的耗费，从而获得一定盈利。但这并不排斥某一段时期在个别产品上价格会低于成本。

在实际工作中，产品的价格是按成本、利润和税金三部分来制定的。成本又可分解为固定成本和变动成本。产品的价格有时是由总成本决定的，有时又仅由变动成本决定。成本有时又分为社会平均成本和企业个别成本。就社会同类产品市场价格而言，主要受社会平均成本影响。在竞争激烈的情况下，企业个别成本高于或低于社会平均成本，对产品价格的影响不大。

根据统计资料显示，目前工业产品的成本在产品出厂价格中平均占 70%。也就是说，成本是构成价格的主要因素，这只是就价格数量比例而言。如果就制定价格时要考虑的重要性而言，成本无疑也是最重要的因素之一。因为价格如果大大高于成本会有失社会公平，价格过分低于成本，企业就不可能长久发展。

企业在定价时不应将成本孤立地对待，而应与产量、销量、资金周转等因素综合起来考虑。成本因素还要与影响价格的其他因素结合起来考虑。

扩展阅读3.5

影响定价的其他几种因素

（2）市场因素。除了成本和价值因素外，商品价格在很大程度上还受商品市场供求状况、市场竞争状况以及其他因素的影响。

①商品市场供求状况。在市场经济条件下，市场供求决定市场价格，市场价格又决定市场供求。因此，制定商品营销价格时必须考虑市场的供求状况。

a. 供求与价格的双向影响。商品价格是在一定的市场供求状况下形成的。在一定时期内，某种商品的供求状况反映其供给总量与需求总量之间的关系。这种关系包括供求平衡、供小于求、供大于求这三种情况。供求平衡是指某种商品的供给与需求在一定时期内相等。在供求平衡状态时，某种商品的市场价格称为均衡价格。假定供求和价格以外的其他因素不变，当某种商品的价格高于均衡价格时，该商品的需求量就下降，供给则上升，形成供过于求的状态。显然，价格影响并决定了供求。而这时，价格便会落至均衡价格或其以下，表明供求关系也影响并决定着价格。当某种商品的需求减少且供给增多时，价格便会落至均衡价格或其以下，这又表明供求影响并决定着价格。当某种商品供小于求，则该商品的供给满足不了人们的需求，商品价格便会上涨形成卖方市场。随着价格的上涨，企业的资金会转向该商品的生产与销售，导致该商品的市场供给量剧增，从而卖方市场转化为买方市场，形成供大于求的局面，价格自动回落。

b. 需求价格弹性。在通常情况下，某种商品的价格升高，其需求量就会减少；反之亦然。因此，在制定商品营销价格时必须考察商品的需求价格弹性因素。需求价格弹性，简称需求弹性，是指在一定时期内，某种商品的价格变动的百分比与其需求变动的百分比的比值。由于是两个相对数的比值，故又称为需求价格弹性系数。

②市场竞争状况。市场竞争也是影响价格制定的重要因素。根据竞争程度的不同，企业定价策略会有所不同。一般来说，竞争越激烈，对价格的影响也越大。按照竞争的程度，市场竞争可以分为完全竞争、完全垄断和不完全竞争三种状况。

a. 完全竞争对价格的影响。在完全竞争状态下，企业几乎没有定价的主动权，只是价格的接受者而不是决定者。然而在实际生活中，完全竞争在多数情况下只是一种理论现象，因为任何一种产品都存在一定的差异，加之国家政策的干预以及企业的不同营销措施，完全竞争的现象几乎不可能出现。但是，如果出现了完全竞争，企业可以采取随行就市的营销定价策略。

b. 完全垄断对价格的影响。完全垄断是指一种商品或服务完全由一家或几家企业所控制的市场状态。在完全垄断状态下，企业没有竞争对手，可以独家或几家协商制定并控制市场价格。在现实生活中，完全垄断只有在特定的条件下才能形成，然而，由于政府的干预（如许多国家的反垄断法）、消费者的抵制以及商品间的替代关系，一个或几个企业完全垄断价格的局面一般不易出现。但是，如果出现了完全垄断，则非垄断企业在制定营销价格时一定要十分谨慎，以防垄断者的价格报复。

c. 不完全竞争对价格的影响。不完全竞争是在市场经济体制下普遍存在的典型竞争状态。在这种状态下，多数企业都能够积极主动地影响市场价格，而不是完全被动地适应市场价格。同时，企业在制定营销价格时，应认真分析竞争者的有关情况，采取相应的营销价格策略。

（3）国家政策因素。多数国家对企业定价都有不同程度的约束。在定价时，企业应主要考虑国家指导性计划和市场调节等因素。

4. 企业定价方法

所谓企业定价方法，是指企业在特定的定价目标指导下，依据对影响价格形成各因素的具体研究，运用价格决策理论，对产品价格进行测定的方法。

定价方法的选择和确定是否合理，关系企业定价目标能否实现和定价决策的最终成效。价格的制定应综合考虑成本、供求和竞争三个基本因素，具体的定价方法有如下几种。

1）成本导向定价法

成本导向定价法分为完全成本定价法和目标成本定价法。

（1）完全成本定价法。完全成本定价法是指以产品的全部生产成本为基础，加上一定数额或比率的利润和税金来制定价格的方法。生产企业的完全成本是单位产品生产成本与销售费用之和，经营企业的完全成本则是进价与流通费用之和。价格中的利润一般以利润率计算。利润率有以成本和销价为基数计算的两种方法，因而销售价格也有外加法和内扣法两种计算方法。

①外加法的计算公式为：

$$产品价格 = \frac{完成成本 \times (1 + 成本利润率)}{1 - 税率}$$

②内扣法的计算公式为：

$$产品价格 = \frac{完成成本}{1 - 销价利润率 - 税率}$$

完全成本定价法计算简便，主要适用于正常生产、合理经营的企业以及供求大体平衡、成本相对稳定的产品。但这种定价方法缺乏对市场竞争和供求变化的适应能力，同时还有成本和利税重复计算的缺点。

（2）目标成本定价法。目标成本定价法是指以期望达到的目标成本为依据，加上一定的目标利润和应纳税金来制定价格的方法。目标成本是企业拟订的一种"预期成本"，一般都低于定价时的实际成本。目标成本定价法适用于经济实力雄厚、生产和经营有发展前途的企业，尤其适用于新产品的定价。其计算公式为：

$$产品价格 = \frac{目标成本 \times (1 + 目标成本利润率)}{1 - 税率}$$

$$目标成本 = \frac{固定成本}{目标产量} + 单位产品变动产品$$

$$目标成本利润率 = \frac{要求提供的总利润}{目标成本 \times 目标产量} \times 100\%$$

目标成本作为一种"预期成本"，虽然不是定价时的实际成本，但也并非人们主观臆想出来的。它是建立在对"量、本、利"关系的科学测算的基础上，利用盈亏平衡分析的原理加以确定的。企业通过市场预测，在确定一种产品的可销价格以后，根据固定成本总额和单位产品平均变动成本，可以先测定保本量，即在销售量动态曲线上的盈亏平衡点（见图3-14）。

2）需求导向定价法

需求导向定价法分为可销价格倒推法、理解价值定价法和需求差异定价法。

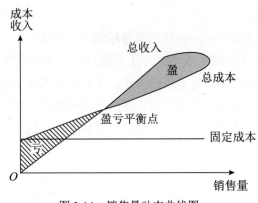

图 3-14　销售量动态曲线图

（1）可销价格倒推法，又称反向定价法，是指企业根据产品的市场需求状况，通过价格预测和试销、评估，先确定消费者可以接受和理解的零售价格，然后倒推批发价格和出厂价格的定价方法。其计算公式为：

$$出厂价格 = 市场可销零售价格 \times (1-批零差价率) \times (1-销进差率)$$

采用可销价格倒推法的关键在于如何正确测定市场可销零售价格水平。测定的标准主要有：产品的市场供求情况及其变动趋势、产品的需求函数和需求价格弹性、消费者愿意接受的价格水平和与同类产品的比价关系。

测定的方法有：①主观评估法。由企业内部有关人员参考市场上的同类产品，比质比价，结合考虑市场供求趋势，对产品的市场销售价格进行评估确定。②客观评估法。由企业外部的有关部门和消费者代表对产品的性能、效用、寿命等方面进行评议、鉴定和估价。③试销评估法。以一种或几种不同价格在不同消费对象或区域进行实地销售，并采用上门征询、问卷调查、举行座谈会等形式，全面征求消费者的意见，然后判明试销价格的可行性。

（2）理解价值定价法，是指企业以消费者对产品价值的理解为定价依据，运用各种营销策略和手段影响消费者对产品价值的认知，形成对企业有利的价值观念，再根据产品在消费者心目中的价值地位来制定价格的一种方法。

有些营销学家把买方的价值判断与卖方的成本费用相比较，认为定价时应侧重考虑前者。因为消费者购买产品时，总会在同类产品之间进行比较，选购那些既能满足其消费需要，又符合其支付标准的产品。消费者对产品价值的理解不同，会形成不同的价格限度。如果价格刚好定在这一限度内，就会促进消费者购买。

企业定价时应对产品进行市场定位，研究该产品在不同消费者心目中的价格标准，以及在不同价格水平上的销售量，并做出恰当的判断，进而有针对性地运用市场营销组合中的非价格因素影响消费者，使之形成一定的价值观念，提高他们接受价格的限度。然后，企业拟订一个可销价格，并估算在此价格水平下产品的销量、成本和盈利状况，从而确定可行的实际价格。

（3）需求差异定价法，是指根据消费者对同种产品或劳务的不同需求强度，制定不同的价格和收费的方法。价格之间的差异以消费者的不同需求为基础,其主要形式有:以不同消费者群体为基础的差别定价、以不同产品样式为基础的差别定价、以不同地域位置为基础的差别定价、以不同时间为基础的差别定价。

需求差异定价是以消费者需求的差异为标准。一般应具备:①市场能够根据需求强度的不同加以细分,而且需求差异较为明显。②细分后的市场之间无法相互流通,即低价市场的消费者不可能向高价市场的消费者转手倒卖产品或劳务。③在高价市场中用低价竞争的可能性不大,企业能够垄断所生产经营的产品和劳务。④市场细分后所增加的管理费用应小于实际需求差异定价所得到的额外收入。⑤不会因价格差异而引起消费者的反感。

3)竞争导向定价法

竞争导向定价法分为随行就市定价法、竞争价格定价法和投标定价法。

(1)随行就市定价法,是与本行业同类产品价格水平保持一致的定价方法。这种"随大流"式的定价方法,主要适用于需求弹性较小或供求基本平衡的产品。在这种情况下,单个企业提高价格就会失去顾客;而降低价格,需求和利润也不会增加。随行就市定价法是一种较稳妥的定价方法,尤其为中小企业所普遍采用。它既可避免挑起价格竞争,与同行业和平共处,减少市场风险,又可补偿平均成本,从而获得适度利润,且易被消费者所接受。

(2)竞争价格定价法,是指根据本企业产品的实际情况及与竞争对手的产品差异状况来确定价格。这是一种主动竞争的定价方法,一般为实力雄厚或产品独具特色的企业所采用。竞争价格定价法的定价步骤为:第一步,将市场上竞争产品价格与企业估算价格进行比较,分为高于、等于、低于三种价格层次;第二步,将本企业产品的性能、质量、成本、产量等与竞争企业进行比较,分析造成价格差异的原因;第三步,根据以上综合指标确定本企业产品的特色、优势及市场地位,在此基础上,按定价所要达到的目标确定产品价格;第四步,跟踪竞争产品的价格变化,及时分析原因,相应调整本企业的产品价格。

(3)投标定价法,是指在投标交易中,投标方根据招标方的规定和要求进行报价的方法。其主要适用于提供成套设备、承包建筑工程、设计工程项目、开发矿产资源或大宗商品订货等。

扩展阅读 3.6
天价虾案例分析

企业的投标价格必须是招标单位能够接受的价格。在竞争投标的条件下,投标价格的确定,首先,要根据企业的主客观条件,正确地估算完成指标任务所需要的成本;其次,要对竞争对手的可能报价水平进行分析预测,判断本企业中标的机会,即中标概率。企业中标的可能性或概率大小取决于参与投标竞争企业的报价状况。报价高,中标概率小;报价低,则中标概率大;报价过低,虽然中标概率极大,但利润可能很少甚至亏损,对企业并非有利。因此,如要使报价容易中标且有利可图,企业就要以投标最高期望利润为标准来确定报价。所谓投标期望利润,就是企业投标报价预期可获得利润与该报价水平中标概率的乘积。

扩展阅读 3.7
水果罐头案例分析

（三）渠道策略制定

1. 营销渠道的含义

菲利普·科特勒认为，一条营销渠道是指某种货物或劳务从生产者向消费者移动时，取得这种货物或劳务的所有权或帮助转移其所有权的所有企业和个人。因此，一条营销渠道主要包括商人中间商（因为他们取得所有权）和代理中间商（因为他们帮助转移所有权）。此外，它还包括作为营销渠道的起点和终点的生产者和消费者，但不包括供应商、赞助商等。具体如图3-15所示。

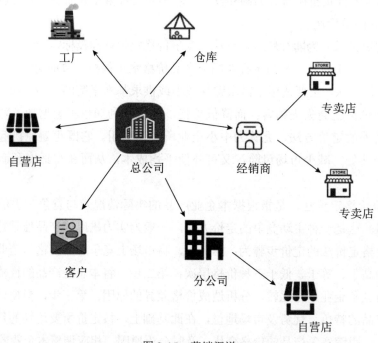

图 3-15　营销渠道

（1）营销渠道反映某一特定商品价值实现的过程和商品实体的转移过程。营销渠道一端连接生产，一端连接消费，是从生产领域到消费领域的完整的商品流通过程。在这个过程中，主要包含两种流动方式：一是商品价值形式的流动（商品所有权的转移，即商流），二是商品实体的流动（即物流）。

（2）营销渠道的主体是参与商品流通过程的中间商。

（3）商品在从生产者流向消费者的过程中，商品所有权至少转移一次。大多数情况下，生产者必须经过一系列中介机构转卖或代理转卖产品。所有权转移的次数越多，商品的营销渠道就越长；反之，亦然。

（4）在营销渠道中，与商品所有权转移直接或间接相关的，还有一系列流通辅助形式，如物流、资金流、信息流等，它们发挥着相当重要的协调和辅助作用。

2. 营销渠道的作用

营销渠道是连接生产者和消费者或用户的桥梁和纽带。企业使用分销渠道是因为在市场经济条件下,生产者和消费者或用户之间存在空间分离、所有权分离、供需数量差异以及供需品种差异等方面的矛盾。

对生产者来说,营销机构可使企业的产品有效打入广阔的市场,节省资金的占用,提高营销效率。

对消费者来说,营销机构是沟通生产和消费的媒介。通过营销机构,消费者可以了解更多的商业信息,也便于购买。

营销渠道的主要职能概括如下。

(1) 信息,指收集和发布制订计划和进行交换所必需的信息。

(2) 促销,指进行关于所供产品的说服性沟通。

(3) 配合,指所供产品符合购买者需要,包括制造、装配、包装等活动。

(4) 接洽,指寻找潜在购买者并进行有效的沟通。

(5) 谈判,指为了转移所供货物的所有权,而就其价格及有关条件达成最后协议。

(6) 物流,指从事产品的运输、配送。

(7) 融资,指为补偿分销成本而取得并支付相关资金。

(8) 风险承担,指承担与渠道工作有关的所有风险。

3. 营销渠道的类型

(1) 根据有无中间商参与交换活动可分为直接营销渠道和间接营销渠道(见图3-16)。

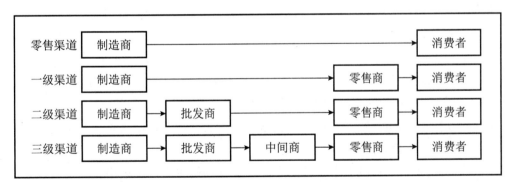

图3-16 直接营销渠道与间接营销渠道

①直接营销渠道。直接营销渠道的形式是:生产者—用户。直接营销渠道是指没有中间商参与,产品由制造商直接销售给消费者和用户的渠道类型,如上门推销、电视直销和网上直销等。直接营销渠道是工业品销售的主要方式,特别是一些大型、专用、技术复杂、需要提供专门服务的产品。

直接营销渠道的优点是:对于用途单一、技术复杂的产品,可以有针对性地安排生产,更好地满足需要;生产者直接向消费者介绍产品,便于消费者掌握产品的性能、特点和使用方法;由于直接渠道不经过中间环节,可以降低流通费用、掌握价格的主动权,积极参与竞争。但直接营销渠道也存在不足，如制造商在销售上投入大、花费大，而且销售范围也受限制。

②间接营销渠道。间接营销渠道是指产品经由一个或多个商业环节销售给消费者和用户的渠道类型。它是消费品销售的主要方式，部分工业品也采用这种销售形式。

间接营销渠道的优点是：中间商的介入使交易次数减少，节约了流通成本和时间，降低了产品价格；中间商着重扩大流通范围和产品销售，制造商可以集中精力于生产，有利于整个社会的生产者和消费者。它的不足是：中间商的介入使制造商与消费者之间沟通不便。

（2）根据营销渠道的长度可分为长营销渠道和短营销渠道。

①长营销渠道有两个以上的中间环节，如酒类产品通过批发、零售多个环节。

②短营销渠道指直接销售或仅通过一个中间商层级销售产品，如戴尔的直销，家电企业通过苏宁、国美等零售商销售。

（3）按照每一营销渠道层次中间商的多少可分为宽营销渠道和窄营销渠道。

①宽营销渠道在同一渠道层次上选择尽可能多的中间商。比如饮料、零食等通过广泛的零售商销售，由多家批发商经销，又转卖给更多的零售商，能接触大量消费者，大批量地销售产品。

②窄营销渠道在同一个渠道层次上只选择少数几家或仅一家中间商。它一般适用于专业性强的产品或贵重耐用的消费品，如计算机、家电等商品由一家中间商统包，几家中间商经销。它使生产企业容易控制分销，但市场营销面会受限制。

4. 营销渠道选择的影响因素

选择营销渠道要考虑的主要因素包括市场因素、产品因素、企业自身因素、中间商因素和环境因素等。

1）市场因素

（1）目标市场范围：市场范围宽广，适用长、宽渠道；反之，适用短、窄渠道。

（2）客户的集中程度：客户集中，适用短、窄渠道；反之，适用长、宽渠道。

（3）客户的购买量、购买频率：购买量小，购买频率高，适用长、宽渠道；反之，购买量大、购买频率低，适用短、窄渠道。

（4）消费的季节性：没有季节性的产品一般都均衡生产，多采用长渠道；反之，多采用短渠道。

（5）竞争状况：除非竞争特别激烈，通常情况下，同类产品应与竞争者采取相同或相似的销售渠道。

2）产品因素

（1）物理化学性质：体积大、较重、易腐烂、易损耗的产品适用短渠道或采用直接渠道、专用渠道；反之，适用长而宽的渠道。

（2）价格：一般来说，价格高的工业品、耐用消费品适用短而窄的渠道；价格低的日用消费品适用长而宽的渠道。

（3）时尚性：时尚性程度高的产品适宜短渠道；款式不易变化的产品适用长渠道。

（4）标准化程度：标准化程度高、通用性强的产品适宜长而宽的渠道；非标准化产品适用短而窄的渠道。

（5）技术复杂程度：产品技术越复杂，需要的售后服务要求越高，适用直接渠道或短渠道。

3）企业自身因素

（1）财务能力：财力雄厚的企业有能力选择短渠道；财力薄弱的企业只能依赖中间商。

（2）渠道的管理能力：渠道管理能力和经验丰富的企业适用短渠道；管理能力较低的企业适用长渠道。

（3）控制渠道的愿望：控制愿望强烈，往往选择短而窄的渠道；愿望不强烈，则选择长而宽的渠道。

4）中间商因素

（1）合作的可能性：如果中间商不愿意合作，只能选择短而窄的渠道。

（2）费用：利用中间商分销的费用很高，只能采用短而窄的渠道。

（3）服务：中间商提供的服务优质，企业采用长而宽渠道；反之，只能选择短而窄渠道。

5）环境因素

（1）经济形势：经济萧条、衰退时，企业往往采用短渠道；经济形势好时，可以考虑长渠道。

（2）有关法规：专卖制度、进出口规定、反垄断法、税法等。

5. 确定营销策略

1）确定营销渠道类型

营销渠道类型的选择要建立在已经仔细分析上述营销渠道选择影响因素的基础上。要确定营销渠道的长度。营销渠道的级数表示了营销渠道的长度。级数越多，营销渠道越长。从生产者观点看，营销渠道级数越多，控制就越困难，所以要尽量减少不必要的环节，缩短营销渠道。但也要视具体的产品、企业情况来选择营销渠道。对有些企业来说，选择较长的营销渠道也有其客观必然性。

2）确定中间商的数目

确定中间商的数目即决定营销渠道的宽度。这主要取决于产品本身的特点、市场容量的大小和需求面的宽窄。通常有四种可供选择的形式。

（1）密集性营销。运用尽可能多的中间商营销，使营销渠道尽可能加宽。消费品中的便利品（卷烟、火柴、肥皂等）和工业用品中的标准件、通用小工具等，适于采取这种营销形式，以提供购买上的最大便利。

（2）独家营销。在一定地区内只选定一家中间商经销或代理，实行独家经营。独家营销是最极端的形式，是最窄的营销渠道，通常只适用于某些技术性强的耐用消费品或名牌商品。独家营销对生产者来说，有利于控制中间商，提高它们的经营水平；也有利于加强产品形象，增加利润。但这种形式有一定风险，如果这一家中间商经营不善或发生意外情况，生产者就要蒙受损失。

（3）选择性营销。这是介于上述两种形式之间的营销形式，即有条件地精选几家中间商进行经营。这种形式对各类产品都适用，它比独家营销面宽，有利于扩大销路，开拓市场，展开竞争；它比密集性营销又节省费用，较易于控制，不必分散太多的精力。有条件地选择中间商还有助于加强彼此之间的了解和联系，使被选中的中间商愿意努力提高推销水平，因此，这种营销形式效果较好。

（4）复合式营销。生产者通过多条渠道将同一种产品销售给不同的市场和相同的市场。这种营销策略有利于调动各方面的积极性。

（四）促销策略的制定

1. 促销的含义

促销是指企业通过各种有效的方式向目标市场传递有关企业及其产品（品牌）的信息，以启发、推动或创造目标市场对企业产品和服务的需求，并且引起购买欲望和购买行为的一系列综合性活动。

促销有以下几层含义。

（1）促销的核心是沟通信息。

（2）促销的目的是引发、刺激消费者产生购买行为。

（3）促销的方式有人员促销和非人员促销两大类。

2. 促销的作用

促销在企业经营中的重要性日益显现，具体来说有以下几个方面。

（1）提供信息，疏通渠道。产品在进入市场前后，企业要通过有效的方式，及时向消费者和中间商提供有关产品的信息，以引起他们的注意，激发他们的购买欲望。同时，要及时了解中间商和消费者对产品的意见，迅速解决中间商在销售中遇到的问题，从而使生产者、中间商和消费者之间的销售渠道畅通，加速产品流通。

（2）诱导消费，扩大销售。企业针对消费者和中间商的购买心理来从事促销活动，不仅可以诱导需求，使无需求变成有需求，而且可以创造新的欲望和需求。当某种产品的销量下降时，还可以通过适当的促销活动，促使需求得到某种程度的恢复，延长产品生命周期。

（3）突出特点，强化优势。随着市场经济的迅速发展，市场上同类产品之间的竞争日益激烈。对于不同企业所提供的同类产品，消费者难以察觉和区分产品的实质和形式。在这种情况下，要引起消费者的注意，就要通过促销活动宣传和介绍本企业的产品特点，以及能为消费者带来的特殊利益，增强消费者对本企业产品的印象和好感，从而产生购买行为。

（4）提高声誉，稳定市场。在激烈的市场竞争中，企业的形象和声誉是影响其产品销售稳定性的重要因素。通过促销活动，企业可以塑造市场形象，提高在消费者中的声誉，使消费者对企业产生好感，形成偏好，达到实现稳定销售的目的。

3. 促销方式

为了实现企业的生产经营目标，可以使用不同的促销方式。企业可以使用的促销方式分为四类，即人员推销、广告宣传、营业推广、公共关系。

（1）人员推销。人员推销是一种既传统又现代的促销方式。它是指企业派出专人或委托销售人员，亲自向目标客户对商品或服务进行介绍、推广宣传和销售。

（2）广告宣传。广告宣传是指企业通过一定的媒介物，公开而广泛地向社会介绍企业的营销形式和产品品种、规格、质量、性能、特点、使用方法以及劳务信息的一种传播方式。

（3）营业推广。营业推广是指企业在比较大的目标市场中，为刺激早期需求而采取的一种能够迅速产生鼓励作用、促进商品销售的措施。

（4）公共关系。公共关系是指企业通过社会活动使社会各界的公众了解本企业，以取得他们的信赖和好感，从而为企业创造一种良好的舆论环境和社会环境。

以上四类促销方式及主要特点可用表 3-4 表示。

表 3-4　促销方式及主要特点

促销类型	举　　例	促销成本	优　　点	缺　　点
人员推销	推销介绍、推销会议、电话销售、推销员示范、展销与展览	最高	直接沟通信息，反馈及时，可当面成交	接触面窄，占用人员多，费用高
广告宣传	广播广告、电视广告、报纸广告、杂志广告、邮寄广告、包装广告、产品目录、产品说明书、招贴和传单、广告册、广告牌、产品陈列、标语与标志	相对较低	传播面广、速度快、生动形象，节省人力	不能立即成交、单方面传播信息，电视广告单位时段收费高
营业推广	竞赛、抽奖、彩票、礼品与奖金、现场演示、表演、赠送样品、优惠与折扣、招待会、折让、展销	较高	吸引力大，激发购买欲望，可促成消费	接触面窄，有局限性，有时会采用降价方法
公共关系	记者招待会、演讲、研讨会、年度报告会、各种庆典、捐赠	最低	提高企业和产品声誉，影响面广，可信度高	花费较大，见效慢，可控性差

4. 促销组合

1）促销组合的概念

促销组合是指企业根据产品的特点和营销目标，综合各种影响因素，对人员推销、广告宣传、公共关系和营业推广四种促销方式的选择、编配和综合运用，形成整体促销的策略或技巧。

2）促销组合的影响因素

（1）促销目标。促销目标是影响促销组合决策的首要因素。通常企业的各种促销活动都是围绕促使顾客采取购买行为这一基本目标展开的。但是，顾客采取购买行为是顾客整个购买决策过程的最终环节。如果从心理学的角度来分析，潜在消费者只有在经历了知晓、了解、喜欢、偏爱、信任等一系列心理活动过程而积累了较高水平的需求状态之后，才会购买某种产品。因此,企业应该制定更有针对性的具体促销目标。

(2)产品因素。影响促销组合的产品因素主要有以下几个方面。

①产品的性质。对不同性质的产品,购买者和购买目的不相同,对不同性质的产品必须采用不同的促销手段和促销组合策略。总体而言,广告宣传一直是消费品的主要促销工具,人员推销则是产业用品的主要促销工具,而营业推广在这两类市场上具有同等重要的程度。

②产品的生命周期。由于产品生命周期不同阶段的促销目标不同,需要采取不同的促销组合,如表3-5所示。当产品从生命周期的一个阶段进入另一个阶段时,促销组合也必须随之改变,以符合改变后的促销目标。

表 3-5 产品生命周期不同阶段的促销组合与目标重点

产品生命周期	促销目标与重点	促销组合
投入期	建立产品直销	介绍性广告、人员推销
成长期	提高市场知名度和占有率	形象建立型广告等
成熟期	提高产品的美誉度,维持和扩大市场占有率	形象建立和强调型广告、公共关系,辅以营业推广
衰退期	维持信任和偏好、大量销售	营业推广、提示性广告

(3)市场特点。针对目标市场的不同特点,也需要采取不同的促销策略。如果目标市场地域范围大,应多采用广告宣传进行促销;如果在小规模的本地市场销售,则应以人员推销或商品陈列为主。同时,企业也应考虑目标顾客的年龄、性别、文化程度、价值观念、风俗习惯等,选择适当的促销策略。例如,如果目标顾客文化水平较高,应较多运用广告和公共关系;反之,应多运用人员推销和营业推广。

(4)促销费用。企业用于促销方面的费用是有限的。因此,促销组合的选择还要考虑在有限的费用预算下,结合其他因素,判断采用什么样的促销组合可以使效果相对较好。相对而言,广告宣传可以较低的成本向不同地区的分散的目标顾客传递促销信息;人员推销在建立客户关系方面较有优势,但其成本较高;营业推广对销售有一定刺激作用,但考虑成本问题,不适合频繁和长期使用。

在沙盘模拟系统中,我们将前面所学的知识经过抽象模拟,形成了一系列的经营任务。在本书中,读者将体验一个企业营销决策制定的整个过程。下面我们先系统地介绍一下营销岗位沙盘的操作方法。

3.2 沙盘营销总监操作指南

1. 操作界面

打开浏览器,输入网址,以及数智企业经营管理沙盘的营销总监的账号和密码。登录后,我们会看到一个城市页面,其将一个企业所应该拥有的场景和外部合作机构都浓缩在一个区域中，沙盘主页面如图 3-17 所示。点击"销"图标，可进入销售总监岗位的操作台。

图 3-17　沙盘主页面

2. 市场调研

点击"市场调研"按钮打开页面，学生可通过此功能查看各个季度市场的总量和均价情况，便于制定销售策略，如图 3-18 所示。

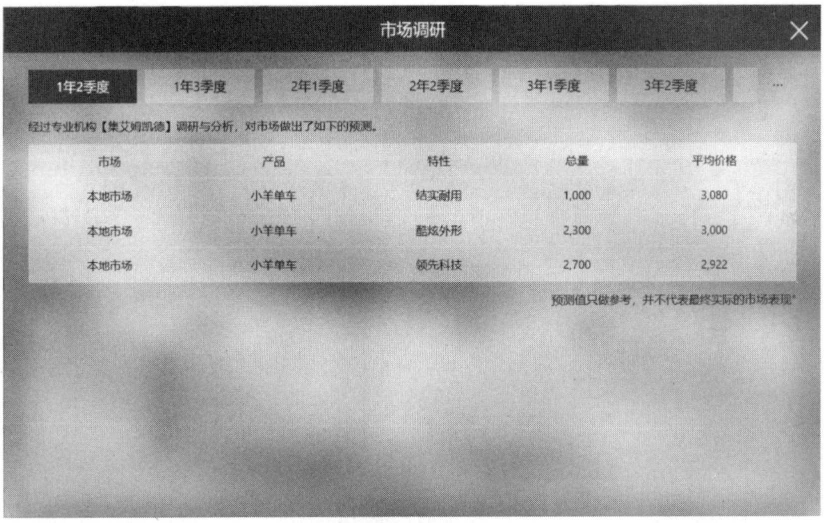

图 3-18　市场调研

具体操作说明如下。

（1）单击页面中"市场调研"按钮，弹出页面，根据该市场预测制定营销策略。

（2）点击不同的年份和季度，查看当年具体的需求量和单价。

3. 市场开拓

在营销总监管理页面中，点击"渠"图标可开拓新的市场，如图 3-19 所示。

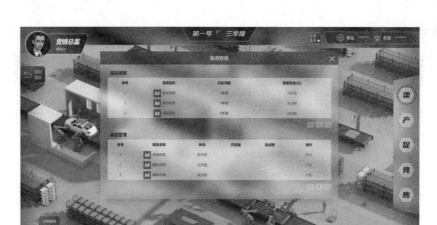

图 3-19 市场开拓

具体操作说明如下。

(1) 单击"开拓"按钮,即完成新市场的开拓。

(2) 开拓后,页面展示开拓期与完成期。开拓期表示开始投资该市场的时间,完成期表示可以使用该市场的时间。若当前季度等于完成期,则表示企业获得了市场资质。

(3) 企业获得市场资质后,就有资格在订货大会中申请该市场的订单。

4. 申请资质

在营销总监管理页面中,点击"产"图标,进行申请产品资质认证与 ISO 认证,如图 3-20 所示。

图 3-20 申请资质

具体操作说明如下。

(1) 点击"申请"按钮,即完成新产品资质的申请。

(2) 申请后,页面中显示开拓期与完成期。开拓期表示开始投资新产品的时间,完成期表示可以生产该产品的时间。若当前季度等于完成期，则表示企业获得了该产品资质。

（3）获得产品资质后，企业便可以进行该产品的生产。

（4）点击"ISO 认证状态"，进入 ISO 资质认证页面。

（5）点击"认证"按钮，即完成新 ISO 资质的认证。

（6）认证后，页面中显示认证期与完成期。认证期表示开始认证新 ISO 资质的时间，完成期表示可以使用该 ISO 资质的时间。若当前季度等于完成期，则表示企业获得了该 ISO 资质。

（7）获得 ISO 资质后，在订货大会时，企业便有资格选取带有该资质的订单。

5. 广告投放

营销总监销售产品，最重要的环节就是投放广告，可通过本环节提高企业知名度，提升竞单成功率。广告投放的页面如图 3-21 所示。

图 3-21　广告投放

具体操作说明如下。

（1）点击任务栏中"促"图标，进入"广告投放"页面。

（2）可在本页面选择所要投放广告的市场，在弹出的对话框中输入广告额。

（3）输入广告数量的方式有两种：①通过点击页面中"+"或"-"按钮，增加或减少广告数量；②直接在对话框中输入具体的数值。

（4）单击"确定"按钮，表示广告投放成功。

（5）促销广告可多次累加投放，但对于投放成功的广告额不得减少。

（6）1 现金 =1 知名度，投放后显示实时排名。

6. 选取订单

在沙盘中，最基础的销售是通过订货会实现的。当教师开启订货会后，学员可通过点击页面中"竞"图标参加订货会，在订货会中选取订单，如图 3-22 所示。

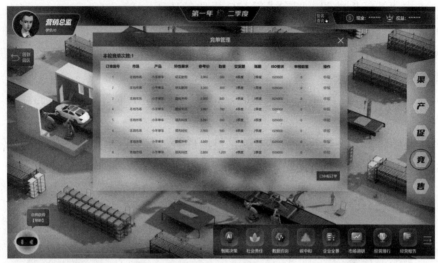

图 3-22 选取订单

具体操作说明如下。

（1）在页面中，点击"申报"按钮，弹出对话框，可在对话框内，填写申报数量和价格。

（2）申报成功后，系统自动在"申报数量"列显示本企业已申报订单的具体数量。

（3）单击"已申报订单"按钮，也可查看企业申报的所有订单。

（4）在订单申报期内，可多次对订单数量和价格进行修改，系统以最后一次填写为准。

（5）在页面中，"市场"表示这张订单来自哪个市场，在选取市场成功后，将计入本企业该市场占有率。

（6）"产品"表示获得该张订单后应当交付的产品种类。

（7）"特性"表示交付的产品必须带有该特性，否则交货不成功。

（8）页面中的"参考价和数量"表示该张订单的价格和总数量，在申请该订单时，报价不得超过参考价，数量不得超过订单总数量，否则不得入围。

（9）"交货期"表示该张订单应当在本年这个季度或这个季度前交货，若超过该期限未交货，订单按照违约处理，扣除企业违约金。

（10）"账期"表示自交货成功季度起，经过"账期中的季度"后，企业可以获得此笔货款。

（11）"ISO 要求"表示若想获取该订单，应当具备的资质。无资质，即使申请也无法入围。

7. 订单交付

点击"售"图标，进行订单交货，如图 3-23 所示。

图 3-23　订单交付

具体操作说明如下。
（1）页面展示了企业获取的全部订单。
（2）当企业有足够的产品数量时，可点击"交货"按钮，进行交货。
（3）在交货时，系统会根据订单数量扣除相等的库存，并自动计算本次交货成本。
（4）交货时间可提前，不可延后。

3.3　数字营销与企业数字化

3.3.1　背景

在充满不确定性的全球经济大背景下，数字经济对于带动全球经济复苏有着非常重要的意义，技术创新将是拉动新一轮经济增长的强劲动力。近年来，以人工智能、区块链、科技计算、边缘计算、云计算、物联网等为代表的技术集群呈现"核聚变"式爆发的态势，新一代信息技术基础设施——"新基建"正在成为全新的社会运行操作系统。

数字经济在经历了计算机的发明与普及、互联网、移动互联网这三个阶段后，正在进化到以人工智能为核心驱动力的智能经济新阶段。

在 2019 年的政府工作报告中，我国首次提出了"智能+"的重要战略。与此同时，2019 年 3 月 19 日，在中央全面深化改革委员会第七次会议上，提出探索创新成果应用转化的路径和方法，构建数据驱动、人机协同、跨界融合、共创分享的智能经济形态。

2021 年 3 月 13 日，《中华人民共和国国民经济和社会发展第十四个五年规划和 2035 年远景目标纲要》（以下称为《纲要》）公布。《纲要》将数字经济部分单独列为一篇，提出"迎接数字时代，激活数据要素潜能，推进网络强国建设，加快建设数字经济、数字社会、数字政府,以数字化转型整体驱动生产方式、生活方式和治理方式变革"。

在数智化商业方式下,企业的运营模式、商业流程都将发生翻天覆地的变化,将呈现如下六大基本特征。

(1)客户导向。生产经营从厂商导向(B2C)转向客户导向(C2B),真正建立起以客户为中心的商业模式和业务流程。

(2)员工能动。企业组织从传统的从上到下模式转向自下而上的员工能动模式,成为员工的赋能平台。

(3)数据驱动。企业经营与管理从流程驱动转向数据驱动,数据超越流程成为新的运营核心。

(4)智能运营。企业运营从业务流程信息化转向全面自动化、智能化,智能管理、智慧运营成为企业经营的基本需求。

(5)全球资源。企业经营能力从本地资源运营转向全球资源整合,买全球、卖全球、协作全球成为未来企业竞争的关键能力。

(6)实时企业。企业运行状态从延时运营转向实时运营、实时洞察、实时决策,"实时企业"的梦想得以真正实现。

现在普遍认为,企业数智化的本质是数智力驱动下的商业创新(即管理创新与业务创新)。我们全面总结了数百家企业数智化实践发现,成功实现数智化转型的企业主要聚焦三项工作:①构建企业数智力,即构建企业数智化的能力,是指企业数智化基础设施建设(如中台架构支撑),以及数智技术的创新应用与研发能力的打造;②以推动降本增效为目标的数智化管理,聚焦运用新技术驱动的管理变革;③以驱动增长为目标的数智化经营,聚焦运用新技术赋能业务创新,创新产品、服务、营销、渠道及供应链,打造卓越客户体验。具体如图3-24所示。

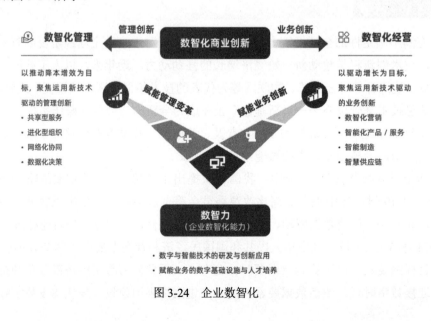

图3-24 企业数智化

而数字营销在当前企业数字化进程当中显然走在了前面，对企业数字化建设也有更多的推动与借鉴作用，数字营销行业也将迎来更多的发展机遇。在时代的变局之下，数字营销行业也开始真正从幕后走向台前，以技术和数据为依托，积极主动赋能和服务企业数字化，在企业数字化转型发展当中扮演着越来越多且重要的角色。

3.3.2 什么是数字营销

随着通信技术、互联网络和数字交互式媒体技术的发展，各行各业都在运用先进技术。在市场营销领域，也普遍开始运用现代技术来实现营销目标，我们将借助数字技术开展营销的这种方式称为数字营销。

数字营销曾被看作特殊领域的独立营销形式，但是，由于它提供了相同的受众沟通方式（只不过是以数字形式而已），2003年开始已经被看作能够涉及绝大多数传统营销领域（如直复营销）的营销形式。

数字营销是基于明确的数据库对象，通过数字化多媒体渠道，如电话、短信、邮件、电子传真、网络平台等数字化媒体通道，实现营销精准化、营销效果可量化的一种高层次营销活动。所以，数字营销将尽可能地利用先进的计算机网络技术，以最有效的方式谋求新的市场开拓和新的消费者挖掘。

3.3.3 数字营销的本质特征

随着数字技术的发展，虚拟经济迅速发展，数字营销也越来越成为最主要的营销手段。在虚拟生存空间中进行的数字营销，我们看到的是存在方式上的多媒体性、个性化，运行方式上的互动性、精准性、开放性、去中心性和全球化以及内容上的海量性、多元性。但这些都只是它的表象特征，我们要通过对虚拟生存的理解来探究它的本质。数字营销形式和特征都是围绕着数字营销的本质来进行的。

（一）数字营销是基于数字化技术的营销

"数字化"最初是指通信和信息网络运用的数据符号，即以0和1组合的比特数据，通过计算机符号处理，把文字、图像、声音等进行信息交流的概括。尼古拉·尼葛洛庞蒂提出的数字化的定义被广泛传播：数字化即"物质原子"被"数字化比特"代替。网络上的《数字化战略研究》一文讲述了数字化的核心内涵：第一，被传递的信息是用0和1表示；第二，数字化的传播系统是交互式的、网状的；第三，数字化的终端设备在各个点都能接收、储存、呈现、处理和发送"数字化比特"信息。

正如前文所讲，数字营销是指以数字化技术为基础、通过数字化手段调动企业资源进行营销活动，以实现企业产品和服务的价值过程。数字营销是通过数字网络传输的市场营销，着眼于物流、资金流和信息流的有效协调和统一，从而达到客户满意和企业盈利的目的。故而数字化营销仍然是营销，数字化只是一种手段，是现代营销理论在新技术背景下的发展。目前来看，数字营销主要通过三大途径进行。

（1）利用数字技术的传统大众媒体进行营销，如数字电视。

（2）利用基于互联网技术与数字技术的网络媒体进行营销。

（3）利用基于移动通信网络的手机媒体、移动车载电视等进行营销。

（二）数字营销是基于虚拟实践的营销

人在虚拟空间中生存，产生了虚拟实践。虚拟实践在虚拟生存空间中进行，人们运用虚拟现实等现代信息技术，以高度数字化的方式进行实践。在虚拟生存空间进行虚拟生存实践、虚拟交往实践与虚拟生活实践。打开电脑便可以使用虚拟身份与人进行沟通，在虚拟社区里完成热烈讨论，在远古时代与未来社会中穿梭，在虚拟空间里品尝点心，在虚拟空间里工作。这种身体不在场却能全身心浸入的虚拟实践是我们虚拟生存空间的最重要组成部分。

数字营销是基于虚拟生存实践的营销。用传统的营销和广告的思维去考虑数字营销的问题必然是不可行的。必须用虚拟性思维进行思考，使营销活动根植于虚拟实践。传统广告已经不能满足数字营销时代的网民需求，特别是在被互联网全面包围下的"80后""90后"，他们需要的是互动，是亲自参与的快乐，而且他们更愿意展露自己的才华，施展自己的个性。只有使营销活动的对象成为虚拟实践的客体，才能实现数字营销的能动性、自主性、个性化及互动性，使得营销对象成为虚拟实践中不可缺少的部分。通过虚拟实践对现实实践的引导作用，达到数字营销的目的。

（三）数字营销作用于消费者的虚拟体验

数字营销使得购买产品时不用必须接触物质产品即可完成消费者购买。通过使目标客户观摩、聆听、尝试、试用等方式而进行的的传统体验营销将不再适用，很多情况下消费者无法对所购买的产品或服务进行事前了解，更无法获知所购买的产品是否符合自身的需要。因此，数字营销必须作用于消费者的虚拟体验。虚拟体验指的是消费者在3D环境下与产品互动时经历的心理的和情感的状态，在虚拟生存空间中产生感官刺激和消费体验，进而产生对该产品属性及价值的判断。

吉利汽车案例分析

数字营销必须作用于消费者的虚拟体验。通过对消费者视觉、听觉及行为的刺激，使消费者能获得真实的感受。数字营销不能仅仅依赖文字+图片的告知式的营销方式，而要通过在线虚拟使用以及虚拟场景模拟，使消费者全身心地浸入消费体验中，让消费者更为真实地感受产品与自身需求的契合度，从而提升消费者网络购物的满意度。通过个性化的虚拟体验在消费者心中建立消费偏好，以此影响消费者的购买行为和购买决策。

（四）数字营销使创意与传播、传播与营销一体化

相对于传统的营销方式，数字营销的本质已经发生了变化，它使原本分离的创意、传播与营销一体化。在传统的营销方式里，创意与传播是分离的，在开展传播之前，创意早

已确定，传播只需按照创意的既定内容进行；传播与营销也是分离的，传播专注于信息的推广，而营销则关注的是"4P"或"4C"的进行。

数字营销的互动性、超越时空性、去中心性使得创意与传播、传播与营销一体化。创意与执行相分离的时代已经过去了。创意在传播的过程中产生，营销也在传播的过程中完成，创意、传播、销售在数字营销中协同并行。

3.3.4　企业数字营销核心四要素

大数据的到来催生了许多新兴角色，如数据分析、增长专家等，这些角色本质上是为了更好地利用大数据的优势来促进销售和利润增长。也就是说，营销逐渐从品牌营销转向效果营销，两者之间的界限逐渐变得模糊。

过去，许多品牌使用广告曝光，建立了品牌的影响力，牢牢占领了市场，从而实现销售和利润增长。随着数字时代的到来，新技术的创新，思维的改变，使用数据进行营销，并充分利用科学技术领域的最新进展，如人工智能、算法等，不断刷新感知和营销模式。数字营销也上升至一个前所未有的高度。企业数字营销主要有四大要素。

（1）决策力。了解目标用户的规模并对其画像，包含社会人口属性、态度和行为等各个层面。同时掌握竞争对手信息，以及获取媒介预算分配所需的跨媒介的营销洞察，从而为有效的决策力提供扎实的数据说服力和基础。

（2）内容力。当前的消费者更加注重有质感、有吸引力的内容，因此数字营销内容力也成了极其重要的组成部分，运用优质的内容营销活动实现对品牌的提升。通过互联网广告效果监测，跨媒体营销效果监测及社交舆情分析持续完善内容质量，提高内容力。

（3）触达力。数字营销活动的目的是将内容信息触达潜在消费者或用户，这就需要通过众多的媒介形式进行传达，并且通过社交内容监测等方式监测触达的效果。

（4）结果力。任何营销的目的无非体现在两个层面：第一对品牌知名度实现提升；第二对产品销量实现提升。

3.3.5　未来数字营销的变与不变

数字营销的发展很大部分依赖于技术的推动与发展，5G时代将会推动数字营销3.0时代的到来，届时可能会实现万物互联，那么在这样的环境当中，营销创新的举措或价值将会聚焦在哪些方面呢？

扩展阅读3.10

某支付平台"祝你成为中国锦鲤"案例分析

连接的广度与效率方面：未来数字化营销肯定会有一个本质的变革，5G改变的是一个基础设施，速度更快、延时更低。就像4G时代看视频更容易，5G时代直播经济兴起，连接的设备就不仅限于手机、电视，更多地会有一些IOT的设备，在连接的形式上，内容更加丰富，视频化和直播化会越来越明显，这些方面的变革会让我们的领域更加繁荣。

数据安全方面：未来会更加趋严，会出现面向各个种类的专有的数据源及数字化营销方式,因此数字营销行业未来链接更广,但同时也会更加细分。数字营销是这一轮企业数字化的推动者。一些企业利用各个平台,事实上它也在利用数字营销,但它自己没有沉淀数据。在数字营销阶段,就有了更高的要求。比如数据中台,打破了传统企业组织架构下业务与技术的隔阂,将二者融合,同时将基于技术的数据分析结果直接转化为业务优化方案,实现"1+1＞2"的效果。这是机遇,但也对数字营销本身提出了更高的要求。

内容层面:广告宣传的目的是吸引用户关注,从而引发购买欲望。内容是万变中的不变,正如我们讨论时说到的,技术最后都是趋同的,数字营销最终还是得回归价值,如何创造和传播品牌的价值,同时如何使品牌与用户形成价值共同体,是数字化营销传播的核心。

相比于数字化转型而言,当前的企业数字营销更为成熟,基于此,数字营销将成为企业数字化转型当中有力的"助推手"和"催化剂",但要真正做企业数字化转型的"后浪",数字营销在解决当前困难的同时或许还要继续演变。但不论未来数字营销如何演变,对于企业来说,内核是永恒不变的,企业要将自己的品牌定义清楚,这个是背后的"原子核"。在碎片化传播的背景下,企业更多的是在做自己专属的品牌化、品牌形象,比如构建虚拟代言人、塑造更人工智能化的企业形象,其实都是在丰富自己的品牌特性和特点。

当然,利用技术去拓展营销边界,扩大利润,这本身无可厚非。但在使用的手段上,一定要时时刻刻以法律为准绳。

扩展阅读 3.11

"3·15"晚会案例分析

3.4 沙盘数字营销操作指南

在模拟经营的任务时间段,学员可点击场景中的大屏,打开数字化转型解锁页面,如图 3-25 所示。

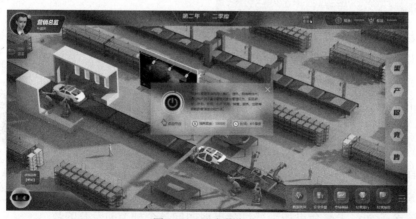

图 3-25 开启数字化

数字化的解锁简单来讲，需要时间和金钱。就像我们前面学过的产品资质，点击解锁后，经过一定时间，即可进入数字营销时代，如图 3-26 所示。

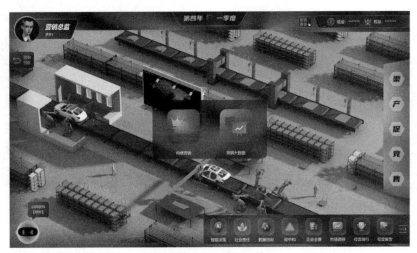

图 3-26　数字营销时代

1. 网络营销

学生点击"网络营销"按钮，即可打开网络营销页面，如图 3-27 所示。

图 3-27　网络营销

具体操作说明如下。

（1）每种产品仅可上架一种特性。

（2）成功上架后点击"保存"按钮，本季度内不可再更改。

（3）上架产品的定价必须要处于 1~5 倍原材料价值之间。

（4）新媒体广告可以重复投放，会员指数累加。

2. 营销大数据

学员单击"营销大数据"按钮，即可打开"营销大数据自选看板"页面，如图 3-28 所示。

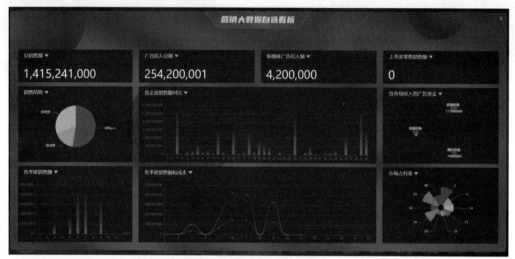

图 3-28　营销大数据自选看板

看板的具体说明如下。

（1）看板分为 10 个区块。

（2）10 个区块中都有相应的选项，用户可自行选择展示的类型。

（3）鼠标悬浮在具体的图形上时，可查看具体数值。

思考题

一、概述目标市场的选择策略。

二、概述产品生命周期各阶段的特征。

第四章
财务管理

学习目标

- 认识什么是财务管理。
- 了解财务管理的目标,结合财务管理基本内容进行案例分析。
- 掌握财务三大报表及其勾稽关系,运用财务指标分析企业报表。
- 了解智能财务与企业数字化,认知智能财务未来发展趋势。
- 掌握沙盘财务操作流程,理解操作步骤及其逻辑关系。

导入案例

合规纳税

2018年5月28日,前央视著名主持人崔某在微博曝光了一份关于某影视明星的保密合同,当中列明税后片酬为1 000万元(人民币,下同)。翌日(5月29日)他又公开一份不具名字的授权书,并配文表示,有人在片场演了4天,就拿6 000万元片酬,但当中涉及"大小合同",小的是1 000万元,大的是5 000万元。

所谓"大小合同"就是俗称的"阴阳合同""黑白合同"。"大小合同"常见于二手房买卖合同、劳务合同等情形。

个别当事人为了某种隐秘原因,签订两份内容不一致的合同。一份是真实合同,双方当事人按此合同履行。另一份是虚假合同,用于应对第三方。

5月29日,该明星工作室发表声明,指崔某公开涉密合约,破坏商业规则,涉嫌侵犯自身的权益;相关媒体等未核实便宣称"采用大小合同"、散播"拍摄4天片酬6 000万元"等谣言,涉嫌构成诽谤。该工作室保留追究法律责任的权利。

6月2日,崔某再公布一份"大小合同",并指出逃税的行为应由法律法规进行监管。

6月3日,央视新闻报道,关于影视人员签"阴阳合同"的涉税问题,国家税务总局已责成江苏等地税务机关调查核实,如有违法,将严格依法处理。当局亦将加强对部分高收入影视人员的税收征管,查处违法违规行为。

随后江苏省地税局表示,已组织主管税务机关等调查事件,该明星工作室所在地无锡的地税局已介入取证。

从调查核实情况看，该明星在某电影剧组拍摄过程中实际取得片酬 3 000 万元，其中 1 000 万元已经申报纳税，其余 2 000 万元以拆分合同方式偷逃个人所得税 618 万元，少缴营业税及附加 112 万元，合计 730 万元。此外，还查出该明星及其担任法定代表人的企业少缴税款 2.48 亿元，其中偷逃税款 1.34 亿元。

对于上述违法行为，江苏省税务局依据《中华人民共和国税收征管法》第三十二、第五十二条的规定，对该明星及其担任法定代表人的企业追缴税款 2.55 亿元，加收滞纳金 0.33 亿元；依据《中华人民共和国税收征管法》第六十三条的规定，对该明星采取拆分合同手段隐瞒真实收入偷逃税款处 4 倍罚款计 2.4 亿元，对其利用工作室账户隐匿个人报酬的真实性质偷逃税款处 3 倍罚款计 2.39 亿元；对其担任法定代表人的企业少计收入偷逃税款处 1 倍罚款计 94.6 万元；依据《中华人民共和国税收征管法》第六十九条和《中华人民共和国税收征管法实施细则》第九十三条的规定，对其担任法定代表人的两家企业未代扣缴个人所得税和非法提供便利协助少缴税款各处 0.5 倍罚款，分别计 0.51 亿元、0.65 亿元。所有处罚共计 8.84 亿元。

2021 年 12 月，浙江省杭州市税务部门经税收大数据分析发现某网络主播涉嫌偷逃税款，在相关税务机关协作配合下，依法对其展开了全面深入的税务检查。经查，2021 年 12 月 20 日，税务部门发布通报，该网络主播偷逃税被罚共计 13.41 亿元。调查显示，2019—2020 年，该主播通过隐匿个人收入、虚构业务转换、收入性质虚假申报等方式偷逃税款 6.43 亿元，其他少缴税款 0.6 亿元，依法对该主播进行税务行政处理处罚，追缴税款、加收滞纳金并处罚款，共计 13.41 亿元。

法网恢恢，疏而不漏。不要抱着侥幸的心理偷税漏税，如今有了"金税三期"和"金税四期"的加持，相信未来将不再有偷税漏税的行为。

政府要用公民缴纳的税金推动各项建设和发放福利津贴等，唯有主动与诚实纳税，国家才会兴盛、强大。

结合上述案例，思考：为什么纳税会关乎国家的兴盛强大呢？

带着这一问题，我们来学习本章内容。

4.1 什么是财务管理

4.1.1 认识财务管理

财务管理是组织企业财务活动、处理财务关系的一项经济管理工作。因此，要了解什么是财务管理，必须先分析企业的财务活动和财务关系。

（一）企业财务活动

企业财务活动是以现金收支为主的企业资金收支活动的总称。在市场经济条件下，一切物资都具有一定的价值，它体现着耗费于物资中的社会必要劳动量，社会再生产过程中物资价值的货币表现就是资金。在市场经济条件下，资金是进行生产经营活动的必要条件。企业的生产经营过程，一方面表现为物资的不断购进和售出；另一方面则表现为资金的支出和收回。企业的经营活动不断进行，也会不断产生资金的收支。企业资金的收支，构成了企业经济活动的一个独立方面，这便是企业的财务活动。

企业财务活动可分为以下四个方面。

1. 企业筹资引起的财务活动

企业从事经营活动，首先必须解决的是通过什么方式、在什么时间筹集多少资金。在筹资过程中，企业通过发行股票、发行债券、吸收直接投资等方式筹集资金，表现为企业资金的收入；而企业偿还借款，支付利息、股利以及支付各种筹资费用等，则表现为企业资金的支出。这种因为资金筹集而产生的资金收支，便是由企业筹资引起的财务活动。

2. 企业投资引起的财务活动

企业筹集资金的目的是把资金用于生产经营活动以取得盈利，不断增加企业价值。企业把筹集的资金用于购置自身经营所需的固定资产、无形资产等，便形成企业的对内投资；企业把筹集的资金投资于其他企业的股票、债券，与其他企业联营进行投资以及收购另一个企业等，便形成企业的对外投资。无论是企业购买内部所需各种资产，还是购买各种证券，都需要支出资金。当企业变卖其对内投资的各种资产或收回其对外投资时，会产生资金的收入。这种因企业投资而产生的资金收支，便是由企业投资引起的财务活动。

3. 企业经营引起的财务活动

企业在正常的经营过程中会发生一系列的资金收支。首先，企业要采购材料或商品，以便从事生产和销售活动，同时，还要支付工资和其他营业费用；其次，当企业将产品或商品售出后，便可取得收入，收回资金；最后，如果企业现有资金不能满足企业经营的需要，还要采取短期借款方式来筹集所需资金。上述各方面都会产生资金的收支，属于企业经营引起的财务活动。

4. 企业分配引起的财务活动

企业在经营过程中会产生利润，也可能会因对外投资而分得利润，这表明企业有了资金的增值取得了投资报酬。企业的利润要按规定的程序进行分配。首先，要依法纳税；其次，要用来弥补亏损，提取公积金；最后，要向投资者分配股利。这种因利润分配而产生的资金收支便是由利润分配引起的财务活动。

上述财务活动的四个方面，不是相互割裂、互不相关的，而是互相联系、互相依存的。正是上述互相联系而又有一定区别的四个方面，构成了完整的企业财务活动，这四个方面也正是财务管理的基本内容：企业筹资管理、企业投资管理、营运资金管理、利润及其分配管理。

（二）企业财务关系

企业财务关系是指企业在组织财务活动过程中与各有关方面发生的经济关系。企业的筹资活动、投资活动、经营活动、利润及其分配活动与企业内部和外部有着广泛联系。企业的财务关系可概括为以下几个方面。

1. 企业同其所有者之间的财务关系

这主要是指企业的所有者向企业投入资金，企业向其所有者支付投资报酬所形成的经济关系。企业所有者主要有四类：①国家；②法人单位；③个人；④外商。企业的所有者要按照投资合同、协议、章程的约定履行出资义务，以便及时形成企业的资本金。企业利用资本金进行经营，实现利润后，应按出资比例或合同、章程的规定，向其所有者分配利润。企业同其所有者之间的财务关系体现着所有权的性质，反映着经营权和所有权的关系。

2. 企业同其债权人之间的财务关系

这主要是指企业向债权人借入资金，并按借款合同的规定按时支付利息和归还本金所形成的经济关系。企业除利用资本金进行经营活动外，还要借入一定数量的资金，以降低企业资金成本，扩大企业经营规模。企业的债权人主要有：①债券持有人；②贷款机构；③商业信用提供者；④其他出借资金给企业的单位或个人。企业要按约定的利息率及时向债权人支付利息。债务到期时，要合理调度资金，按时向债权人归还本金。企业同其债权人的关系体现的是债务与债权关系。

3. 企业同其被投资单位的财务关系

这主要是指企业将其闲置资金以购买股票或直接投资的形式向其他企业投资所形成的经济关系。随着横向经济联合的开展，这种关系将越来越广泛。企业向其他单位投资，应按约定履行出资义务，参与被投资单位的利润分配。企业与被投资单位的关系体现的是所有权性质的投资与受资的关系。

4. 企业同其债务人的财务关系

这主要是指企业将其资金以购买债券、提供借款或商业信用等形式出借给其他单位所形成的经济关系。企业将资金借出后，有权要求其债务人按约定的条件支付利息和归还本金。企业同其债务人的关系体现的是债权与债务关系。

5. 企业内部各单位的财务关系

这主要是指企业内部各单位之间在生产经营各环节相互提供产品或劳务所形成的经济关系。在实行内部经济核算制的条件下，企业供、产、销各部门以及各生产单位之间，相互提供产品和劳务要进行计价结算。这种在企业内部形成的资金结算关系，体现了企业内部各单位之间的利益关系。

6. 企业与职工之间的财务关系

这主要是指企业向职工支付劳动报酬的过程中所形成的经济关系。企业要用自身的产品销售收入，向职工支付工资、津贴、奖金等，按照提供的劳动数量和质量支付职工的劳动报酬。这种企业与职工之间的财务关系，体现了职工和企业在劳动成果上的分配关系。

7. 企业与税务机关之间的财务关系

这主要是指企业要按税法的规定依法纳税而与国家税务机关所形成的经济关系。任何企业，都要按照国家税法的规定缴纳各种税款，以保证国家财政收入的实现，满足社会各方面的需要。及时、足额地纳税是企业对国家的贡献，也是对社会应尽的义务。因此，企业与税务机关的关系反映的是依法纳税和依法征税的权利义务关系。

（三）企业财务管理的特点

企业生产经营活动的复杂性，决定了企业管理必须包括多方面的内容，如生产管理、技术管理、劳动人事管理、设备管理、销售管理、财务管理等。各项工作是互相联系、紧密配合的，同时又有科学的分工，具有各自的特点。

1. 财务管理是一项综合性管理工作

企业在实行分工、分权的过程中形成了一系列专业管理，有的侧重于使用价值的管理，有的侧重于价值的管理，有的侧重于劳动要素的管理，有的侧重于信息的管理。社会经济的发展，要求财务管理运用价值形式对经营活动实施管理。通过价值形式，把企业的一切物质条件、经营过程和经营结果都合理地加以规划和控制，达到企业效益不断提高、财富不断增加的目的。因此，财务管理既是企业管理的一个独立方面，又是一项综合性的管理工作。

2. 财务管理与企业各方面具有广泛联系

在企业中，一切涉及资金的收支活动都与财务管理有关。事实上，企业内部各部门与资金不发生联系的情况是很少见的。每一个部门都会通过资金的使用与财务部门发生联系，每一个部门也都要在合理使用资金、节约资金支出等方面接受财务部门的指导，受财务制度的约束，以此来保证企业经济效益的提高。

3. 财务管理能迅速反映企业生产经营状况

在企业管理中，决策是否得当、经营是否合理、技术是否先进、产销是否顺畅，都可在企业财务指标中得到反映。例如，如果企业生产的产品适销对路，质量优良可靠，则可带动生产发展，实现"产销两旺"，资金周转加快，盈利能力增强，这一切都可以通过各种财务指标反映出来。这也说明，财务管理工作既有其独立性，又受整个企业管理工作的制约。财务部门应通过自己的工作，向企业领导及时通报有关财务指标的变化情况，以便把各部门的工作都纳入提高经济效益的轨道，努力实现财务管理的目标。

综上所述，财务管理的概念可以概括为：企业财务管理是企业管理的一个组成部分，它是根据财经法规制度，按照财务管理的原则，组织企业财务活动，处理财务关系的一项经济管理工作。

(四)财务管理的目标

一般而言,企业财务管理就是为了实现企业创造财富(或价值)的目标。鉴于财务活动直接从价值方面反映企业的商品或者服务提供过程,因而财务管理可为企业的价值创造发挥重要作用。

企业财务管理目标有如下几种具有代表性的理论。

1. 利润最大化

利润最大化就是假定企业财务管理以实现利润最大化为目标。以利润最大化作为财务管理目标,其主要原因有三:一是人类从事生产经营活动的目的是创造更多的剩余产品,在市场经济条件下,剩余产品的多少可以用利润这个指标来衡量;二是在自由竞争的资本市场中,资本的使用权最终属于获利最多的企业;三是只有每个企业都最大限度地创造利润,整个社会的财富才可能实现最大化,从而带来社会的进步和发展。

2. 股东财富最大化

股东财富最大化是指企业财务管理以实现股东财富最大化为目标。在上市公司中,股东财富是由其所拥有的股票数量和股票市场价格两方面决定的。在股票数量一定时,股票价格达到最高,股东财富也就达到最大。

3. 企业价值最大化

企业价值最大化是指企业财务管理行为以实现企业的价值最大化为目标。企业价值可以理解为企业所有者权益和债权人权益的市场价值,或者是企业所能创造的预计未来现金流量的现值。未来现金流量这一概念,包含了资金的时间价值和风险价值两个方面的因素。因为未来现金流量的预测包含了不确定性和风险因素,而现金流量的现值是以资金的时间价值为基础对现金流量进行折现计算得出的。

企业价值最大化目标要求企业通过采用最优的财务政策,充分考虑资金的时间价值和风险与收益的关系,在保证企业长期稳定发展的基础上使企业总价值达到最大。

4. 相关者利益最大化

在现代企业是多边契约关系总和的前提下,要确立科学的财务管理目标,需要考虑哪些利益关系会对企业发展产生影响。在市场经济中,企业的理财主体更加细化和多元化。股东作为企业所有者,在企业中拥有最高的权利,并承担最大的义务和风险,但是债权人、员工、企业经营者、客户、供应商和政府也为企业承担风险。因此,企业的利益相关者不仅包括股东,还包括债权人、企业经营者、客户、供应商、员工、政府等。在确定企业财务管理目标时,不能忽视这些相关利益群体的利益。

5. 各种财务管理目标之间的关系

上述各种财务管理目标,都以股东财富最大化为基础。因为,企业是市场经济的主要参与者,企业的创立和发展都必须以股东的投入为基础,离开了股东的投入,企业就不复存在;并且在企业的日常经营过程中,作为企业所有者的股东在企业中承担着最大的义务和风险,相应也需享有最高的收益,即股东财富最大化,否则就难以为市场经济的持续发展提供动力。

当然，以股东财富最大化为核心和基础，还应该考虑利益相关者的利益。各国公司法都规定，股东权益是剩余权益，只有满足了其他方面的利益之后才会有股东的利益。企业必须缴税、给职工发放工资、为顾客提供满意的产品和服务，然后才能获得税后收益。可见，其他利益相关者的要求先于股东被满足，因此这种满足必须是有限度的。如果对其他利益相关者的要求不加限制，股东就不会有"剩余"了。除非股东确信投资会带来满意的回报，否则股东不会出资。没有股东财富最大化的目标，利润最大化、企业价值最大化以及相关者利益最大化的目标也就无法实现。因此，在强调公司承担应尽的社会责任的前提下，应当允许企业以股东财富最大化为目标。

企业财务管理主要的工作内容为预算管理、筹资管理、投资管理、营运资金管理以及成本管理。

4.1.2 预算管理

（一）预算管理的概念和原则

预算管理是指企业以战略目标为导向，通过对未来一定期间内的经营活动和相应的财务结果进行全面预测和筹划，科学、合理配置企业各项财务和非财务资源，并对执行过程进行监督和分析，对执行结果进行评价和反馈，指导经营活动的改善和调整，进而推动实现企业战略目标的管理活动。

企业进行预算管理，一般应遵循以下原则。

（1）战略导向原则。预算管理应围绕企业的战略目标和业务计划有序开展，引导各预算责任主体聚焦战略、专注执行、达成绩效。

（2）过程控制原则。预算管理应通过及时监控、分析等把握预算目标的实现进度并实施有效评价，对企业经营决策提供有效支撑。

（3）融合性原则。预算管理应以业务为先导、以财务为协同，将预算管理嵌入企业经营管理活动的各个领域、层次、环节。

（4）平衡管理原则。预算管理应平衡长期目标与短期目标、整体利益与局部利益、收入与支出、结果与动因等关系，促进企业可持续发展。

（5）权责对等原则。预算管理应刚性与柔性相结合，强调预算对经营管理的刚性约束，又可根据内外环境的重大变化调整预算，并针对例外事项进行特殊处理。

（二）预算的特征与作用

1. 预算的特征

预算是企业在预测、决策的基础上，用数量和金额以表格的形式反映企业未来一定时期内经营、投资、筹资等活动的具体计划，是为实现企业目标而对各种资源和企业活动所做的详细安排。预算是一种可据以执行和控制经济活动的、最为具体的计划，是对目标的具体化,是实现企业战略导向预定目标的有力工具。

预算具有两个特征:①预算与企业的战略目标保持一致,因为预算是为实现企业目标而对各种资源和企业活动所做的详细安排;②预算是数量化的,并具有可执行性,因为预算作为一种数量化的详细计划,它是对未来活动的细致、周密安排,是未来经营活动的依据。数量化和可执行性是预算最主要的特征。

2. 预算的作用

预算的作用主要表现在以下三个方面。

(1)预算通过规划、控制和引导经济活动,使企业经营达到预期目标。通过预算指标可以控制实际活动过程,随时发现问题,采取必要措施,纠正不良偏差,避免经营活动漫无目的、随心所欲,通过有效的方式实现预期目标。因此,预算具有规划、控制、引导企业经济活动有序进行、以最经济有效的方式实现预期目标的功能。

(2)预算可以实现企业内部各个部门之间的协调。从系统论的观点来看,局部计划的最优化,对全局来说不一定是最合理的。为了使各个职能部门向着共同的战略目标前进,它们的经济活动必须密切配合,相互协调,统筹兼顾,全面安排,实现综合平衡。各部门预算的综合平衡,能使各部门管理人员清楚本部门在全局中的地位和作用。各部门因其职责不同,往往会出现相互冲突的现象。各部门之间只有协调一致,才能最大限度地实现企业整体目标。例如,企业的销售、生产、财务等各部门可以分别编制出对自己来说最好的计划,但该计划在其他部门却不一定能行得通。销售部门根据市场预测提出了一个庞大的销售计划,生产部门可能没有那么大的生产能力;生产部门编制了一个充分利用现有生产能力的计划,但销售部门可能无力将这些产品销售出去;销售部门和生产部门都认为应该扩大生产能力,财务部门却可能认为无法筹集必要的资金。全面预算经过综合平衡后可以提供解决各部门冲突的最佳办法,代表企业的最优方案,使各部门的工作在此基础上协调进行。

(3)预算是业绩考核的重要依据。预算作为企业财务活动的行为标准,使各项活动的实际执行有章可循。各部门责任考核必须以预算标准为基础。经过分解落实的预算规划目标能与部门、责任人的业绩考评结合起来,作为奖勤罚懒、评估优劣的重要依据。

(三)预算的分类

1. 根据内容不同,企业预算可以分为经营预算、专门决策预算和财务预算

经营预算是指与企业日常业务直接相关的一系列预算,包括销售预算、生产预算、采购预算、费用预算、人力资源预算等。

专门决策预算是指企业重大的或不经常发生的、需要根据特定决策编制的预算,包括投融资决策预算等。专门决策预算直接反映相关决策的结果,是对已选方案的进一步规划。

财务预算是指与企业资金收支、财务状况或经营成果等有关的预算,包括资金预算、预计资产负债表、预计利润表。财务预算作为全面预算体系的最后环节,它是从价值方面

反映企业经营预算与专门决策预算的结果，故亦称为总预算。

2. 按预算指标覆盖的时间长短，企业预算可分为短期预算和长期预算

通常将预算期在 1 年以内（含 1 年）的预算称为短期预算，将预算期在 1 年以上的预算称为长期预算。预算的编制时间视预算的内容和实际需要而定，可以是 1 周、1 月、1 季度、1 年或若干年等。在预算编制过程中，往往应结合预算的特点，将长期预算和短期预算结合使用。

4.1.3 筹资管理

（一）企业筹资的动机

企业筹资是指企业为了满足经营活动、投资活动、资本结构管理和其他需要，运用一定的筹资方式，通过一定的筹资渠道，筹集和获取所需资金的一种财务行为。

企业筹资最基本的目的是企业经营的维持和发展，为企业的经营活动提供资金保障，但每次具体的筹资行为，往往受特定动机的驱动。比如为提高技术水平购置新设备而筹资、为对外投资活动而筹资、为产品研发而筹资、为解决资金周转临时需要而筹资等。归纳起来，主要有以下几类筹资动机。

1. 创立性筹资动机

创立性筹资动机是指企业在设立时，为取得资本金并形成开展经营活动的基本条件而产生的筹资动机。资金是设立企业的第一道门槛。根据我国《公司法》《合伙企业法》《个人独资企业法》等相关法律的规定，任何一个企业或公司在设立时都要求有符合企业章程或公司章程规定的全体股东认缴的出资额。企业在创建时，要按照企业经营规模预计长期资本需要量和流动资金需要量、购建厂房设备等，安排铺底流动资金，形成企业的经营能力。这就需要筹集注册资本和资本公积等股权资金，不足部分需要筹集银行借款等债务资金。

2. 支付性筹资动机

支付性筹资动机是指为了满足经营业务活动的正常波动所形成的支付需要而产生的筹资动机。企业在开展经营活动过程中，经常会出现超出维持正常经营活动资金需求的季节性、临时性的交易支付需要，如购买原材料产生的大额支付、员工工资的集中发放、银行借款的偿还、股东股利的发放等。这些情况要求除了正常经营活动的资金投入以外，还需要通过经常的临时性筹资来满足经营活动的正常波动需求，维持企业的支付能力。

3. 扩张性筹资动机

扩张性筹资动机是指企业因扩大经营规模或满足对外投资需要而产生的筹资动机。企业维持简单再生产所需要的资金是稳定的，通常不需要或很少追加筹资。一旦企业扩大再生产，经营规模扩张、开展对外投资，就需要大量追加筹资。具有良好发展前景、处于成长期的企业，往往会产生扩张性的筹资动机。扩张性的筹资活动，在筹资的时间和数量上都要服从于投资决策和投资计划的安排，避免资金的闲置和投资时机的贻误。扩张性筹资

的直接结果，往往是企业资产总规模的增加和资本结构的明显变化。

4. 调整性筹资动机

调整性筹资动机是指企业因调整资本结构而产生的筹资动机。资本结构调整的目的在于降低资本成本、控制财务风险、提升企业价值。企业产生调整性筹资动机的具体原因大致有两个方面。一是优化资本结构，合理利用财务杠杆效应。企业现有资本结构不尽合理的原因有：债务资本比例过高，有较大的财务风险；股权资本比例较大，企业的资本成本负担较重。通过筹资增加股权或债务资金，可达到调整、优化资本结构的目的。二是偿还到期债务，债务结构内部调整。比如流动负债比例过大，使得企业近期偿还债务的压力较大，可以举借长期债务来偿还部分短期债务。又如一些债务即将到期，企业虽然有足够的偿债能力，但为了保持现有的资本结构，可以举借新债以偿还旧债。调整性筹资的目的是调整资本结构，而不是为企业经营活动追加资金，这类筹资通常不会增加企业的资本总额。

5. 混合性筹资动机

在实务中，企业筹资的目的可能不是单纯和唯一的，通过追加筹资，既满足了经营活动、投资活动的资金需要，又达到了调整资本结构的目的时，便可以称之为混合性筹资动机。比如企业对外产权投资需要大额资金，其资金通过增加长期贷款或发行公司债券来解决，这种情况既扩张了企业规模，又使得企业的资本结构发生较大的变化。混合性筹资动机一般是基于企业规模扩张和调整资本结构两种目的，兼具扩张性筹资动机和调整性筹资动机的特性，增加了企业的资产总额和资本总额，也导致企业的资产结构和资本结构同时变化。

（二）筹资的分类

企业采用不同方式所筹集的资金，按照不同的分类标准可分为不同的筹资类别。

扩展阅读 4.1

霍英东始创"卖楼花"

1. 按企业所取得资金的权益特性不同

按企业所取得资金的权益特性不同，企业筹资分为股权筹资、债务筹资及衍生工具筹资三类。

股权资本是股东投入的、企业依法长期拥有、能够自主调配运用的资本。股权资本在企业持续经营期间，投资者不得抽回，因而也称为企业的自有资本、主权资本或权益资本。企业的股权资本通过吸收直接投资、发行股票、内部积累等方式取得。股权资本一般不用偿还本金，形成了企业的永久性资本，因而财务风险小，但付出的资本成本相对较高。

债务资本是企业按合同向债权人取得的、在规定期限内需要清偿的债务。企业通过债务筹资形成债务资金，债务资金通过向金融机构借款、发行债券、融资租赁等方式取得。由于债务资金到期要归还本金和支付利息，债权人对企业的经营状况不承担责任，因而债务资金具有较大的财务风险，但付出的资本成本相对较低。

衍生工具筹资包括兼具股权与债务筹资性质的混合融资和其他衍生工具融资。我国上市公司目前最常见的混合融资方式是可转换债券融资，最常见的其他衍生工具融资方式是认股权证融资。

2. 按是否借助于金融机构

按是否借助于金融机构为媒介来获取社会资金，企业筹资分为直接筹资和间接筹资两种类型。

直接筹资是企业直接与资金供应者协商融通资金的筹资活动。直接筹资不需要通过金融机构来筹措资金，是企业直接从社会取得资金的方式。直接筹资方式主要有发行股票、发行债券、吸收直接投资等。直接筹资方式既可以筹集股权资金，也可以筹集债务资金。

间接筹资是企业借助于银行和非银行金融机构而筹集资金。在间接筹资方式下，银行等金融机构发挥中介作用，预先集聚资金，然后提供给企业。间接筹资的基本方式是银行借款，此外还有融资租赁等方式。间接筹资的形成主要是债务资金，主要用于满足企业资金周转的需要。间接筹资手续相对比较简便，筹资效率高，筹资费用较低，但容易受金融政策的制约和影响。

3. 按资金的来源范围不同

按资金的来源范围不同，企业筹资分为内部筹资和外部筹资两种类型。

内部筹资是指企业通过利润留存而形成的筹资来源。内部筹资数额大小主要取决于企业可分配利润的多少和利润分配政策，一般无须花费筹资费用。

外部筹资是指企业向外部筹措资金而形成的筹资来源。处于初创期的企业，内部筹资的可能性是有限的；处于成长期的企业，内部筹资往往难以满足需要，这就需要企业广泛开展外部筹资，如发行股票、债券，取得商业信用、银行借款等。企业向外部筹资大多需要花费一定的筹资费用。

4. 按所筹集资金的使用期限不同

按所筹集资金的使用期限不同，企业筹资分为长期筹资和短期筹资两种类型。

长期筹资是指企业筹集使用期限在 1 年以上的资金。长期筹资的目的主要在于形成和更新企业的生产和经营能力，或扩大企业生产经营规模，或为对外投资筹集资金。从资金权益性质来看，长期资金可以是股权资金，也可以是债务资金。

短期筹资是指企业筹集使用期限在 1 年以内的资金。短期资金主要用于企业的流动资产和资金日常流转，一般需要在短期内偿还。短期筹资经常利用商业信用、短期借款、保险业务等方式来实现。

扩展阅读 4.2

RT 公司案例分析

4.1.4 投资管理

广义上讲，投资是指特定经济主体（包括政府、企业和个人）以本金回收并获利为基本目的，将货币、实物资产等作为资本投放于某一个具体对象，以在未来期间内获取预期经济利益的经济行为。简而言之，企业投资是企业为获取未来收益而向一定对象投放资金的经济行为。例如，购建厂房设备、兴建电站、购买股票、债券、基金等经济行为均属于投资行为。

（一）企业投资的意义

企业需要通过投资配置资产，才能形成生产能力，取得未来的经济利益。

1. 投资是企业生存与发展的基本前提

企业的生产经营，就是企业资产的运用和资产形态的转换过程。投资是一种资本性支出行为，通过投资支出，企业购建流动资产和长期资产，形成生产条件和生产能力。实际上，不论是新建一个企业，还是建造一条生产流水线，都是一种投资行为。通过投资，确立企业的经营方向，配置企业的各类资产并将它们有机地结合起来，可形成企业的综合生产经营能力。如果企业想要进军一个新兴行业或者开发一种新产品，都需要先进行投资。因此，投资决策的正确与否直接关系企业的兴衰成败。

2. 投资是企业获取利润的基本前提

企业投资的目的是要通过支付一定数量的货币或实物形态的资本，购建和配置形成企业的各类资产，从事某类经营活动，获取未来的经济利益。通过投资形成生产经营能力，企业才能开展具体的经营活动，获取经营利润。以购买股票、债券等有价证券方式对其他单位的投资，既可以通过取得股利或债息来获取投资收益，也可以通过转让证券来获取收益，除购买股票债券外，企业还可通过购买基金的方式获得基金收益。

3. 投资是企业风险控制的重要手段

企业经营面临各种风险，有来自市场竞争的风险，资金周转的风险，以及原材料涨价、费用居高不下等成本风险。投资是企业风险控制的重要手段。通过投资，可以将资金投向企业生产经营的薄弱环节，使企业的生产经营能力配套、平衡、协调。通过投资，可以实现多元化经营，将资金投放于经营相关程度较低的不同产品或不同行业，分散风险，稳定收益来源，降低资产的流动性风险、变现风险，增强资产的安全性。

（二）企业投资的特点

企业的投资活动与经营活动是不同的，投资活动对企业经济利益有长期影响。企业投资涉及的资金多、经历的时间长对企业未来的财务状况和经营活动都有较大的影响。与日常经营活动相比，企业投资的主要特点表现在以下几个方面。

（1）企业投资属于企业的战略性决策。企业的投资活动一般涉及企业未来的经营发展方向、生产能力与规模等问题，如厂房设备的新建与更新、新产品的研制与开发、对其他企业的股权控制等。

（2）企业投资属于企业的非程序化管理。企业有些经济活动是日常重复性进行的，如原材料的购买、人工的雇用、产品的生产制造、产成品的销售等，通常称为日常例行性活动。这类活动经常性地重复发生，有一定规律，可以按既定程序和步骤进行。对这类重复性日常经营活动进行的管理称为程序化管理。企业有些经济活动往往不会经常性地重复出现，如新产品开发、设备更新、企业兼并等，通常称为非例行性活动。非例行性活动只能针对具体问题，按特定的影响因素、相关条件和具体要求来进行审查和抉择。对这类非重复性特定经济活动进行的管理则称为非程序化管理。

（3）投资价值的波动性大。投资项目的价值是由投资标的物资产内在获利能力决定的。这些标的物资产的形态是不断转换的，未来收益的获得具有较强的不确定性，其价格也具有较强的波动性。同时，各种外部因素，如市场利率、物价等的变化，也时刻影响着投资标的物的资产价值。因此，企业在确定投资管理决策时，要充分考虑投资项目的时间价值和风险价值。

（三）企业投资的分类

将企业投资进行科学分类，有利于分清投资的性质。按不同的特点和要求进行投资决策，可加强投资管理。

1. 按投资活动与企业本身生产经营活动的关系分类

按投资活动与企业本身生产经营活动的关系，企业投资可以划分为直接投资和间接投资。

直接投资是指将资金直接投放于形成生产经营能力的实体性资产，直接谋取经营利润的企业投资。企业通过直接投资，购买并配置劳动力、劳动资料和劳动对象等以开展生产经营活动。

间接投资是指将资金投放于股票、债券等资产上的企业投资。之所以称为间接投资，是因为股票、债券的发行方在筹集资金后，再把这些资金投放于形成生产经营能力的实体性资产以获取经营利润。而间接投资方不直接介入具体生产经营过程，通过股票、债券上所约定的收益分配权利，获取股利或利息收入，分享直接投资的经营利润。

2. 按投资对象的存在形态和性质分类

按投资对象的存在形态和性质，企业投资可以划分为项目投资和证券投资。

企业可以通过投资，购买具有实质内涵的经营资产，包括有形资产和无形资产，形成具体的生产经营能力，开展实质性的生产经营活动，谋取经营利润。这类投资称为项目投资。项目投资的目的在于改善生产条件、扩大生产能力，以获取更多的经营利润。项目投资属于直接投资。

企业可以通过投资，购买证券资产，通过证券资产上所赋予的权利，间接控制被投资企业的生产经营活动，获取投资收益。这类投资称为证券投资，即购买属于综合生产要素的权益性权利资产的企业投资。

直接投资与间接投资、项目投资与证券投资，这两种投资分类方式的内涵和范围是一致的，只是分类角度不同。直接投资与间接投资强调的是投资的方式，项目投资与证券投资强调的是投资的对象。

3. 按投资活动对企业未来生产经营前景的影响分类

按投资活动对企业未来生产经营前景的影响，企业投资可以划分为发展性投资和维持性投资。

发展性投资是指对企业未来的生产经营发展有重大影响的企业投资。发展性投资也可以称为战略性投资，如企业间兼并、合并的投资、转换新行业和开发新产品投资、大幅度扩大生产规模的投资等。发展性投资项目实施后，往往可以改变企业的经营方向和经营领域，或者明显扩大企业的生产经营能力，实现企业的战略重组。

维持性投资是为了维持企业现有的生产经营正常顺利进行，不会改变企业未来生产经营发展全局的企业投资。维持性投资也可以称为战术性投资，如更新替换旧设备的投资、配套流动资金投资等。维持性投资项目所需要的资金不多，对企业生产经营的前景影响不大，投资风险相对也较小。

4. 按投资活动资金投出的方向分类

按投资活动资金投出的方向，企业投资可以划分为对内投资和对外投资。

对内投资是指在本企业范围内部的资金投放，用于购买和配置各种生产经营所需的经营性资产。

对外投资是指向本企业范围以外的其他单位的资金投放。对外投资多以现金、有形资产、无形资产等资产形式，通过联合投资、合作经营、换取股权、购买证券资产等投资方式，向企业外部的其他单位投放资金。

对内投资都是直接投资，对外投资主要是间接投资，也可能是直接投资。

5. 按投资项目之间的相互关联关系分类

按投资项目之间的相互关联关系，企业投资可以划分为独立投资和互斥投资。

独立投资是相容性投资，各个投资项目之间互不关联、互不影响，可以同时存在。例如，建造一个饮料厂和建造一个纺织厂，它们之间并不冲突，可以同时进行。对于一个独立投资项目而言，其他投资项目是否被采纳，对本项目的决策并无显著影响。因此，独立投资项目决策考虑的是方案本身是否满足某种决策标准。

互斥投资是非相容性投资，各个投资项目之间相互关联、相互替代，不能同时存在。比如对企业现有设备进行更新购买，新设备与旧设备之间是互斥的。对于一个互斥投资项目而言，其他投资项目是否被采纳或放弃，直接影响本项目的决策；若其他项目被采纳，本项目就不能被采纳。因此，互斥投资项目决策考虑的是各方案之间的排斥性，也许每个方案都是可行方案，但互斥决策需要从中选择最优方案。

扩展阅读 4.3

吉利收购沃尔沃案例分析

4.1.5 营运资金管理

（一）营运资金的概念及特点

1. 营运资金的概念

营运资金是指在企业生产经营活动中占用在流动资产上的资金。营运资金有广义和狭义之分，广义的营运资金是指一个企业流动资产的总额；狭义的营运资金是指流动资产减去流动负债后的余额。这里指的是狭义的营运资金，营运资金的管理既包括流动资产的管理，也包括流动负债的管理。

（1）流动资产。流动资产是指可以在1年或超过1年的一个营业周期内变现或运用的资产。流动资产具有占用时间短、周转快、易变现等特点。企业拥有较多的流动资产，可在一定程度上降低财务风险。

（2）流动负债。流动负债是指需要在1年或者超过1年的一个营业周期内偿还的债务。流动负债又称短期负债，具有成本低、偿还期短的特点，必须加强管理。流动负债按不同标准可分为不同类别，最常见的分类方式如下。

①以应付金额是否确定为标准，可以分成应付金额确定的流动负债和应付金额不确定的流动负债。

②以流动负债的形成情况为标准，可以分成自然性流动负债和人为性流动负债。

③以是否支付利息为标准，可以分为有息流动负债和无息流动负债。

2. 营运资金的特点

为了有效地管理企业的营运资金，必须研究营运资金的特点，以便有针对性地进行管理。

营运资金一般具有如下特点。

（1）营运资金的来源具有多样性。与筹集长期资金的方式相比，企业筹集营运资金的方式较为灵活多样，通常有银行短期借款、短期融资券、商业信用、应交税费、应付股利、应付职工薪酬等多种内外部融资方式。

（2）营运资金的数量具有波动性。流动资产的数量会随企业内外条件的变化而变化，时高时低，波动很大。季节性企业如此，非季节性企业也如此。随着流动资产数量的变动，流动负债的数量也会相应发生变动。

（3）营运资金的周转具有短期性。企业占用在流动资产上的资金，通常会在1年或超过1年的一个营业周期内收回，对企业影响的时间比较短。

（4）营运资金的事物形态具有变动性和易变现性。企业营运资金的占用形态是经常变化的，营运资金的每次循环都要经过采购、生产、销售等过程，一般按照现金、材料、在产品、产成品、应收账款、现金的顺序转化。为此，在进行流动资产管理时，必须在各项流动资产上合理配置资金数额，做到结构合理，以促进资金周转顺利进行。

（二）营运资金的管理原则

企业的营运资金在全部资金中占有相当大的比重，而且周转期短，形态易变，因此，营运资金管理是企业财务管理工作的一项重要内容。企业进行营运资金管理，应遵循以下原则。

（1）满足正常资金需求。企业应认真分析生产经营状况，合理确定营运资金的需要数量。企业营运资金的需求数量与企业生产经营活动有直接关系。一般情况下，当企业"产销两旺"时，流动资产会不断增加，流动负债也会相应增加；而当企业产销量不断减少时，流动资产和流动负债也会相应减少。因此，企业财务人员应认真分析生产经营状况，采用一定的方法预测营运资金的需要数量，营运资金的管理必须把满足正常合理的资金需求作为首要任务。

（2）提高资金使用效率。营运资金的周转是指企业的营运资金从现金投入生产经营开始，到最终转化为现金的过程。加速资金周转是提高资金使用效率的主要手段之一。提高营运资金使用效率的关键是采取得力措施，缩短营业周期，加速变现过程，加快营运资金周转。因此，企业要千方百计地加速存货、应收账款等流动资产的周转，以便用有限的资金服务于更大的产业规模，为企业取得更优的经济效益提供条件。

（3）节约资金使用成本。在营运资金管理中，必须正确处理保证生产经营需要和节约资金使用成本两者之间的关系。要在保证生产经营需要的前提下，尽力降低资金使用成本。一方面，要挖掘资金潜力，加速资金周转，精打细算地使用资金；另一方面，积极拓展融资渠道，合理配置资源，筹借低成本资金，服务于生产经营。

（4）维持短期偿债能力。偿债能力是企业财务风险高低的标志之一。合理安排流动资产与流动负债的比例关系，保持流动资产结构与流动负债结构的适配性，保证企业有足够的短期偿债能力是营运资金管理的重要原则之一。流动资产、流动负债以及两者之间的关系能较好地反映企业的短期偿债能力。流动负债是在短期内需要偿还的债务，而流动资产则是在短期内可以转化为现金的资产。因此，如果一个企业的流动资产比较多，流动负债比较少，说明企业的短期偿债能力较强；反之，则说明短期偿债能力较弱。但如果企业的流动资产太多，流动负债太少，也不是正常现象，这可能是因流动资产闲置或流动负债利用不足所致。

4.1.6 成本管理

成本是营运过程中的一种耗费，属于商品经济中的一个价值范畴。它是企业为生产商品或提供劳务等所耗费的必要劳动价值的货币表现，是企业再生产过程中的价值补偿。简单来说，成本就是为了获得某种利益或达到一定目标所发生的耗费或支出。

成本管理是指企业在营运过程中实施成本预测、成本决策、成本计划、成本控制、成本核算、成本分析和成本考核等一系列管理活动的总称。它的目的是充分组织企业全体人员，对营运过程的各个环节进行科学管理，力求以最少的生产耗费取得最多的生产成果。

（一）成本管理的意义

成本管理是企业日常经营管理中的一项工作，对企业营运有着重要的意义。销售收入首先必须能够补偿成本耗费，这样才不至于影响再生产的进行。换言之，在一定的产品数量和销售价格条件下，产品成本水平的高低，不仅影响再生产、威胁企业的生存，还可能影响企业扩大再生产、制约企业的发展。企业在努力提高收入的同时，降低成本同样有助于实现目标利润。成本管理的意义主要体现在以下几个方面。

1. 通过成本管理降低成本，为企业扩大再生产创造条件

降低成本一般通过两个阶段来实现。第一，在既定的经济规模、技术水平、质量标准等前提条件下，通过合理的组织管理提高生产效率、降低耗能；第二，当成本降低到这些条件许可的极限时，通过改变成本发生的基础条件，如采用新技术设备、新工艺流程、新产品设计、新材料等，使影响成本的结构性因素得到改善，为成本的进一步降低提供新的空间，使原来难以降低的成本在新的基础上进一步降低。

2. 通过成本管理增加企业利润，提高企业经济效益

利润是收入与成本费用匹配后的结果。成本降低与收入增加一样，都是提高企业效益的重要源泉。当成本变动与其他因素的变动相关联时如何在成本降低与营运需要之间进行权衡取舍，是企业成本管理者无法回避的困难抉择。单纯以成本的降低为标准容易形成误区，成本管理要利用成本、质量、价格、销量等因素之间的相互关系，满足企业为维系质量、调整价格、扩大市场份额等对成本的需要，从而帮助企业最大限度地提高经济效益。

3. 通过成本管理帮助企业取得竞争优势，增强企业的竞争能力和抗风险能力

在竞争激烈的市场环境中，企业为了取得竞争优势，抵抗内外部风险，往往会制定和实施相应的发展战略，常见的有低成本战略和差异化战略。如果实施低成本战略，则通过成本管理降低单位产品成本，能明显且直接提高企业在市场上的主动性和话语权，提升企业的核心竞争力；如果实施差异化战略，则通过成本管理规范成本形成过程，适时进行流程优化或流程再造，在资源既定的前提下，生产出满足客户需求的产品。这些战略措施通常需要成本管理予以配合，不同发展战略下的成本管理需求与企业目标具有高度的一致性。

（二）成本管理的原则

企业进行成本管理，一般应遵循以下原则。

（1）融合性原则。成本管理应以企业业务模式为基础，将成本管理嵌入业务的各领域、各层次、各环节，实现成本管理责任到人、控制到位、考核严格、目标落实。

（2）适应性原则。成本管理应与企业生产经营特点和目标相适应，尤其要与企业发展战略或竞争战略相适应。

（3）成本效益原则。成本管理在应用相关工具方法时，应权衡其为企业带来的收益和付出的成本，避免获得的收益小于其投入的成本。

（4）重要性原则。成本管理应重点关注对成本具有重大影响的项目，对于不具有重要性的项目可以适当简化处理。

（三）成本管理的主要内容

企业应用成本管理工具或方法时，一般按照事前成本管理、事中成本管理、事后成本管理的程序进行。其中在事前成本管理阶段，主要是对未来的成本水平及其发展趋势所进行的预测与规划，一般包括成本预测、成本决策和成本计划等步骤；在事中成本管理阶段，主要是对营运过程中发生的成本进行监督和控制，并根据实际情况对成本预算进行必要的修正，即成本控制步骤；在事后成本管理阶段，主要是在成本发生之后进行的核算、分析和考核，一般包括成本核算、成本分析和成本考核等步骤。因此，成本管理具体包括成本预测、成本决策、成本计划、成本控制、成本核算、成本分析和成本考核七项内容。

1. 成本预测

成本预测是以现有条件为前提，在历史成本资料的基础上，根据未来可能发生的变化，运用科学的方法，对未来的成本水平及其发展趋势进行描述和判断的成本管理活动。通过成本预测，掌握未来的成本水平及其变动趋势，有助于把未知因素转化为已知因素，帮助管理者提高自觉性，减少盲目性；对营运活动中可能出现的有利与不利情况进行全面系统分析，避免成本决策的片面性和局限性。

2. 成本决策

成本决策是在成本预测及有关成本资料的基础上，综合经济效益、质量、效率和规模等指标，运用定性和定量的方法对各个成本方案进行分析并选择最优方案的成本管理活动。

3. 成本计划

成本计划是以营运计划和有关成本数据、资料为基础，根据成本决策所确定的目标，通过一定的程序，运用一定的方法，针对计划期企业的生产耗费和成本水平进行的具有约束力的成本筹划管理活动。

4. 成本控制

成本控制是成本管理者根据预定的目标，对成本发生和形成过程以及影响成本的各种因素条件施加主动的影响或干预，把实际成本控制在预期目标内的成本管理活动。

5. 成本核算

成本核算是根据成本核算对象，按照国家统一的会计制度和企业管理要求，对营运过程中实际发生的各种耗费按照规定的成本项目进行归集、分配和结转，取得不同成本核算对象的总成本和单位成本，向有关使用者提供成本信息的成本管理活动。

> 扩展阅读4.4
>
> 美的成本控制案例分析

6. 成本分析

成本分析是成本管理的重要组成部分，是利用成本核算提供的成本信息及其他有关资料，分析成本水平与构成的变动情况，查明影响成本变动的各种因素和产生的原因，并采取有效措施控制成本的成本管理活动。

7. 成本考核

成本考核是对成本计划及其有关指标实际完成情况进行定期总结和评价，并根据考核结果和责任制的落实情况，进行相应奖励和惩罚，以监督和促进企业加强成本管理责任制，提高成本管理水平的成本管理活动。成本考核的目的在于改进原有的成本控制活动并激励或约束员工和团体的成本行为，更好地履行经济责任，提高企业成本管理水平。

上述七项活动中，成本分析贯穿于成本管理的全过程，成本预测、成本决策与成本计划在战略上对成本控制、成本核算、成本分析和成本考核进行指导，成本预测、成本决策与成本计划的变动是企业外部经济环境和企业内部竞争战略变动的结果，而成本控制、成本核算、成本分析和成本考核则通过成本信息的流动互相联系。

4.1.7 财务报表分析

（一）三大财务报表的勾稽关系

勾稽关系是指账簿和会计报表中有关数字之间存在的，可据以相互考察、核对的关系。

对于任何财务人员来说，最熟悉的会计报表莫过于三张表：资产负债表、利润表、现金流量表。

资产负债表（the Balance Sheet）也称为财务状况表，表示企业在一定日期（通常为各会计期末）的财务状况的主要会计报表。资产负债表利用会计平衡原则，将合乎会计原则的资产、负债、股东权益等交易科目分为"资产"和"负债及股东权益"两大区块，在经过分录、转账、分类账、试算、调整等会计程序后，以特定日期的静态企业情况为基准，浓缩成一张报表。其报表功用除了企业内部除错、经营方向、防止弊端外，也可让所有阅读者用最短时间了解企业经营状况。

利润表用以反映公司在一定期间内利润实现（或发生亏损）的财务报表。从反映企业经营资金运动的角度看，它是一种反映企业经营资金动态表现的报表，主要提供有关企业经营成果方面的信息，属于动态会计报表。

现金流量表是反映一定时期内（如月度、季度或年度）的企业经营活动、投资活动和筹资活动对其现金及现金等价物所产生影响的财务报表。现金流量表是原先财务状况变动表或者资金流动状况表的替代物。它详细描述了由公司的经营、投资与筹资活动所产生的现金流。

概括财务报表的勾稽关系主要有以下几种。

（1）平衡勾稽关系。资金平衡表分左右两方，一方反映资金占用，另一方反映资金来源，两方必须保持平衡。

（2）对应勾稽关系。用复式记账法对每项经济业务用相等金额在两个或两个以上互相关联的账户中登记，表明资金运动的来龙去脉以及相互对应关系固定不变。

扩展阅读 4.5

财务报表案例分析

（3）和差勾稽关系。报表中的有些勾稽关系表现为一个指标等于其他几个指标的和或者差。

（4）积商勾稽关系。报表中有些勾稽关系表现为一个项目等于其他几个项目的积或商。

（5）动静勾稽关系。专用基金及专用拨款表为"动态表"，而资金平衡表为"静态表"。"静态表"与"动态表"所反映的某些指标具有一致性，由此在报表中形成勾稽关系。

（6）补充勾稽关系。报表中反映的某些指标，为了解其明细核算资料和计算方法，可依据另设项目或表式加以补充说明。

（二）偿债能力分析

偿债能力是指企业偿还本身所欠债务的能力。对偿债能力进行分析有利于债权人进行正确的借贷决策；有利于投资者进行正确的投资决策；有利于企业经营者进行正确的经营决策；有利于正确评价企业的财务状况。

偿债能力的衡量方法有两种：一种是比较可供偿债资产与债务的存量，资产存量超过债务存量较多，则认为偿债能力较强；另一种是比较经营活动现金流量和偿债所需现金，如果产生的现金超过需要的现金较多，则认为偿债能力较强。

债务一般按到期时间分为短期债务和长期债务，偿债能力分析也由此分为短期偿债能力分析和长期偿债能力分析。

1. 短期偿债能力分析

企业在短期（一年或一个营业周期）需要偿还的负债主要是指流动负债，因此短期偿债能力衡量的是对流动负债的清偿能力。企业的短期偿债能力取决于短期内企业产生现金的能力，即在短期内能够转化为现金的流动资产的多少。所以，短期偿债能力比率也称为变现能力比率或流动性比率，主要考察的是流动资产对流动负债的清偿能力。企业短期偿债能力的衡量指标主要有营运资金、流动比率、速动比率和现金比率。

（1）营运资金。营运资金是指流动资产超过流动负债的部分。其计算公式如下：

$$营运资金 = 流动资产 - 流动负债$$

营运资金越多则偿债越有保障。当流动资产大于流动负债时，营运资金为正，说明企业财务状况稳定，不能偿债的风险较小。反之，当流动资产小于流动负债时，营运资金为负，此时，企业部分非流动资产以流动负债作为资金来源，企业不能偿债的风险很大。由此，企业必须保持较多的营运资金，以避免流动负债的偿付风险。

（2）流动比率。流动比率是企业流动资产与流动负债之比。其计算公式如下：

$$流动比率 = 流动资产 \div 流动负债$$

流动比率表明每1元流动负债有多少流动资产作为保障，流动比率越大则通过短期偿债能力越强。一般认为，生产企业合理的最低流动比率是2。

（3）速动比率。速动比率是企业速动资产与流动负债之比，其计算公式如下：

$$速动比率 = 速动资产 \div 流动负债$$

速动比率表明每 1 元流动负债有多少速动资产作为偿债保障。一般情况下，速动比率越大，短期偿债能力越强。由于速动资产剔除了存货，所以剔除存货影响的速动比率至少是 1。若速动比率过低，则企业面临偿债风险；若速动比率过高，则会因占用现金及应收账款过多而增加企业的机会成本。

（4）现金比率。现金资产包括货币资金和交易性金融资产等。现金资产与流动负债的比值称为现金比率。现金比率的计算公式如下：

$$现金比率 =（货币资金 + 交易性金融资产）\div 流动负债$$

现金比率表示每 1 元流动负债有多少现金资产作为偿债保障。由于流动负债是在一年内（或一个营业周期内）陆续到期清偿，所以并不需要企业时时保留相当于流动负债金额的现金资产。现金比率过高，就意味着企业过多资金占用在盈利能力较低的现金资产上从而影响企业盈利能力。

上述指标均可用来分析企业的短期偿债能力，其分析的角度各不相同。本书以数智企业经营管理沙盘为主，为了简化学习流程，在分析企业的短期偿债能力时建议重点关注企业的流动比率。

2. 长期偿债能力分析

长期偿债能力是指企业在较长时间内偿还债务的能力。企业在长期内，不仅需要偿还流动负债，还需要偿还非流动负债，因此，长期偿债能力衡量的是对企业所有负债的清偿能力。企业对所有负债的清偿能力取决于其总资产水平，因此长期偿债能力比率考察的是企业资产、负债和所有者权益之间的关系。其财务指标主要有四项：资产负债率、产权比率、权益乘数和利息保障倍数。

（1）资产负债率。资产负债率是企业负债总额与资产总额之比。其计算公式如下：

$$资产负债率 = 负债总额 \div 资产总额 \times 100\%$$

当资产负债率高于 50% 时，表明企业资产来源主要依靠的是负债，财务风险较大。当资产负债率低于 50% 时，表明企业资产的主要来源是所有者权益，财务比较稳健。这一比率越低，表明企业资产对负债的保障能力越高，企业的长期偿债能力越强。

（2）产权比率。产权比率又称资本负债率，是负债总额与所有者权益之比，它是企业财务结构稳健与否的重要标志。其计算公式如下：

$$产权比率 = 负债总额 \div 所有者权益 \times 100\%$$

一般来说，产权比率越低，表明企业长期偿债能力越强，债权人权益保障程度越高。在分析时同样需要结合企业的具体情况，当企业的资产收益率大于负债利息时，负债经营有利于提高资金收益率，获得额外的利润，这时的产权比率可适当高些。产权比率高，是高风险、高报酬的财务结构；产权比率低，是低风险、低收益的财务结构。

（3）权益乘数。权益乘数是总资产与股东权益的比值。其计算公式如下：

$$权益乘数 = 总资产 \div 股东权益$$

权益乘数表明股东每投入 1 元可实际拥有和控制的金额。在企业存在负债的情况下，权益乘数大于 1。企业负债比例越高，权益乘数越大。

（4）利息保障倍数。利息保障倍数是指企业息税前利润与应付利息之比，又称已获利息倍数，用以衡量偿付借款利息的能力。其计算公式如下：

$$利息保障倍数 = 息税前利润 \div 应付利息$$

$$利息保障倍数 = （净利润 \div 利润表中的信息费用 + 所得税）\div 应付利息$$

利息保障倍数反映支付利息的利润来源（息税前利润）与利息支出之间的关系，该比率越高，长期偿债能力越强。从长期看，利息保障倍数至少要大于 1（国际公认标准为 3），也就是说，息税前利润至少要大于应付利息，企业才具有偿还债务利息的可能性。如果利息保障倍数过低，企业将面临亏损、偿债的安全性与稳定性下降的风险。短期内，利息保障倍数小于 1 也仍然具有利息支付能力。

上述指标均用来分析企业的长期偿债能力，不同的指标分析的重点不同。在数智企业经营管理沙盘系统中，分析企业的长期偿债能力时通常用资产负债率来进行分析。

（三）营运能力分析

营运能力主要是指资产运用、循环的效率高低。一般而言，资金周转速度越快，说明企业的资金管理水平越高，资金利用效率越高，企业以较少的投入可获得较多的收益。因此，营运能力指标是通过投入与产出（主要指收入）之间的关系反映的。企业营运能力分析主要包括：流动资产营运能力分析、固定资产营运能力分析和总资产营运能力分析三个方面。

1. 流动资产营运能力分析

反映流动资产营运能力的指标主要有应收账款周转率、存货周转率和流动资产周转率。

（1）应收账款周转率。应收账款在流动资产中有着举足轻重的地位，及时收回应收账款，不仅能增强企业的短期偿债能力，而且可反映企业管理应收账款的效率。反映应收账款周转情况的比率有应收账款周转率（次数）和应收账款周转天数。

应收账款周转次数，是一定时期内商品或产品营业收入与应收账款平均余额的比值，表明一定时期内应收账款平均收回的次数。其计算公式如下：

$$应收账款周转次数 = \frac{营业收入}{应收账款平均余额}$$

$$应收账款周转次数 = \frac{营业收入}{（期初应收账款 + 期末应收账款）\div 2}$$

应收账款周转天数指应收账款周转一次（从销售开始到收回现金）所需要的时间，其计算公式如下：

$$应收账款周转天数 = 计算期天数 \div 应收账款周转次数$$

$$应收账款周转天数 = 计算期天数 \times 应收账款平均余额 \div 营业收入$$

通常，应收账款周转次数越高（或周转天数越短），表明应收账款管理效率越高。

应收账款周转率反映了企业应收账款周转速度的快慢及应收账款管理效率的高低。

在一定时期内周转次数多（或周转天数少）表明：①企业收账迅速，信用销售管理严格；②应收账款流动性强，从而增强企业短期偿债能力；③可以减少收账费用和坏账损失，相对增加企业流动资产的投资收益。

通过比较应收账款周转天数及企业信用期限，可评价客户的信用程度，调整企业信用政策。

（2）存货周转率。在流动资产中，存货所占比重较大，存货的流动性将直接影响企业的流动比率。存货周转率的分析同样可以通过存货周转次数和存货周转天数反映。

存货周转率（次数）是指一定时期内企业营业成本与存货平均资金占用额的比率，是衡量和评价企业购入存货、投入生产、销售收回等各环节管理效率的综合性指标。其计算公式如下：

$$存货周转次数 = 营业成本 \div 存货平均余额$$

$$存货平均余额 = （期初存货 + 期末存货） \div 2$$

存货周转天数是指存货周转一次（即存货取得到存货销售）所需要的时间。其计算公式如下：

$$存货周转天数 = 计算期天数 \div 存货周转次数$$

$$存货周转天数 = 计算期天数 \times 存货平均余额 \div 营业成本$$

一般来讲，存货周转速度越快，存货占用水平越低，流动性越强，存货转化为现金或应收账款的速度就越快，这样会增强企业的短期偿债能力及盈利能力。

（3）流动资产周转率。流动资产周转率是反映企业流动资产周转速度的指标。流动资产周转率（次数）是一定时期营业收入净额与企业流动资产平均占用额之间的比率。其计算公式如下：

$$流动资产周转次数 = 营业收入 \div 流动资产平均余额$$

$$流动资产周转天数 = 计算期天数 \div 流动资产周转次数$$

$$流动资产周转天数 = 计算期天数 \times 流动资产平均余额 \div 营业收入净额$$

$$流动资产平均余额 = （期初流动资产 + 期末流动资产） \div 2$$

在一定时期内，流动资产周转次数越多，表明以相同的流动资产完成的周转额越多，流动资产利用效果越好。流动资产周转天数越少，表明流动资产在经历生产销售各阶段所占用的时间越短，可相对节约流动资产，增强企业盈利能力。

2. 固定资产营运能力分析

反映固定资产营运能力的指标为固定资产周转率。固定资产周转率（次数）是指企业年营业收入与固定资产平均额的比率。它是反映企业固定资产周转情况，衡量固定资产利用效率的一项指标。其计算公式如下：

$$固定资产周转率 = 营业收入 \div 平均固定资产$$

$$平均固定资产 = （期初固定资产 + 期末固定资产） \div 2$$

固定资产周转率高（即一定时期内固定资产周转次数多），说明企业固定资产投资得当,结构合理,利用效率高;反之,如果固定资产周转率不高,则表明固定资产利用效率不高,提供的生产成果不多,企业的营运能力不强。

3. 总资产营运能力分析

反映总资产营运能力的指标是总资产周转率。总资产周转率(次数)是企业营业收入与企业资产平均总额的比率。其计算公式如下:

$$总资产周转次数 = 营业收入 \div 平均资产总额$$

如果企业各期资产总额比较稳定,波动不大,则:

$$平均总资产 =(期初总资产 + 期末总资产)\div 2$$

如果资金占用的波动性较大,企业应采用更详细的资料进行计算,如按照各月份的资金占用额计算,则:

$$月平均总资产 =(月初总资 + 月末总资产)\div 2$$

$$季平均占用额 =(1/2 季初 + 第一月末 + 第二月末 + 1/2 季末)\div 3$$

$$年平均占用额 =(1/2 年初 + 第一季度末 + 第二季度末 + 第三季度末 + 1/2 年末)\div 4$$

计算总资产周转率时分子分母在时间上应保持一致。

企业的营运能力分为三块,分别为企业的流动资产营运能力分析、固定资产营运能力分析和总资产营运能力分析。不同的板块所分析的内容不同,那么在数智企业经营管理沙盘系统中,通常通过总资产营运能力分析指标来分析企业的营运能力。

(四)盈利能力分析

盈利能力是企业获取利润、实现资金增值的能力。因此,盈利能力指标主要通过收入与利润之间的管理、资产与利润之间的关系反映。反映企业盈利能力的指标主要有营业毛利率、营业净利率、总资产净利率和净资产收益率。

1. 营业毛利率

营业毛利率是营业毛利与营业收入之比,其计算公式如下:

$$营业毛利率 = 营业毛利 \div 营业收入 \times 100\%$$

$$营业毛利 = 营业收入 - 营业成本$$

营业毛利率反映产品每 1 元营业收入所包含的毛利率是多少,即营业收入扣除营业成本后还有多少剩余可用于弥补各期费用和形成利润。营业毛利率越高,表明产品的盈利能力越强。

2. 营业净利率

营业净利率是净利润与营业收入之比,其计算公式如下:

$$营业净利率 = 净利润 \div 营业收入 \times 100\%$$

营业净利率反映每 1 元营业收入最终赚取了多少利润,用于反映产品最终的盈利能力。在利润表上,从营业收入到净利润需要扣除营业成本、期间费用、税金等项目费用。

3. 总资产净利率

总资产净利率指净利润与平均总资产的比率,反映每 1 元资产创造的净利润。其计算公式如下：

$$总资产净利率 = （净利润 \div 平均总资产） \times 100\%$$

总资产净利率衡量的是企业资产的盈利能力。总资产净利率越高，表明企业资产的利用效果越好。影响总资产净利率的因素是营业净利率和总资产周转率。

$$总资产净利率 = \frac{净利润}{平均总资产} = \frac{净利润}{营业收入} \times \frac{营业收入}{平均总资产}$$

$$总资产净利率 = 营业净利润 \times 总资产周转率$$

因此，企业可以通过提高营业净利率、加速资产周转来提高总资产净利率。

4. 净资产收益率

净资产收益率又称权益净利率或权益报酬率，是净利润与平均所有者权益的比值，表示每1元权益资产赚取的净利润，反映权益资本经营的盈利能力。其计算公式如下：

$$净资产收益率 = （净利润 \div 平均所有者权益） \times 100\%$$

一般来说，净资产收益率越高，所有者和债权人的利益保障程度越高。

分析一家企业通常从营业毛利率开始，然后通过营业净利率初步评估企业盈利能力。不同的指标分析的内容或多或少，数智企业经营管理沙盘系统通常关注企业的营业净利润，故在分析盈利能力时，建议重点分析企业营业净利润。

（五）发展能力分析

衡量企业发展能力的指标主要包括营业收入增长率、总资产增长率、营业利润增长率、资本保值增值率和所有者权益增长率等。

1. 营业收入增长率

该指标反映的是相对化的营业收入增长情况，是衡量企业经营状况和市场占有能力、预测企业经营业务拓展趋势的重要指标。在实际分析时应考虑企业历年的销售水平、市场占有情况、行业未来发展及其他影响企业发展的潜在因素，或结合企业前三年的营业收入增长率进行趋势性分析判断。其计算公式如下：

$$营业收入增长率 = \frac{本年营业收入增长额}{上年营业收入} \times 100\%$$

$$本年营业收入增长额 = 本年营业收入 - 上年营业收入$$

2. 总资产增长率

总资产增长率是企业本年资产增长额同年初资产总额的比率，反映企业本期资产规模的增长情况。其计算公式如下：

$$总资产增长率 = 本年资产增长额 / 年初资产总额 \times 100\%$$

$$本年资产增长额 = 年末资产总额 - 年初资产总额$$

总资产增长率越高，表明企业一定时期内资产经营规模扩张的速度越快。但在分析时，需要关注规模扩张的质和量的关系，以及企业的后续发展能力，避免盲目扩张。

3. 营业利润增长率

营业利润增长率是企业本年营业利润增长额与上年营业利润总额的比率，反映企业营业利润的增减变动情况。其计算公式如下：

$$营业利润增长率 = \frac{本年营业利润增长额}{上年营业利润总额} \times 100\%$$

本年营业利润增长额 = 本年营业利润 - 上年营业利润

4. 资本保值增值率

资本保值增值率是指扣除客观因素影响后的所有者权益的期末总额与期初总额之比。其计算公式如下：

资本保值增值率 = 扣除客观因素影响后的期末所有者权益 ÷ 期初所有者权益 × 100%

5. 所有者权益增长率

所有者权益增长率是企业本年所有者权益增长额与年初所有者权益的比率，反映企业当年资本的积累能力。其计算公式如下：

$$所有者权益增长率 = \frac{本年所有者权益增长额}{年初所有者权益} \times 100\%$$

本年所有者权益增长额 = 年末所有者权益 - 年初所有者权益

所有者权益增长率越高，表明企业的资本积累越多，应对风险、持续发展的能力越强。在数智企业经营管理沙盘系统中，我们关注的是企业发展能力，其可以通过所有者权益增长率指标进行分析。

（六）现金流量分析

现金流量分析一般包括现金流量的结构分析、流动性分析、获取现金能力分析、财务弹性分析及收益质量分析。此处主要介绍获取现金能力分析和收益质量分析。

1. 获取现金能力的分析

获取现金的能力可通过经营活动现金流量净额与投入资源之比来反映。投入的资源可以是营业收入、资产总额、营运资金、净资产或普通股股数等。

（1）营业现金比率。营业现金比率是指企业经营活动现金流量净额与企业营业收入的比值。其计算公式如下：

营业现金比率 = 经营活动现金流量净额 ÷ 营业收入

该比率反映每1元营业收入得到的经营活动现金流量净额，数值越大越好。

（2）每股营业现金净流量。每股营业现金净流量是通过企业经营活动现金流量净额与普通股股数之比来反映的。其计算公式如下：

每股营业现金净流量 = 经营活动现金流量净额 ÷ 普通股股数

该指标反映企业最大的分派股利能力，超过此限度，可能就要借款分红。

（3）全部资产现金回收率。全部资产现金回收率是通过企业经营活动现金流量净额与企业平均资产之比来反映的，其表明企业全部资产产生现金的能力。其计算公式如下：

$$全部资产现金回收率 = 经营活动现金流量净额 \div 平均总资产 \times 100\%$$

2. 收益质量分析

收益质量是指会计收益与公司业绩之间的相关性。如果会计收益能如实反映公司业绩，则其收益质量高；反之，则收益质量不高。收益质量分析主要包括净收益营运指数分析与现金营运指数分析。

（1）净收益营运指数。净收益运营指数是指经营收益与净利润之比，其计算公式如下：

$$净收益营运指数 = 经营净收益 \div 净利润$$

$$经营净收益 = 净利润 - 非经营净收益$$

净收益营运指数越小，非经营收益所占比重越大，收益质量越差，因为非经营收益不反映公司的核心能力及正常的收益能力，可持续性较低。

（2）现金营运指数。现金营运指数反映企业经营活动现金流量净额与企业经营所得现金的比值，其计算公式如下：

$$现金营运指数 = 经营活动现金流量净额 \div 经营所得现金$$

现金营运指数小于1，说明营运资金增加，反映企业为取得同样的收益占用了更多的营运资金，取得收益的代价增加了，同样的收益代表着较差的业绩。

在数智企业经营管理沙盘系统中，可通过营业现金比率来分析企业的现金流量状况。

4.1.8 财务经营策略——杜邦分析法

杜邦分析法又称杜邦财务分析体系，简称杜邦体系，是利用各主要财务比率指标间的内在联系，对企业财务状况及经济效益进行综合系统分析评价的方法。该体系是以净资产收益率为起点，以总资产净利率和权益乘数为基础，重点揭示企业盈利能力及权益乘数对净资产收益率的影响，以及各相关指标间的相互影响和作用关系。因其最初由美国杜邦企业成功应用而得名。

杜邦分析法将净资产收益率（权益净利率）分解如图4-1所示。其分析关系式如下：

$$净资产收益率 = 营业净利润 \times 总资产周转率 \times 权益乘数$$

运用杜邦分析法需要抓住以下几点。

（1）净资产收益率是一个综合性最强的财务分析指标，是杜邦体系的起点。财务管理的目标之一是使股东财富最大化，净资产收益率反映了企业所有者投入资本的盈利能力，说明了企业筹资、投资、资产营运等各项财务及其管理活动的效率，而不断提高净资产收益率是使所有者权益最大化的基本保证。所以，这一财务分析指标是企业所有者、经营者都十分关心的。而决定净资产收益率高低的因素主要有三个，即营业净利率、总资产周转率和权益乘数。这样，在进行分解之后，就可以将净资产收益率这一综合性指标发生升降变化的原因具体化，因此只用一项综合性指标更能说明问题。

（2）营业利润率反映了企业净利润与营业收入的关系，它的高低取决于营业收入与成本总额的高低。要想提高营业净利率，一是要扩大营业收入，二是要降低成本费用。扩大营业收入既有利于提高营业净利率，又有利于提高总资产周转率。降低成本费用是提高营业净利率的一个重要因素，从图4-1可以看出成本费用的基本结构是否合理，从而找出降低成本费用的途径和加强成本费用控制的办法。如果企业财务费用支出过高，就要进一步分析其负债比率是否过高；如果企业管理费用过高，就要进一步分析其资产周转情况等。从图4-1中还可以看出，提高营业净利率的另一途径是提高其他利润。为了详细地了解企业成本费用的发生情况，在具体列示成本总额时，还可根据重要性原则，将那些影响较大的费用单独列示，以便为寻求降低成本的途径提供依据。

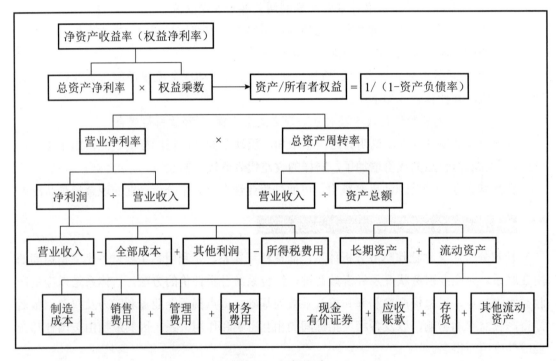

图4-1 杜邦体系

注：图中有关资产、负债与权益指标通常用平均值计算。

（3）影响总资产周转率的一个重要因素是资产总额。资产总额由流动资产与长期资产组成，它们的结构合理与否将直接影响资产的周转速度。一般来说，流动资产直接体现企业的偿债能力和变现能力，而长期资产则体现了企业的经营规模、发展潜力。两者之间应该有一个合理的比例关系。如果发现某项资产比重过大，影响资金周转，就应深入分析其原因。例如，企业持有的货币资金超过业务需要，就会影响企业的盈利能力；如果企业占有过多的存货和应收账款，既会影响盈利能力，又会影响偿债能力。因此，还应进一步分析各项资产的占用数额和周转速度。

（4）权益乘数主要受资产负债率指标的影响。资产负债率越高，权益乘数就越高，这说明企业的负债程度比较高，为企业带来了较多的杠杆利益，同时，也带来了较大的风险。

4.2 沙盘财务总监操作指南

1. 操作界面

打开浏览器，输入网址，以及数智企业经营管理沙盘财务总监的账号和密码。登录后，我们会看到一个城市页面，它将一个企业所应该拥有的场景和外部合作机构都浓缩在一个区域中。点击"财"图标，可进入财务总监岗位的操作台，如图 4-2 所示。

图 4-2　沙盘主页面

2. 预算控制

点击"预算控制"按钮打开页面，学生可通过此功能为各总监发放预算，实施预算控制，如图 4-3 所示。

图 4-3　预算控制

具体操作说明如下。

（1）单击页面中"控"图标，进入预算控制页面。

（2）在页面文本框中填写各岗位本季度要使用的资金（财务总监应与各岗位总监协商一致）。

（3）"上季度预算"为上季度由财务总监为各部门发放的预算，"上季度使用"为上季度各部门实际使用的资金，"使用率"为上季度实际使用资金占上季度发放的比率。

3. 融资管理

财务总监可通过融资管理向外界进行贷款来支撑企业的现金，如图 4-4 所示。

图 4-4　融资管理

具体操作说明如下。

（1）单击页面中"融"图标，进入"融资管理"页面。

（2）在该页面下的"融资决策"处选择一个套餐，在额度任务栏中输入额度。

（3）单击"确定"按钮完成操作。

（4）不同的套餐贷款时间和还款方式各不相同，申请成功后在融资现状中显示起贷时间、还款时间、额度和利息。

（5）"本息同还"是指还款期满时一次性归还本金和利息。"每季付息，到期还本"是指每季度支付利息，还款期满时支付本期和当季利息。

需要注意的是：申请的贷款不可超过"额度上限"。

4. 应收账款管理

财务总监可通过应收账款功能将到期和未到期的账款收入现金库中，如图 4-5 所示。

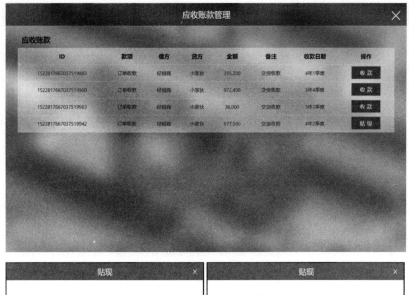

图 4-5　应收账款管理

具体操作说明如下。

（1）单击"收"图标，进入"应收账款"页面。

（2）在页面中单击"收款"按钮，完成收款操作。

（3）"贴现"表示货款未到期，无法立即收款。若企业急需用钱可通过贴现的方式获得。点击"贴现"按钮，弹出新的对话框。在对话框中填写具体的贴现金额即可。

（4）贴现成功后，按照贴现额度扣除贴息后的金额入现金库。应收账款则按照贴现金额实时扣除。

5. 应付账款管理

财务总监可通过应付账款管理，完成支付原材料货款，如图 4-6 所示。

具体操作说明如下。

（1）单击"付"图标，进入应付账款管理页面。

（2）在应付账款页面下，单击"付款"按钮，完成此操作。

需要注意的是：关注付款日期，支付本季即可，可提前付款但不可延期付款。

6. 费用管理

财务总监可通过本环节支付本企业的各类费用，如图 4-7 所示。

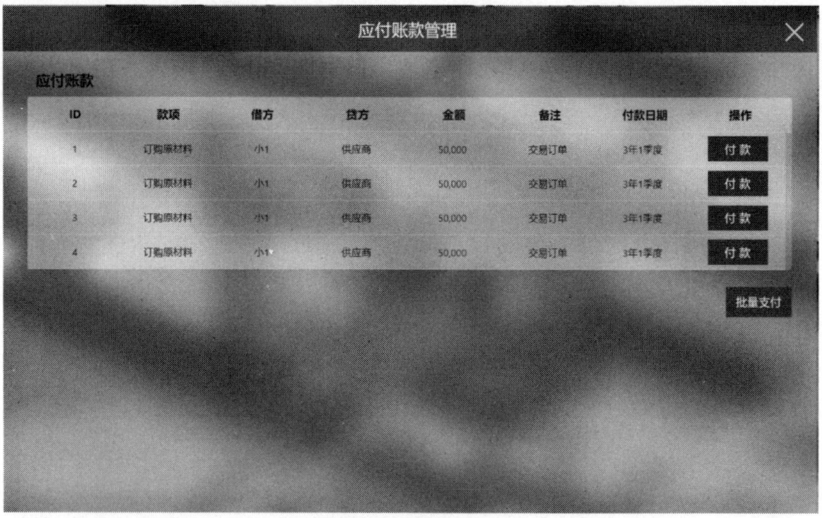

图 4-6　应付账款

图 4-7　费用管理

具体操作说明如下。

（1）单击任务栏中"费"图标，进入费用管理页面。

（2）在费用管理页面下，单击"缴纳"按钮，完成此操作。

（3）费用包括管理费、贷款本金、贷款利息等。

需要注意的是：应按时支付各项费用。

7. 报表管理

财务总监可通过此"报表管理"按钮，查看企业的三大报表，如图 4-8 所示。

图 4-8　报表管理

具体操作说明如下。

（1）单击"表"图标，进入报表管理页面。

（2）在"报表管理"页面下，可查看企业的三大报表：资产负债表、利润表、现金流量表。

需要注意的是：报表无须填写，且报表展示的是实时数据。

4.3　智能财务与企业数字化

一、什么是智能财务

智能财务是指将以人工智能为代表的"大智移云物区"等新技术运用于财务工作，对传统财务工作进行模拟、延伸和拓展，以改善会计信息质量、提高会计工作效率、降低会计工作成本、提升会计合规能力和价值创造能力，促进企业财务在管理控制和决策支持方面的作用发挥，通过财务的数字化转型推动企业的数字化转型进程。本书将从三个方面阐释智能财务的内涵。

扩展阅读 4.6

什么是智能财务

（1）以人工智能为代表的"大智移云物区"等新技术（以下简称"新技术"或"大智移云物区"等新技术），主要包括大数据、人工智能、移动互联网、云计算、物联网和区块链等。

大数据是以容量大、类型多、存取速度快、应用价值高为主要特征的数据集合，对数量巨大、来源分散、格式多样的数据进行采集、存储和关联分析，从中发现新知识、创造新价值、提升新能力的新一代信息技术和服务业态。大数据技术首先是提供存储和计算能力，其次是洞察数据中隐含的意义，前者依赖于硬件设备的升级，后者依赖于数据挖掘算法的不断优化创新。

人工智能（artificial intelligence，AI）是研究、开发用于模拟、延伸和拓展人的智能的理论、方法、技术及应用系统的一门新的技术科学，其主要发展方向为感知智能、运算智能和认知智能。其中，感知智能模拟了人类视觉、听觉、触觉等感知能力；运算智能模拟了人类大脑的快速计算和记忆存储能力；认知智能模拟了人类大脑的概念理解和逻辑推理能力，有助于进一步形成概念、意识和观念。移动互联网是移动通信和互联网的结合，同时拥有移动互联网的随时、随地和随身等便利特性，以及互联网的分享、开放和互动等社交特性。

云计算是一种基于互联网的计算方式，可以将共享的软硬件资源和信息按需提供给计算机和其他设备，广义上的云计算包括后台硬件的云集群、软件的云服务、人员的云共享等不同形态。物联网是指通过二维码识读设备、射频识别装置、红外感应器、全球定位系统和激光扫描器等信息传感设备，按约定的协议，把任何物品与互联网相连接，进行信息交换和通信，以实现智能化识别、定位、跟踪、监控和管理的一种网络，主要解决物品与物品、人与物品、人与人之间的互联。区块链是分布式数据存储、点对点传输、共识机制、加密算法等计算机技术的新型应用模式，其核心特点是实时共享、可追溯和不可篡改。

（2）智能财务的实质是对传统财务工作的模拟、延伸和拓展。模拟是指模仿现成的样子，如会计核算软件中记账凭证、账簿和报表的半自动或自动生成，就是对传统会计核算工作的模拟；延伸是指在宽度、大小、范围上向外延长、伸展，如智能财务不受数据收集和整理能力的限制，可以核算最小经营单元的损益和投资收益；拓展是指在原有的基础上增加新的东西，是质的变化而非量的变化，智能财务中的大数据分析，更多的是运用数据的聚集效应和数据之间的关联关系来寻找数据本身蕴含的经济规律，是对传统财务工作的大幅拓展。

（3）智能财务的目标是促进财务工作的提升，更好地服务于业务工作和管理工作。智能财务对传统财务工作的模拟，包括证账表等会计核算的自动化，以及财务分析报告的协同工作和半自动生成，将大幅提升财务会计工作的效率，提高财务会计信息的质量，同时大幅降低财务会计工作的成本。智能财务对传统财务工作的延伸，包括在资金管理、资产管理、税务管理、预算管理、成本管理、投资管理和绩效管理等方面的精细化和前瞻性，将大幅提升财务规划指导和规范管理的职能。

智能财务对传统财务工作的拓展，包括相对固定的管理会计报告和基于大数据的分析应用，将大幅提升财务对于业务部门和管理部门，以及企业高层领导的决策支持能力，促使财务人员实现从本位思考向换位思考和全局思考的转换。

二、智能财务的特点及特征

(一)智能财务的特点

智能财务具备以下五个特点。

(1) 全面共享。全面共享包括整个企业对于智能财务相关平台、智能财务相关数据、智能财务相关人员和智能财务相关组织的共享。

(2) 高效融合。在政策、规则、流程、系统、数据、标准统一的基础上,实现企业中业务、财务和管理的一体化融通。

(3) 深度协同。在新型财务管理模式下,基于智能财务相关平台,实现财务专业分工、各级财务组织,以及业财管各部门之间的深度协同。

(4) 精细管理。借助智能财务建设的契机,采集最细颗粒度的交易数据和过程数据,实现基层业务单元层面和流程环节层面的精细化管理。

(5) 力求智能。在智能财务建设过程中,应注重体现智能财务本质特色的智能化应用场景设计和相应新技术的匹配运用。

(二)智能财务的特征

智能财务将以人工智能为代表的"大智移云物区"等新技术运用于财务工作,借助智能机器和人类财务专家共同组成的人机一体化混合智能系统,进行智能判断、策略生成和策略选择以完成企业复杂的财务管理活动。智能财务具体包括共享平台化、业财管协同化和人机一体化这三个主要特征。

1. 共享平台化

一般的财务共享服务中心侧重于核算,而智能财务的共享平台化则是在其基础上,进一步扩大共享的范围,从财务会计到业务和管理会计。共享平台化有以下两层含义。

(1) 业财管的公共平台。以客户需求为导向,将企业业务、财务和管理的交集部分剥离出来。以数据为抓手,将这些交集部分的组织、职能、流程和人员等要素进行重新组合,成为业财管的公共平台,并为各职能部门提供数据等各类服务。在我国部分企业已经尝试的"数据中台+业务中台"的模式中,这个业财管的公共平台就成了中台的核心组件。

(2) 更广泛的大共享。在财务职能定位方面,财务融入了以客户为导向的管理活动,成了连接业务和管理的纽带。在数据来源方面,运用大数据、物联网等技术将企业外部的经济社会、营业环境、政策法规、行业动态等数据都纳入共享平台。在数据存储和运算方面,将云计算外部存储空间和算力纳入共享平台。在数据安全方面,可以与政府、外部组织或机构合作引入区块链技术,降低平台引入外部数据的风险。

扩展阅读 4.7

F 高校财务共享平台具体实现案例

2. 业财管协同化

平台共享化已经将业财管的公共部分抽取出来。业财管剩下的个性化职能则需要基于这个共享平台进行深度协同。

业财管协同化是业务、财务和管理的个性化职能，它应遵循客户驱动的原则，在数据、制度、流程、系统、人力等方面协调一直、会同配合，实现企业价值。

业财管协同化是客户驱动的，是随客户需求柔性迭代的。企业的战略管理、预算管理、成本管理、绩效管理、投融资管理、运营管理、风险管理、内外部报告等都是围绕客户展开的。具体而言：一是实现业财管的数据对接，实现数据实体的内涵和外延保持一致，实体之间的关系清晰描述和界定。确保财务数据"无缝"对接业务数据。二是实现业财管各项制度之间的契合，消除各种制度壁垒和潜在组织冲突。三是实现业财管各流程的衔接，以提高效率和强化内部控制为目标，将事项层面的财务流程嵌入业务流程，使得业务人员在"无感"的环境下完成凭证、账簿等层面的财务流程。四是实现业财管个性化系统的融合，不再以职责划分部门，而是以资源和功能进行整合。五是在实现上述协同的基础上，还需要配合业财管不同岗位人员的在知识、心理和文化认同层面的和谐发展。

3. 人机一体化

智能财务中的人机一体化需要人和智能机器实现协调和配合，形成人机一体化混合智能系统，从公司的综合视角，完成综合性的业财管工作。人机一体化混合智能系统的发展会给业财管带来三个有益的影响：一是业财管工作的自动化程度不断提升。从最初的电算化核算软件到使用机器人流程自动化（robotic process automation，RPA）可完成大量重复、简单的数据采集和基本处理，便"机器"处理数据的范围不断扩大和延伸。随着深度学习、知识自动构建与推理、人机交互等认知智能技术的不断发展，人机一体化混合智能系统在业财管工作中的活动占比会增加，人类专家的占比可能逐步减小。二是为个性化决策提供技术和管理上的支持。财务报告从固定的、综合性的报告向个性化报告转化。企业信息的外部和内部使用者可以根据自己的需要定制信息，格式化的报告逐渐转化为频道化的查询视图。三是提高管理决策的及时性。人机一体化混合智能系统的存储能力和运算能力超过人类，在其处理范围内，可以大幅提高信息的处理效率。不管是系统直接决策还是辅助人类专家决策，人机一体化都有助于提高管理决策的及时性。

三、智能财务核心要素

笔者认为，智能财务至少应包含三大核心要素：人工智能（artificial intelligence，AI）、智能工具以及大数据分析，典型的智能工具如 RPA 和商务智能（bussiness intelligence，BI），具体如图 4-9 所示。

首先，AI 在智能财务中扮演着大脑的角色。其主要任务有两项：其一，接收人的指令，并将其分解落地；其二，向智能工具下达指令，将财务工作分配给具体的智能工具来完成。AI 是智能财务的核心，缺少 AI 的智能财务只能称之为自动化财务。

扩展阅读 4.8

中铁隧道局智能财务演变案例

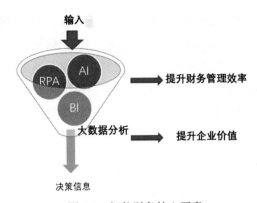

图 4-9　智能财务核心要素

其次,智能工具类似于人体的内脏或四肢,它们可以根据 AI 的指示自动运行,从而完成财务工作,降低人工参与度。诸如 RPA、BI 等工具具有高度模仿性、自动化特征,能够承担大多数传统的人工财务中需要大量人力的、重复性高的工作。可以预见,传统的大量"核算型""弱管理型"财务人员将被这些工具所替代。

最后,大数据分析就如同人体的血液。没有血液,大脑和内脏将无法运转。将大数据分析应用于企业决策的全过程,不仅可以为企业创造更多的价值,提升决策效率和效果,甚至能改变企业的商业模式。在智能财务流程中,大数据分析模块如何进化直接决定智能财务的未来。

如图 4-9 所示,AI+ 智能工具模块解决的是财务管理效率提升问题,而大数据分析阶段生产的决策信息直接解决的是企业价值提升问题。决策信息与企业价值提升的正相关关系越强,智能财务的未来就越光明。

四、智能财务未来发展趋势

(一)智能化财务核算系统

该系统能够将财务人员从传统的财务核算工作中解放出来,减少工作强度,提高工作效率。该系统能对财务电子票据实行智能化处理,通过自动验证、自动记账、自动对账,完成一体化的票据处理工作。比如,针对财务管理中的费用报销环节,工作人员只需将原始凭证通过移动端上传至系统内部,系统按照不同的票据类型进行划分,审核结束后生成票据凭证。在一些大型企业中,如果仅依靠人工采用以往人为对票据进行审核处理的方法,往往需要经历烦琐的审核流程。这样不仅降低了工作效率,而且不利于优化现代财务管理的转型。财务管理智能化技术能够明显减少同类重复性工作,提高票据处理的便捷化,也是未来财务智能化管理应用的主要方向。

(二)智能财务共享服务平台

经过不断发展,未来的财务智能化管理技术将由单一面向财务管理人员逐渐转变为面向全体员工乃至企业相关的产业链、客户、伙伴等。比如,企业员工可以通过智能财务共享服务平台，提出财务工作处理申请，发起相关财务对账、财务票据审核等工作。在申请过程中，通过现代化的语音识别、面部识别等技术，代替传统的书面申请，提升审核效率。除此之外，当员工进行财务工作报批和进度审核时，不需要通过较为复杂操作流程，直接通过语音录入的方法，在系统内部生成专业化的申请单，提升企业客户及供应商的服务满意度，提高财务管理工作的服务质量。

（三）智能辅助决策系统

目前，财务智能化管理中的决策部分往往需要专业的财务人员与智能化技术相配合。未来智能化技术可以更加专业地应用于财务管理辅助决策中，当相关研究人员通过提升系统内部逻辑技术与建模技术，对企业运行的相关财务数据和经济发展计划进行专业的采集、挖掘和分析后，可进行专业的企业财务管理计划制订，帮助企业对相关决策提供事前预测、事中控制和事后总结，从而实现财务管理辅助决策的目标。除此之外，财务工作人员可以通过数据可视化技术，使得整体的财务管理流程更加清晰，提高财务计划的直观性。

4.4 沙盘数字财务操作指南

在模拟经营的任务时间段，学员可点击页面中的大屏幕，打开数字化转型解锁页面，如图4-10所示。

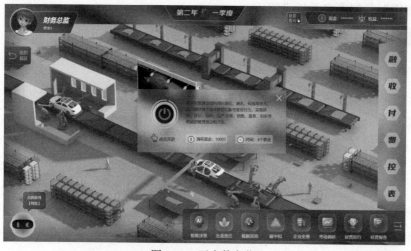

图4-10 开启数字化

数字化的解锁简单来讲，需要时间和金钱。就像我们前面学过的产品资质，点击"解锁"后，经过一定时间，即可进入数字财务时代，如图4-11所示。

图 4-11　数字财务时代

1. 风险监控

学员点击"风险监控"按钮，即可打开"风险监控"页面，如图 4-12 所示。

图 4-12　财务风险监控

具体操作说明如下。

（1）每个比率代表一个指标，通过观看各指标分析企业的风险情况。

（2）指标外框无颜色表示当前阶段无法获取该指标的信息。

（3）指标外框绿色表示当前阶段该指标对应的财务状况良好。

（4）指标外框黄色表示当前阶段该指标对应的财务状况存在低风险。

（5）指标外框红色表示当前阶段该指标对应的财务状况有较高的风险，应当及时制订改善计划。

2. 财务大数据

学员点击"财务大数据"按钮，即可打开"财务大数据自选看板"页面，如图4-13所示。

图4-13　财务大数据自选看板

看板的具体说明如下。

（1）看板分为10个区块。

（2）10个区块中都有相应的选项，用户可自行选择展示的类型。

（3）鼠标悬浮在具体的图形上时，可查看具体数值。

思考题

一、概述企业三大报表之间的关系。

二、概述如何进行偿债能力分析。

扩展阅读 4.9
B 银行实施智能化财务核算系统案例

即测即练

第五章
人力资源管理

学习目标 >>>

- 认识什么是人力资源管理。
- 了解人力资源管理的内涵及任务,规划企业未来发展方向。
- 理解人力资源"5P"模型,学会进行"5P"模型分析。
- 了解平衡计分卡分析方法,提高人力资源管理能力。
- 了解数字人力与企业数字化,认知数字人力应用场景。
- 掌握沙盘人力总监操作流程,理解操作步骤及其逻辑关系。

导入案例 >>>

精准扶贫

党的十九大报告指出,"要动员全党全国全社会力量,坚持精准扶贫、精准脱贫"。央企是我国国民经济的支柱力量,在重要行业和关键领域发挥着重要作用,在脱贫攻坚方面同样肩负着光荣使命。

作为建筑央企的骨干子企业,在精准扶贫的战场上,中建三局发挥其不甘人后、奋勇争先的行业作风,勇毅担当。扶贫工作与建筑施工相通,既要有宏观的框架蓝图,又要有脚踏实地的细致工作;既要从大处着眼,也离不开从小处着手。

中建三局的产业扶贫、就业扶贫,通过援建项目和专业培训,帮助贫困地区脱贫摘帽,打造新型产业工人队伍;通过教育扶贫、消费扶贫、民生扶贫等,细水长流,涓滴爱心汇成江河湖海,助力湖北脱贫攻坚。

自2015年起,中建三局对团风县但店镇方新湾村先后派驻村干部9名,助力驻点村脱贫摘帽,统筹投入资金60万元,推进板栗冻库深加工改造,开拓板栗销量,减少栗农库存压力,促进村民增收。

协调资金10万元支持村民建立电商平台,协助注册村集体企业,形成生产、储存、深加工、销售("互联网+")产业链,引导产业发展;指导建立村民经济合作社,利用荒山荒坡种植油茶80亩,建立油茶基地,邀请外出务工的"能人"回村办养殖(种植)场和休闲山庄,开辟产业发展新通道。投入170万元支持宜昌市点军区援助项目建设,落地旅游扶贫项目5个；投入资金234万元支持神农架林区援助建设，落实扶贫项目11个，有力支持当地产业经济发展。

中建三局自2015年起，设立"争先筑梦·青年成长"基金，捐款1 000万元用于资助湖北省内四大连片困难地区、革命老区、国家级贫困县的特困大学新生和中建三局务工人员子女大学新生。在团风县方新湾村，中建三局安排资金20万元，用于教育扶贫；发动员工捐赠2 000多册图书，为村小学建立了"中建三局爱心图书室"；全面推动助教活动，开展学生趣味运动会；积极向学校捐赠教学物资、体育用具，改善学校软硬件物资条件；组织学校老师及优秀小学生代表，分批次前往武汉参观学习。

中建三局每年带动约35万名农民工就业，以"一户一产业工人"模式助贫困户脱贫致富。结合团风县建筑之乡的实际，中建三局创新开展"产业工人技能培训+转移就业"的模式，将产业工人培养与精准扶贫结合，将"发展装配式建筑""打造新时期产业工人队伍建设""精准扶贫"三大主题与企业发展深度融合。中建三局领导多次赴黄冈市团风县实地调研，下属绿投公司与团风县政府签署《技能帮扶专项协议》，共建装配式建筑专业学科，设立20万元"争先"奖学金，提供实训岗位，开展"产业结合送岗位"等扶贫举措，累计培训逾1 000人次，且每年还会挑选优秀的工人转为产业工人，为他们提供稳定的工作岗位和专业培训，使他们成为高收入、有地位的蓝领。

同时，中建三局与团风县鸿路集团签订产业合作协议，完成了4.64亿元钢结构采购量，助推团风钢构和建筑业发展，连续4年采购销售团风县农产品142万元。2020年贯彻《湖北省总工会关于深入开展"职工爱心消费扶贫、助推全面迈入小康"活动的通知》，全局4万名工会会员参与消费扶贫，采购湖北省扶贫产品2 000余万元；开展"湖北省关于对口促销茶叶专项消费扶贫行动"，采购团风县积压库存茶叶1.4吨，价值100万元。

在上述案例中，企业在为社会大量人口解决了就业问题之后，该怎么安排这些员工到合适的岗位上创造价值呢？带着这个问题，接下来学习什么是人力资源管理。

5.1 什么是人力资源管理

5.1.1 人力资源管理的发展阶段

人力资源管理的产生和发展过程可划分为以下五个阶段：手工艺制度阶段、科学管理阶段、人际关系运动阶段、组织科学—人力资源方法阶段和学习型组织阶段。

1. 手工艺制度阶段（19世纪中叶以前）

在古埃及和巴比伦时代，经济活动中的主要组织形式是家庭手工工场方式。当时，为了保证具有合格技能的工人有充足的供给，对工人技能的培训是以有组织的方式进行的。

到了13世纪，西欧的手工艺培训非常流行。手工业行会负责监督生产的方法和产品的质量，对各种行业的用工条件做出规定。这些手工业行会由一些工作经验丰富的师傅把持，每个申请加入行会的人都必须经过做学徒工人的时期。在这种手工艺制度下，师傅和徒弟生活、工作在一处，因此这种制度非常适合家庭工业生产的要求。

2. 科学管理阶段（19世纪末至20世纪早期）

在19世纪末至20世纪早期，欧洲经济生活中出现了工业革命，由此引起了大机器生产方式的形成。工业革命有三个主要特征：一是机械设备的出现；二是人与机器的联系；三是需要雇用大量人员的工厂的建立。工业革命导致了劳动专业化水平的提高和生产率的提高，与之相适应的技术进步的加快不断促使人事管理方式发生变革。工业革命除了引起专业化分工的形成以外，还对生产过程提出了建立监督层级的要求，因此在生产过程中出现了管理人员。

劳动分工的主要优点是：新工人接受培训的时间减少；原材料的消耗减少；合理安排工人，节约了开支，并由此产生了以技能水平为基础的工资等级制度；工人的工作转换减少，节约了工作时间，并使工人的操作更加熟练，这又激发了工人的创造性。专业化的缺点是把人变为机器的附属物，压抑了工人的活力。

3. 人际关系运动阶段（20世纪20年代至第二次世界大战结束）

20世纪20年代至30年代，美国哈佛大学教授埃尔顿·梅奥（Elton Mayo）领导的研究小组在芝加哥西方电气公司霍桑工厂进行了著名的霍桑试验。在研究试验中，他们发现"人"的心理和行为因素对生产率影响巨大，从而产生了与泰勒科学管理学派相反的"人际关系"管理学说。"人际关系"管理学说强调人的因素，认为生产率的提高不仅同物质条件有关，而且同工人的心理、态度、动机，同群体中的人际关系以及领导者和被领导者的关系密切相关。因此，梅奥的"人际关系"理论的建立使管理思想发生了从以物为中心到以人为中心的转变。其后，在20世纪50年代至60年代，"行为科学"的理念和学说被提出，其注意力从维护良好的人际关系方面进一步提高至对企业组织中人际关系的科学分析上，对人的心理和行为的研究更加科学化。行为科学运用和发展了社会学、心理学和组织理论的成果，进行了人性研究（X理论、Y理论等）、需求研究、激励研究、组织行为研究、团体动力研究、领导行为研究等，使以人为中心的管理不仅有了丰富的理论基础，而且形成了许多切实可行的制度和方法。

4. 组织科学——人力资源方法阶段（20世纪50年代后期至80年代末）

组织本身对人们的表现具有造就、限制和调整的作用，而且人的行为还要受各种职位上的权威、工作和技术要求的影响，因此不能简单地认为人们在组织中的行为方式就是人际关系。组织行为科学是指研究与人们的行为有关的社会学和心理学，其分支包括工业心理学或组织心理学，研究人在工作中的行为；社会心理学研究人们如何相互影响；组织理论研究组织存在的原因、组织的职能、组织的设计、组织效率提高的方法等，在组织环境中人的生产率更高，工作更令人满意。社会学是研究社会、社会机构和社会关系的学科。

20世纪60年代至70年代，行为科学的一个重要课题就是研究民主式、专制式和协商式等各种领导方式的适用条件和环境问题。组织科学强调的重点是整个组织而不是员工个体，目前的人力资源管理理论实际上是组织行为科学与前文所述的各个阶段的员工管理实践相互结合的产物。

5. 学习型组织阶段（20世纪90年代初至今）

1990年，麻省理工学院教授彼得·圣吉（Peter M. Senge）出版了《第五项修炼：学习型组织的艺术与实践》一书，从理论上提出了建立学习型组织的思想。圣吉提出了建立学习型组织的"五项修炼"模型。

（1）自我超越。这是指人们能够不断明晰个人的真实愿望，集中精力，培养耐心，实现自我超越。

（2）改善心智模式。心智模式是指人们看待旧事物形成的特定的思维定式。在知识经济时代，这会影响人们看待新事物的观点。改善心智的结果是，使组织形成一个不断被检视、能反映客观现实的集体的心智模式。

（3）建立共同愿景。共同愿景是组织中人们所共同持有的意象或愿望，即我们想要创造什么。建立共同愿景就是建立一个为组织成员衷心拥护、全力追求的愿望景象。

（4）团队学习。这是指发展成员进行整体搭配与实现共同目标能力的过程。

（5）系统思考。这是指要求人们用系统的观点对待组织的发展。

在学习型组织中，人们都可以抛开原有的思考方式，能彼此开诚布公地去理解组织真正的运作方式，构造一个大家一致同意的愿景，然后齐心协力地实现这个目标。"以人为本"的管理理念得到了进一步发展，具体表现如下：组织领导者既要掌握管理的理论，又要注重管理的方法、操作和技能等实践；重视企业文化和团队精神的作用，培育和发掘人力资源的创造力和企业的凝聚力；注重多文化、多元化时代的管理模式。这种组织具有持续学习的能力，具有高于个人绩效总和的综合绩效。

企业的经验表明，开展学习型组织的演练是提高企业活力的有效办法，是应对知识经济的必然选择。

5.1.2 人力资源管理的概念

人力资源管理的概念是伴随企业人力资源管理的实践而发展的。一定的生产力水平会产生相应的社会实践，进而催生相应的理论和观点，这些理论和观点又反过来指导实践，推动生产力的发展。理论和实践的关系是一种相互促进的互动关系，人力资源管理概念的发展也正是如此。不同管理实践的历史时期，人力资源管理的发展水平不同，其概念的内涵和外延也各不相同。人力资源管理的定义主要有以下几种。

劳埃德·拜厄斯观点：人力资源管理是指那些用来提供和协调组织中的人力资源的活动。人力资源管理主要有六大职能：人力资源规划、员工招募和选择、人力资源开发、员工报酬和福利、员工安全和健康、员工劳动关系。

廖泉文观点：人力资源是各种社会组织对员工的招募、录取、培训、使用、升迁、调动，直至退休的一系列管理活动的总称。人力资源管理的主要目的在于科学、合理地使用人才，充分发挥人的作用，推动社会和组织的迅速发展。

郑晓明观点：所谓人力资源管理，是运用科学方法，协调人与事的关系，处理人与人的矛盾，充分发挥人的潜能，使人尽其才、事得其人、人事相宜，从而实现组织目标的过程。简言之，人力资源管理是指人力资源的获取、整合、激励及控制调整的过程，包括人力资源规划、人员招聘、绩效考核、员工培训、工资福利政策等。

我们也可以从质和量两个方面来理解人力资源管理。

（一）对人力资源外在要素——量的管理

人力资源相对量即人力资源率，它是指人力资源的绝对量占总人口的比例，是反映经济实力的重要指标。一个国家或地区的人力资源率越高，表明该国家或地区的经济有某种优势。因为在劳动生产率和就业状况既定的条件下，人力资源率越高，可投入生产过程的劳动数量越多，从而创造的国民收入也就越多。对人力资源进行量的管理，就是根据人力和物力及其变化，对人力进行恰当的培训、组织和协调，使两者经常保持最佳比例和有机的结合，使人和物都充分发挥最佳效应。

（二）对人力资源内在要素——质的管理

人力资源的质量是人力资源所具有的体质、智力、知识和技能水平以及劳动者的劳动态度。它一般体现在劳动者的体质水平、文化水平、专业技术水平、劳动的积极性上，往往用健康卫生指标、受教育程度、劳动者的技术等级状况和劳动态度指标来衡量。

人力资源质的管理主要是指采用现代化的科学方法，对人的思想、心理和行为进行有效的管理，包括对个体和群体的思想、心理和行为的协调、控制和管理，充分发挥人的主观能动性，以达到组织目标。

在综合以上研究的基础上，本书将人力资源管理定义如下。

人力资源管理（human resource management，HRM）就是指运用现代化的科学方法，对人力资源进行合理的培训、组织和调配，使人力、物力经常保持最佳比例，同时对人的思想、心理和行为进行恰当的诱导、控制和协调，充分发挥人的主观能动性，使人尽其才、事得其人、人事相宜，以实现组织目标。其内涵包括两个层面：在组织外部，主要指人力资源的市场供求、竞争机制、劳动关系、监管、战略及生态环境等；在组织内部，主要包括员工招聘、工作分析、绩效考评、薪资、激励、培训、职业生涯等。

人力资源管理的定义中包含了以下两层意思。

第一，人力资源管理有其独特的管理对象。其管理对象为组织活动中的人及人与组织、环境、工作内容、生产工具的相互联系。人力资源管理的目的是通过管理活动实现企业目标。实现企业目标必须采取节约劳动成本、提高劳动生产率等措施。做好这点就需要人与组织的有机结合、人与生产工具的有机结合、人与环境的协调、人与事的相宜。

第二，人力资源管理有其客观的发展规律。人力资源管理理论是随着经济社会的发展而发展的，正确的理论将促进生产力的提高。人力资源管理的发展规律有：管理内容由对人的一般管理向重视人的潜能开发、激发人的活力的方向发展；管理方法从经验管理向科学管理方向发展，从"人治"向"法治"的方向发展；管理内容从单项管理向全面管理方向发展；管理手段从原始的管理向现代化的管理方向发展。

5.1.3 人力资源管理的特征

人力资源管理的特征主要体现在以下四个方面。

1. 综合性

人力资源管理是一门复杂的综合性学科，需要综合考虑种种因素，如经济因素、文化因素、组织因素、心理因素、生理因素、民族因素、地域因素等。它涉及经济学、社会学、人类学、人才学、管理学等多种学科。

2. 民族性

人不同于动物，人的行为深受其思想观念和感情的影响，而人的思想感情无不受民族文化传统的影响。因此，对人力资源的管理带有鲜明的民族特色。

3. 社会性

现代经济的社会化程度非常高，在影响劳动者工作积极性和工作效率的诸多因素中，生产关系（分配制度、领导方式、劳动关系、所有制关系等）和意识形态是两个重要的因素，而它们都与社会制度密切相关。

4. 创新性

人力资源管理的发展历程是一个不断趋向科学性和艺术性的过程，它的理论基础在不断完善，它的管理技术和方法在不断创新；人力资源管理实践经历了雇员管理、人事管理、人本型人力资源管理和战略型人力资源管理等阶段；其科学基础经历了从单一的经济学到心理学和管理学的演变和融合的过程，这些都充分体现人力资源管理是一个不断创新的过程。

5.1.4 人力资源管理的发展趋势

人力资源管理面对复杂多变的宏观环境和微观环境，其理论和实践呈现出新的发展趋势。

1. 人力资源管理的战略化

人力资源管理的战略化是指人力资源管理要与企业的发展战略相结合，为企业战略目标的实现提供人才支持。

2. 人力资源管理的虚拟化

人力资源管理的虚拟化是指人力资源外包管理，即将原来由企业人力资源部门承担的工作，通过招标的方式，委托给从事相关服务的专业机构来做。人力资源外包的主要内容包括招聘配置、培训、薪酬福利管理和遵守劳动法规等方面。人力资源外包能够减轻企业的人力资源成本、提高绩效水平、建立竞争优势，已经日益成为众多企业的选择。

3. 人力资源管理的重心向知识型员工转移

随着全球知识经济时代的到来，人力资源管理的重点将由"手工工作者"转向"知识型员工"。彼得·德鲁克在《21世纪对管理的挑战》一书中指出，20世纪最重要的，同时也是最独特的管理贡献，是制造业中手工工作者的生产力提高了50倍。21世纪管理最重要的贡献，同样也是提高知识工作与知识工作者的生产力。

4. 人力资源管理趋向柔性化，更加注重企业文化、价值观念和道德修养

在知识经济社会中，由于员工和企业内部协调机制的变化，企业管理者更多地通过沟通这种方式来指导员工的行为和观念，使其更注重企业文化、价值观念和道德修养，从而建立优秀的团队，实现企业目标。

5. 人力资源管理以客户价值为导向

以客户价值为导向的人力资源管理视员工为服务对象，站在员工需求的角度，以新的思维来对待员工，以营销的视角来开发组织中的人力资源，通过提供令顾客满意的人力资源产品与服务，来吸引、保持、激励和开发企业所需的人力资源。

5.1.5 人力资源管理的研究内容

人力资源管理的研究内容主要包括四个方面，即选人、育人、用人、留人。

1. 选人

选人是人力资源管理的第一步。好的开始是成功的一半，这一点在人力资源管理中体现得尤为明显。要想选对人，人力资源管理要研究以下几点。第一，选人者的素质问题。只有选人者本身具有较高的素质和相应的专业知识，拥有正确的态度，才能做好这一工作。第二，选人范围问题。一般来说，被选者多多益善，被选者越多越容易选出合适的人才。但如果由于渠道不畅等造成被选择人数较少，便往往难以如愿以偿。这就要考虑并确定选人的范围、扩大选人的范围等。第三，选人的机制、程序、方法、策略等问题。只有科学合理的选人机制、程序、方法、策略，才能保证被选者的素质、层次、结构适当。

2. 育人

育人，即培育人才，包括人力资源开发和发展，是人力资源管理的主要工作之一。

要育好人，人力资源管理应研究以下几点。第一，如何因材施教。每个人的素质、经历不同，所欠缺的能力和知识也不同，应该针对每个人的特点安排适当的培训计划。第二，如何针对工作需要对员工进行实用性的培训。用人单位育人的重点是实用性，使员工能学以致用。第三，如何使育人和用人、激励人的管理工作配合好，避免育人不当。育人不当的含义十分广泛。例如，要避免那些能力较强、水平较高、工作较忙的员工没机会参加培

训计划，而让一些无所事事的闲人充塞培训班的现象出现。这种现象不仅打击做事人的积极性，而且会使人力资源管理的育人工作失去意义。

3. 用人

用人是人力资源管理的主要目标，只有人用得好，社会组织的工作才会有成效，也才能体现人力资源管理的意义。要想用好人，人力资源管理就要研究以下三点。第一，如何量才使用。大材小用和小材大用对用人单位都是不利的，前者造成浪费，后者造成损失。第二，在工作中如何使员工保持工作积极性。任何枯燥的、呆板的工作都会使员工感到乏味，应该充分考虑员工的身心要求，重新设计工作，使工作尽可能丰富。第三，如何在用人方面使用激励机制和方法，如怎样贯彻多劳多得、优质优价的分配原则；怎样针对管理中出现的新问题通过人力资源管理中的调整和改革来解决等。

4. 留人

留不住人才是社会组织及人力资源管理部门的失职。要留住人，人力资源管理要研究以下几个问题。第一，怎样用待遇留人。这就要研究员工的薪酬福利。第二，如何用情感留人。这就要研究如何让组织更具吸引力和凝聚力，如创造良好的组织心理环境。第三，如何用事业留人。这就要研究怎样让员工，特别是优秀员工达到热爱事业、热爱本职工作、没有后顾之忧的方法。

5.1.6　人力资源管理的任务

为有效发挥人力资源管理对组织可能起到的重要作用，组织必须围绕自身的经营发展战略，做好人力资源战略、工作岗位分析、招募与甄选、绩效管理、薪酬管理、培训与开发、劳动关系管理等方面的工作。这些方面既是人力资源管理的专业职能模块，也是人力资源管理部门的职责模块。

1. 人力资源战略

组织的人力资源管理活动是围绕组织的使命、愿景、价值观、目标、战略而展开的，并以此来确定人力资源战略。人力资源战略决定了一个组织需要一支怎样的人力资源队伍来帮助自己实现组织战略。

2. 工作岗位分析

在人力资源战略要素明确之后，组织就必须根据自己的人力资源战略需要来设计一个科学合理的组织结构。在组织结构设计完成之后，组织还要确定在自己设立的每一部门中应当设置的职位数量，每一个职位需要承担的主要工作职责和任务，以及承担此职位工作的人所需具备的任职资格条件。这些就是工作岗位分析所要完成的工作。

工作岗位分析是组织人力资源管理的一个基础或平台。工作岗位分析确定了不同职位的任职资格条件，为员工的招聘、甄选以及培训等提供了标准和依据；工作岗位分析明确了职位的工作内容、职责以及任职资格条件要求，是评价职位的重要标准，为进行薪酬决策提供了依据；工作岗位分析还是绩效管理的一个重要基石，有助于组织确定每一个职位的绩效评价标准以及相应的绩效目标。

3. 人力资源规划

人力资源规划是指根据组织的战略和内部人力资源状况而制订的人员吸引或排除计划。其涉及的主要内容包括对员工在组织内部的流动情况，以及流入和流出组织的行为进行预测，根据预测的结果制订相应的人员供求平衡计划，从而恰当地满足组织未来经营对人的需要。

4. 招聘（招募与甄选）

招聘是指组织通过招聘新员工来填补职位空缺，包括招募和甄选工作。招募所要解决的是如何获得足够数量的求职者供组织加以筛选的问题，而甄选则是要解决如何从求职者中挑选出适合组织需要的人的问题。

5. 绩效管理

绩效管理是组织人力资源管理乃至整个组织的管理和运营的一个中心环节。绩效管理体系是确保员工个人及员工群体的工作活动和工作行为对企业战略目标的实现产生积极作用的一种重要机制。绩效管理通过把组织的经营目标或战略加以细化，将各种重要目标和关键责任层层落实，从而确保组织战略真正得到落实和执行。

6. 薪酬管理

薪酬是员工在为组织提供了知识、技能、能力及努力等之后所获得的经济性报酬。良好的薪酬体系是确保员工的工作积极性、长期保持良好工作绩效及留在一个组织中的重要因素。薪酬管理是指一个组织针对所有员工所提供的服务来确定他们应当得到的薪酬水平及支付形式的过程。在这个过程中，企业必须就薪酬形式、薪酬构成、薪酬水平及薪酬结构、特殊员工群体的薪酬等进行决策。除了需要关注劳动力市场上的同行薪酬水平以外，组织的薪酬管理工作还需要具备两个内部的前提条件，即要有良好的职业分析、职业评价基础和良好的绩效管理基础。

7. 培训与开发

培训与开发是指一个组织为使员工具备完成现在或未来的工作所需要的知识、技能和能力，从而改善员工在当前或未来职位上的工作绩效而展开的一种有计划的连续性活动。培训与开发是组织确保员工具备达成企业战略和目标所需要的相关知识、技能、能力和态度的重要手段。

8. 劳动关系管理

劳动关系管理是现代人力资源管理的一项重要内容，它所关注的重点主要是如何通过促进组织和员工之间的和谐关系来确保组织目标的实现和长期发展。

人力资源管理各项任务解决的问题如表 5-1 所示。

表 5-1　人力资源管理各项任务解决的问题

人力资源管理任务	解决问题
人力资源战略	确定组织需要一支怎样的人力资源队伍来实现组织战略
工作岗位分析	明确组织中要做的"事"及什么样的"人"能担任
人力资源规划	明确组织需要的"人"
招聘	选择让哪些"人"来做"事"
绩效管理	如何确保"人"做"事"
薪酬管理	"人"做了"事"之后应该得到怎样的报酬
培训与开发	怎么让"人"更适应于"事"
劳动关系	如何使"人"与组织保持良好关系

5.1.7　人力资源"5P"模型概述

基于人力资源管理的研究内容，郑晓明博士在《现代企业人力资源管理导论》一书中提出人力资源管理的"5P"模式：识人（perception）、选人（pick）、用人（placement）、育人（professional）、留人（preservation），为企业建立一整套科学有效的人力资源管理体系提供了很有价值的借鉴意义。

企业的正常运作需要各种资源按照一定的结构和流程构成的系统。因此，企业的经营管理说到底是资源的争夺、重新组织和利用。在知识经济的时代，在企业的众多资源中，人作为一种资源的重要性越来越突出，任何企业的发展都离不开优秀的人力资源和人力资源的有效配置。如何为企业寻找合适的人才、留住人才、发展人才，如何构建系统的人力资源管理体系成了一个重要的战略任务。

现代人力资源管理的基本任务是：根据企业发展战略的要求，有计划地对人力资源进行合理配置，通过对企业中员工的招聘、培训、使用、考核、评价、激励、调整等一系列过程，调动员工的积极性，发挥员工的潜能，为企业创造价值，确保企业战略目标的实现。企业人力资源部门应更多地将精力和时间放在能为企业提供更大的价值增值的人力资源业务活动中。

为了实现这个目标，企业应着力构建以识人、选人、育人、用人和留人为子系统的"5P"模型：以识人为基础的"素质测评与岗位分析系统"；以选人为先导的"招聘与选拔系统"；以用人为核心的"配置与使用系统"；以育人为动力的"培训与开发系统"；以留人为目的的"考核与薪酬系统"。

识人：人才识别是以科学的人才观念为指导，借助科学的人才测评技术和手段，识别符合企业需求的真正的人才。只有正确识别出人才的知识、技能与能力，才能为人才的选用提供科学的依据，为人力资源管理奠定基础。人才的识别必须以建立岗位胜任力素质模型为核心，重点建立人员素质测评系统和岗位分析与评价两个子系统。

选人：选人是"先导"。选人必须在"识人"的基础上进行，围绕岗位胜任力模型，设计科学的选拔方案，同时借助科学的选拔工具和手段提高选拔的信度和效度。首先，必须在工作分析的基础上建立并完善岗位说明书，并定期进行岗位评价，实施动态管理。其次，采用现代化的手段和工具，引入诸如网络面试、文件框测试、角色扮演、情景模拟等人才测评手段，采用网络化和科学化的测评工具，提高选人的科学性。

育人：育人是"动力"。育人必须以战略为导向，既注重满足当前需求的培训，更注重满足未来需求的开发，着力建立一套科学的培训与开发体系。首先，应从战略层次提出企业当前和未来发展所必需的人力资源数量和素质特征。其次，针对企业当前对人力资源素质的需求，制订培训计划并实施以化解企业当前的技能风险。最后，针对企业未来发展对人力资源的数量和素质的需求，制定具体的开发方案以化解企业未来的技能风险。

用人：用人是"核心"。企业的人力资源管理的出发点和落脚点在于用人，通过对人力资源的合理配置和使用，实现人尽其才、才尽其用，同时达成组织既定的目标。具体来说，首先，应在企业发展战略的基础上，制定人力资源战略规划，并分解制订科学合理的年度招聘计划，严格界定需引进人才的数量、层次和结构等内容；其次，在人力资源配置过程中，遵循"量才适用、科学合理配置"的原则，建立和完善人员流动机制。

留人：留人是"目的"。留人要解决"留什么人，怎样留人"的问题，必须围绕"持续激励人"这个核心，建立科学的考核与薪酬体系。显然，企业应该留住的是人才，而人才又可以分为"现实的人才"和"潜在的人才"两类。对于前者，我们要给予奖励和晋升，激励他们继续为企业工作；对于后者，我们要基于培训与开发，使他们尽快成为现实的人才。绩效考核与薪酬体系必须围绕如何留住企业所需要的人才展开。

1. 以识人为基础的工作分析系统

企业首先要明确各个职位需要什么样的员工，建立工作分析系统以帮助企业明晰对员工工作的要求。为此，人力资源部必须了解企业整个组织机构的设置情况，建立各职能部门档案；将整个系统按生产、销售和物流等各种职能分开，对工作所包含的各种任务、活动进行详细的描述，说明要做好这项工作，员工应该具有的知识、技能及各种能力；确定这项工作与其他工作的关系；确定出各部门所需要的人才对象和数量；根据企业的整体战略适时调整组织机构及其职权，进行系统的工作分析。为获取大量信息，常用的工作分析方法如表5-2所示。

表5-2　常用的工作分析方法

方法名称	内容
观察法	人力资源管理分析者直接观察员工的工作情况和行为举止，或通过录像来了解这些信息
访谈法	对从事各项工作的员工进行全面访谈，了解各方面的信息
问卷法	编制与员工工作活动有关的问题，整理分析所有可能存在的工作活动内容
技术会议方法	从专业知识丰富的各类主管人员或相关管理者那里获得关于各项工作的具体特点
日记法	让做各项工作的员工在日记中每天记下他们的活动内容

运用一种或多种工作分析方法全面了解员工的情况，在得到有关信息后，便可以着

手编制工作说明和工作规范。工作说明书主要用于说明从事某项工作的员工应该做什么、如何做、为何要做，并详细地说明工作内容、环境及各种条件。工作规范则重在说明员工想要成功地完成某项工作所必需的最低资格，包括员工所需的知识、技能及能力。这样使求职者和招聘者双方都避免了盲目性。

2. 以选人为基础的招聘与选拔系统

招聘与选拔是为了挑选企业的潜在员工，有效的人员招聘和选拔目标可使员工的个人特点（能力、经验等）与工作要求相匹配。人员的招聘和选拔途径应该包括内部招聘选拔和外部招聘选拔两种，可以通过多种方式进行，如面试、录用测验和背景核查等。在进行外部招聘与选拔的过程中应该采取更细致的方法，因为细致的过程可以帮助管理者对应聘者的素质做出更准确、更合理的判断，并且有利于应聘者对企业的了解，使员工将来能够更好地适应企业环境。在国外，很多企业根据对工作的不同要求，采用绩效模拟测验的方式，对员工进行招聘与选拔。这种绩效模拟测验的方法一般需要 2~4 天的时间来完成，以工作资料分析为基础，由实实在在的工作行为构成，其结果的应用性较强。虽然这种方式比较复杂，所需费用也更大，但是可以帮助企业筛选掉不合格的人选，从长远观点来看对企业是更有利的，因而得到了日益广泛的应用。具体的做法是对常规性、技术性的工作用工作抽样的方式选拔合格人员；对管理人员的管理工作则由评价中心来完成，以决定是否留用该管理人员。还需要指出的是，企业内部的招聘选拔对提高员工积极性、增强企业内部良性竞争、稳定员工队伍、降低成本发挥着举足轻重的作用。有资料显示：2/3 的欧洲企业只有 30% 的高级经理是从外部招聘来的。在丹麦和德国，有半数以上的企业在内部建立"人才库"，然后依此为大多数新职位提供合适人选。

扩展阅读 5.2

同意入职但没有入职要付违约金吗

3. 以育人为基础的培训和开发系统

员工的技能会随着时间的推移和新技术的应用而老化，变得陈旧、过时，对员工进行培训是应对激烈竞争、技术变革和提高生产率水平的必然要求。这种培训与开发系统不仅是培训技术技能，而且应该包括员工的品德修养、人际交往技能、解决问题技能等，力求使员工成为技术精良、人格健全的人。21 世纪的成功企业是那些善于学习的企业，它们创建学习型组织，在学习和训练中提高员工的素质和技能，形成良性的培训和开发系统。对员工进行职业生涯开发是组织维持并提高现在的生产率，同时为未来的变化做好准备的一种有效方式，即企业帮助员工一起选择适合员工自己的发展道路，支持员工自我发展，帮助员工成就自我。这样可以保证公司在人员变动时有合适的人选可用，增加了劳动力的多样性，也为员工提供了切合实际的工作期望。一般来说，大多数人的职业阶段都会经历四个时期：探索阶段、立业阶段、职业中期、职业晚期。在不同的时期，员工对工作和情感的需求也不尽相同。要让员工保持较高的产业水平和职业素养，企业的培训还应跟上员工成长的步伐，以支持员工在每个职业阶段的工作和情感需求。对此，斯蒂芬·P. 罗宾斯在《组织行为学》一书中列了详细的表格加以说明，我们则根据中国企业员工的心理特点做出如表 5-3 所示的总结。

表 5-3　培 训 系 统

阶　　段	任 务 需 要	感 情 需 求
探索阶段	（1）变化的工作环境和工作任务 （2）找准职业定位	（1）选择工作 （2）从理想中回到现实 （3）处理工作和青年生活的矛盾 （4）面对可能的失败
立业阶段	（1）面对工作挑战 （2）熟悉并能独立完成本职工作 （3）发挥才智争取创新 （4）学习其他相关领域的工作技能	（1）面对工作竞争 （2）努力工作，收回回报 （3）成就自我 （4）处理工作和家庭生活的冲突
职业中期	（1）独当一面 （2）帮助指导年轻的同事 （3）转入其他相关领域的新工作 （4）胜任更广阔的工作空间和人事空间	（1）得到认可 （2）重新思考自我与工作、家庭及社区的关系 （3）稳定的收入和较好的福利制度
职业晚期	（1）工作任务的转移 （2）传授工作经验 （3）发挥老员工作用	（1）受尊重 （2）退休前的平静心态 （3）表达人生感受

4. 以用人为基础的配置与使用系统

人员配置与使用不当，员工的工作绩效和满意度都会受到不利影响，因而把合适的人安排在合适的岗位是非常重要的。这就要求管理人员善于观察和发现员工的能力、兴趣。对于企业来说，在新员工工作一定时期内（一般为一年）采取工作轮换和学徒法相结合的方式，有利于以后更合理地配置与使用员工。工作轮换是持续进行岗位调换，可使员工胜任多种不同类型的工作。这样，员工可以掌握多种技能，并能更深地理解各种工作之间的相互依赖关系，对组织的活动也会有全面的认识。在工作轮换中由老员工带着新员工工作，能使新员工更快地掌握所需技能。在这个过程中，管理人员应通过观察与调查判断员工更合适哪种工作，以把员工安排在合适的岗位，发挥更大作用。此外，我们必须意识到，创新是企业保持旺盛生命力所不可或缺的。对于企业的人力资源来说，如果能实现人才回流，则可以促进企业的变革以使人力资源的配置与使用达到更高水平。人才回流是指在从事新业务期间（通常的经验为五年），放弃现有业务中积累的经验和想法，并把那些有新的想法和熟悉行动原则的人才调到现有业务和其他新业务中去，以对业务革新做出贡献。人才回流是促使业务产生乘数效应的重要一环。

5. 以留人为基础的考核与薪酬福利系统

人力是一种资源，因而在对员工进行培训，帮助员工获得更好成长空间的同时，能把优秀的员工留在企业是人力资源管理的最终目的。合理的考核与薪酬体系不但能够促进员工的爱岗、敬业精神、良性竞争意识，也能让员工看到自己努力的回报，找出自身存在的不足，最终也能够留住有用之才，让他们与企业未来共进退。对员工进行考核评估常用的标准有三个：员工的任务完成情况、员工行为、员工特质。这三个标准不是孤立的，而应该被综合考虑。考核评估相对合理的方法是全方位评估法，即员工在日常工作中可能接触的所有人都可以成为评估者，大多数企业会选择 5~10 人作为评估者，这种方法比较全面也更准确。

一个组织能够分配的薪酬类型是比较复杂的，有直接的工资，也有间接的报酬和非钱性的报酬，从心理学的角度来说，员工不仅需要满足物质需求而且需要满足精神需求。这种精神需求可能是鼓励，也可能是职位的升迁。因此，必须了解员工的需求，建立合理的薪酬体系，用事业留人也用感情留人，让那些优秀人才永远成为企业的中坚力量。

这种人力资源管理"5P"模型的五个方面不是彼此孤立的，而是相互联系、相辅相成的。它们的协调运作必然会使人力资源发挥更大优势，也会更完整地将企业文化渗透每个员工工作的各个领域，增强企业核心竞争力。

另外，每个企业的业务都不可能是单一的，如果不确定工作方式和进度管理方法，就无法知道各种业务如何展开。要使人力资源发挥更大作用就应该确定工作方式和进度管理方法，包括发挥人的能力在内的组织结构成本管理，建立并充分利用信息系统。利用信息系统从不同角度对企业的各种业务进行跟踪了解，全面有效提高人力资源管理水平。

5.1.8 平衡计分卡法

人力资源管理既存在战略性，也存在技术性，人力资源管理的绩效直接关系单位管理绩效。然而，人力资源管理的绩效究竟如何，如果缺乏一个明确的评价标准和工具，会使得人力资源管理的绩效难以得到客观、全面和科学的评价。人力资源管理应采用一定的战略管理工具，更好地评估人力资源管理的绩效，并将绩效评估的结果作为衡量人力资源管理中工作得失和未来调整方向的依据。

（一）平衡计分卡法的内涵

"平衡计分卡法"（balanced score card）的原理和理念最早于 1992 年由哈佛大学名师罗伯特·卡普兰和大卫·诺顿首次提出，是一种企业营运策略的管理工具。具体来说，该法是从财务、客户、内部运营、学习与成长四个角度，将组织的战略落实为可操作的衡量指标和目标值的一种新型绩效管理体系。设计平衡计分卡的目的就是要建立"实现战略制导"的绩效管理系统，从而保证企业战略得到有效执行。因此，人们通常称平衡计分卡是加强企业战略执行力的最有效的战略管理工具。

一个结构严谨的平衡计分卡应包含一连串相互连接的目标和量度，这些目标和量度不仅前后连贯，同时互相强化。建立一个以战略为评估标准的平衡计分卡应遵守三个原则，分别是：因果关系、成果量度与绩效驱动因素、与财务连接。平衡计分卡法作为一种综合性评价工具，优点在于以全新的思路和理念提供战略管理和绩效评估工具，能够突破传统思维，使管理者的视野得以扩大，避免一叶障目过于注重财务指标，或者说过于追求直接财务指标，而忽略了管理中的其他方面。平衡计分卡框架如图5-1所示。

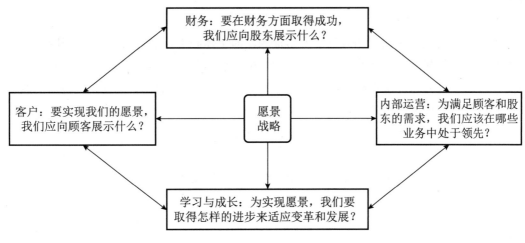

图5-1　平衡计分卡框架

（二）适用平衡计分卡法的必要性

平衡计分卡法有四个维度，分别是财务、客户、内部运营、学习与成长，这四个维度能够分别从不同的角度衡量管理绩效，在管理学中具有通用性。平衡计分卡法的优点在于摆脱了传统战略管理工具过于依赖财务标准而忽略其他标准，不能更好地全面评估管理绩效的缺陷，因此平衡计分卡法的出现具有一定的修正和发展意义。平衡计分卡法在人力资源管理中也可以得到很好的运用，原因如下：首先，人力资源管理也需要遵循管理学的一般方法和规律，作为战略管理工具的平衡计分卡法完全可以在人力资源管理中得到运用；其次，人力资源管理既是基于过程的管理，也是基于绩效的管理，而平衡计分卡法尤其注重过程和绩效的评价，可以适用于人力资源管理的评价工作中；最后，平衡计分卡法本身的科学性决定了该法如能在人力资源管理中得以运用，那么必将有效地提升人力资源管理绩效，避免人力资源管理的盲目性。

（三）平衡计分卡在人力资源管理中的实际运用

平衡计分卡是基于四个维度出发而实现绩效评估的一种战略管理工具。人力资源管理中对平衡计分卡的运用可以从以下四个维度进行。

1. 财务维度

人力资源管理的效益直接反映在财务上，即人力资源管理的完善，有助于财务绩效的提升，简单来说就是促进经济效率。相反，如果人力资源管理不善，将会对财务产生不良影响。从财务角度审视人力资源管理，要求人力资源管理工作必须带有经济观念，管理者应发掘业务能力强、思想素质好的优秀职工，并将其提拔至重要岗位，至于业务能力欠佳、思想素质不好的职工，则应降薪降职，甚至解除劳动合同。此外，人力资源管理工作还需要优化人才队伍结构，合理设计薪酬和激励机制，这样才能促进职工做好岗位工作，实现财务优化。

2. 对象维度

人力资源管理直接作用的对象是人力资源，即全体职工，以及由一定分工和组合而形成的人才队伍及其结构、配置。人力资源管理绩效还需要从对象维度进行评价。具体来说，需要听取职工对人力资源管理的意见，遵循"人本主义"管理思路，促进职工自身的发展，并以职工的成长促进单位的成长。对象维度的评价虽然不能直接与经济效益挂钩，但是也会对经济效益产生潜移默化的影响，因而不能忽视。

3. 内部运营维度

人力资源管理还需要做到有利于单位内部运营，即减少运营损耗，提高运营成效，推动内部运营的优化和完善。传统的人力资源管理被定位于对职工的管理，忽略了对内部运营的作用，导致人力资源管理绩效不佳，不能产生促进内部运营的效果。人力资源管理对内部运营的促进和提升主要表现为：首先，需要通过合理的人才配置，优化人才队伍结构，提高企业内部运转效率和沟通效率；其次，应消除人力资源管理中的阻碍，防范人力资源管理的风险尤其是法律风险，提高内部运营的平顺性、安全性；最后，还需要通过人力资源管理发掘人才，为骨干队伍的培养打好基础，使优秀职工能够参与管理，甚至成为新的领导者。

4. 学习与成长维度

员工的成长有助于整体效益的提升，也是企业发展过程中的主要动力来源。人力资源管理应注重对员工的培训，促进员工发展，以员工的成长和发展为荣。人力资源管理切忌舍不得在员工成长方面的投入，不用担心员工成长后会跳槽离职。除应通过服务期协议等约束员工外，更需要通过忠诚度培养，使员工在成长和发展后继续为单位效力。

总之，平衡计分卡为人力资源管理提供了新的思路，人力资源管理者应充分重视平衡计分卡法的理论意义和实践意义，并自觉在人力资源管理实践中加以运用。

5.2　沙盘人力总监操作指南

1. 操作界面

打开浏览器，输入网址，以及数智企业经营管理沙盘人力总监的账号和密码。登录后，我们会看到一个城市页面，它将一个企业所应该拥有的场景和外部合作机构都浓缩在一个区域中。点击"人"图标，可进入人力总监岗位的操作台，如图5-2所示。

图 5-2 沙盘主页面

2. 招聘工人

为企业生产线招聘工人，页面如图 5-3 所示。

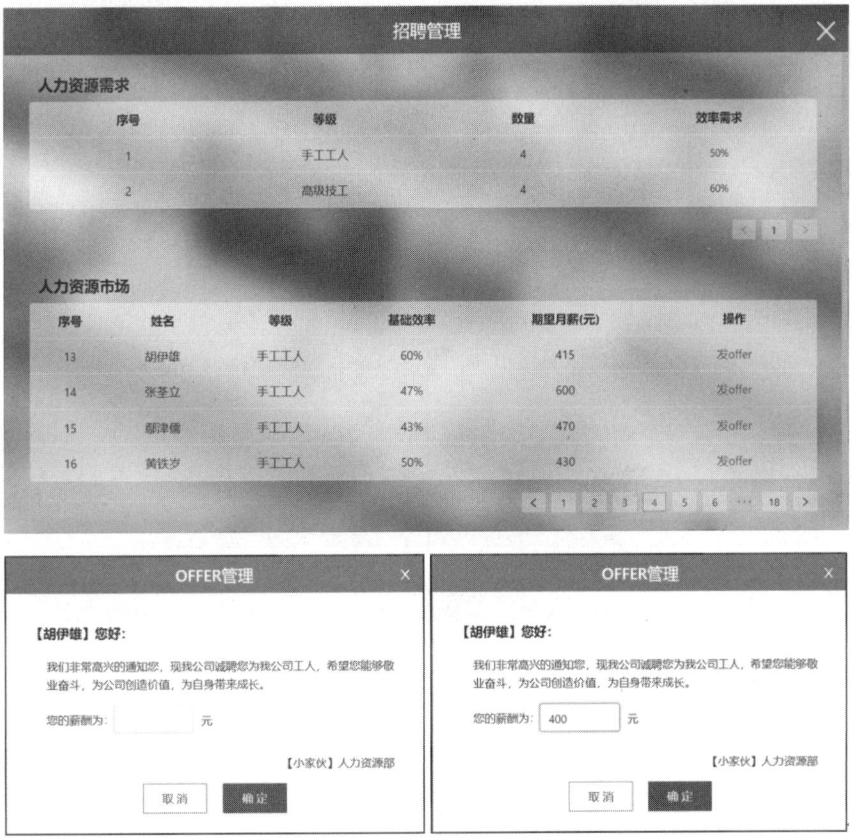

图 5-3 招聘工人

具体操作说明如下。

（1）先由生产总监填写"招聘需求填报"。

（2）点击人力总监任务栏中"选"，进入招聘管理页面。

（3）根据"人力资源需求"栏招聘符合条件的人才。

（4）可点击页面右下角翻页数字切换页面。

（5）选择符合条件的人才，点击"发 offer"按钮，弹出新的对话框。

（6）在对话框中填写企业为该员工定的薪酬。

（7）发放 offer 成功后，直接在页面上显示已经发放成功的信息。

（8）点击"查看 offer"按钮可查看企业为该员工定的薪酬。

（9）也可点击"修改"按钮调整薪酬，本季度结束前可多次进行修改。

（10）"期望月薪"为该员工希望得到的工资，期望月薪可以不等于为员工确定的薪酬，具体薪酬可由企业任意填写。

3. 岗位管理

通过岗位管理功能支付员工工资，如图 5-4 所示。

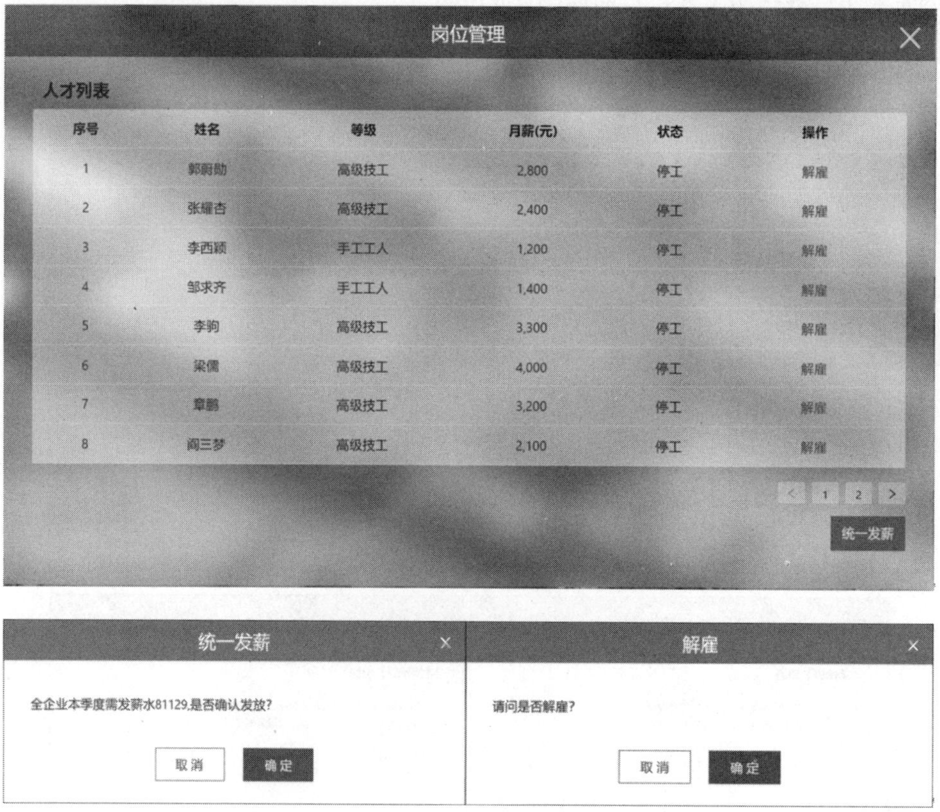

序号	姓名	等级	月薪(元)	状态	操作
1	郭厨勋	高级技工	2,800	停工	解雇
2	张耀杏	高级技工	2,400	停工	解雇
3	李西颖	手工工人	1,200	停工	解雇
4	邹求齐	手工工人	1,400	停工	解雇
5	李驹	高级技工	3,300	停工	解雇
6	梁儒	高级技工	4,000	停工	解雇
7	章鹏	高级技工	3,200	停工	解雇
8	闫三梦	高级技工	2,100	停工	解雇

统一发薪：全企业本季度需发薪水81129,是否确认发放？

解雇：请问是否解雇？

图 5-4 岗位管理

具体操作说明如下。

(1) 点击任务栏中"用"图标,进入岗位管理页面。
(2) 在该页面下点击"统一发薪"按钮,为所有已入职的员工发放薪酬。
(3) 解雇员工时,应当先支付员工薪酬,再进行解雇。
(4) 点击"解雇"按钮,在弹出的对话框中,点击"确定"按钮即可。

注:解雇需支付员工 $N+1$ 倍薪酬,N 为工作年限。

4. 培训管理

通过培训管理功能,提高员工等级,如图5-5所示。

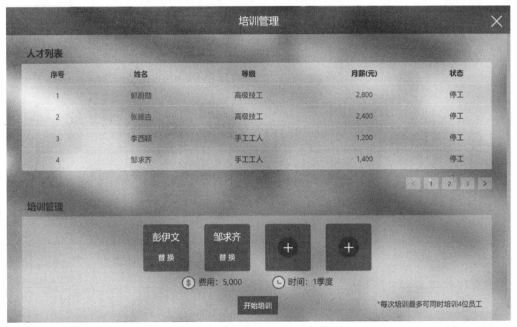

图5-5 培训管理

具体操作说明如下。
(1) 单击"育"图标,进入培训管理页面。
(2) 在页面中,点击"+"选择需要培训的员工。
(3) 单击"开始培训"按钮,完成培训任务。

注:只能培育初级员工或处于停工状态的员工。员工开启培训后既无法暂停,也无法上工开始生产。

5. 激励管理

通过本功能可对员工进行激励管理,提高员工的工作效率,如图5-6所示。

图 5-6　激励管理

具体操作说明如下。

（1）点击"留"图标，进入激励管理页面。

（2）可通过激励和涨薪的方式提升员工工作效率。

（3）点击"激励"或"涨薪"，在弹出的对话框中，输入金额即可。

需要注意的是："涨薪"和"激励"均可以提升员工工作效率，但提升的效率和支付的方式不同。"涨薪"后不会立即扣除现金，但自下季度起，员工工资增加，是持续性的。"激励"的方式是直接支付现金，且为一次性的，也可理解为福利。

5.3　数字人力与企业数字化

5.3.1　数字化人力资源管理的概念及意义

（一）数字化人力资源管理的概念

数字化人力资源管理是指利用数字技术获取、分析和应用一切有价值的数据，实现数据驱动决策以建构全新的 HRM 运行模式，提高 HRM 效率，提升企业组织能力的管理模式。

（二）数字化人力资源管理的意义

数智化即"数字化、智能化"的深度有机结合，简单来说，就是指在大数据分析中融入人的智慧思维，让纷杂的数据更好地聚合，提高数据的效用值，为人类提供智能化服务。那么，在企业人力资源管理实践中，进行数智化赋能，可以实现哪些效用呢？

1. 数据驱动决策，提高管理效率

数智化时代的首要特征是数据驱动决策。麻省理工学院曾联合麦肯锡商业技术部与沃顿商学院对北美 300 家上市公司的高管进行了结构性访谈，其调研结果表明，不论各行各业在大数据应用上持何种态度，以高度数据驱动型为特征的行业公司往往对公司财务的运营状况会有更客观的衡量，结果表明，这类公司比普通公司决策效率高出 3 倍，在产能上超过竞争对手 5%，在利润上超出 6%。因此，在人力资源管理中实施数据挖掘，可在分析衡量人力资源管理体系有效性的基础上，提供智能化分析方案，有效提高人力资源管理决策工作的效率和质量。

2. 数字化创新，助力业务增长

从本质上来说，数字化人力资源管理能够深刻洞察企业的战略导向和业务痛点，并具有针对性地匹配人力资源规划方案和解决对策，让高能动性的人力资源激活和发挥其他资源的价值，创新产品和服务，助力业务增长。数智化赋能人力资源管理，能够为企业搭建智能化的人才数据分析平台，依托人才画像、岗位画像、人岗匹配分析等功能，进行智能化人力规划分析，并可扩展对未来的离职预测、高潜预测等内容，帮助管理者更高效地思考战略业务的执行与创新。

3. 赋能每个员工，重塑员工体验

当人力资源管理进行数智化转型时，变革的不仅是人力资源管理的技术手段，而且是新的管理理念、新的管理思维和新的管理方向。进一步说，是通过数智化技术连接员工和企业，赋能每个员工，通过创新的数据系统和服务，让每个员工都能享受数智化技术带来的革新体验，激活员工的价值潜力，使企业在与员工协同发展的过程中，提升并巩固核心竞争力，让企业绩效得到成倍增长。

4. 简化 HRM 流程，提升管控能力

人力资源管理数智化转型后最明显的变化是，管理者们将可从琐碎的事务性工作中解放出来，依托于 AI 技术、大数据技术，管理者可以进行 AI 面试、签订电子劳动合同等，大大简化人力资源管理流程，并且利用随机森林算法、Boosting 算法等算法模型进行离职倾向性分析，加强离职率分析，进一步提高对关键人才流失的风险管控能力。

5.3.2 数字化人力资源管理特征

随着数字技术的全面应用，人与数据对话、数据与数据对话成为新趋势，数据驱动

HRM 活动逐渐成为常态。数据不仅将以往离散的对象、人和活动连接起来，使得管理变得更加便捷，而且提升技术、资本、人才利用效率，纠正资源错配，使得管理更加精准。但同时，数据隐私、数字技术的决策争议等也使得 HRM 活动更加复杂。此外，数字技术的可再编程性和数据同质化使得数字技术具有可供性，也就是不同组织、个体可以利用相同的数字技术实现不同目的，这有助于组织对员工的定制化管理。故而数字化人力资源管理的五大特征为：HRM 活动的数据驱动、管理复杂化、管理便捷化、管理精准化和管理定制化。

（一）HRM 活动的数据驱动

人力资源管理曾被视为最少受数据驱动的职能之一，但信息、计算、通信和链接技术组合形成的数字技术，如社交媒体、移动设备、分析和云计算等的广泛应用，使组织的数据获取、存储和分析等能力得到提高，促使 HRM 活动逐渐实现数据驱动。

首先，从数据获取来看，传统人力资源管理与数字化人力资源管理在数据获取手段和获取内容上具有明显差异。传统的人力资源管理主要依赖大量人力进行人事信息统计，而数字化人力资源管理更多地利用计算机进行数据收集。就数据获取内容而言，传统人力资源管理主要收集与人力资源管理相关的结构化数据。从被雇佣员工或候选人信息来看，具体包括就业经历、技能和能力、学历和人口统计信息等，这些数据收集的成本较高，且缺乏实时性、连续性。人力资源管理不仅包括上述结构化数据，还包括来自员工工作（移动电话的位置数据、上网记录、电子日历等）、与人交流（如电子邮件、电话记录和在线协作工具）及其交流内容，如电子邮件、即时通信工具对话和短信内容等，以及与客户交流的录音等非结构数据，这些数据有助于解决传统人力资源管理决策上存在的主观性强和管理效率低下等问题。

其次，从数据存储来看，传统人力资源管理的数据存储往往保存在实施不同人力资源管理活动流程的单独软件中，而数字化人力资源管理将数据存储在基于云的数据库中，改变了人力资源管理相关信息的存储、处理和分发方式。云计算使实时处理人力资源管理相关的更大数据量成为可能，并允许不同实体（组织）相互协作。例如，一个组织的人力资源部门可允许一个用户、实体、公司从多个来源访问数据，有助于提高工作效率，降低运营成本，达到满意的管理水平。

最后，从数据分析来看，对传统人力资源管理而言，其不同职能模块之间相互独立，缺乏整体性和系统化，人力资源管理各模块的独立数据分析对人力资源管理决策往往参考价值不大。而在数字化人力资源管理中，大数据能够将各模块信息和数据串联起来，提高人力资源管理数据分析的科学性和有效性。

传统人力资源管理与数字化人力资源管理的比较如表 5-4 所示。

表 5-4 传统人力资源管理与数字化人力资源管理中数据驱动过程的比较

数据驱动过程		传统人力资源管理	数字化人力资源管理
数据获取	获取手段	大量人力	计算机
	获取内容	与人力资源管理相关的结构化数据	既包含与人力资源管理相关的结构化数据，也包含与人力资源管理无关的非结构化数据
数据存储		执行不同 HR 流程的单独软件	基于云的数据库
数据分析		针对人力资源管理的各个具体模块	将人力资源管理各个模块串联起来

（二）管理复杂化

数字化人力资源管理的复杂化主要体现在员工与组织、技术之间的关系上。

一方面，从员工与组织关系看，传统组织间具有明确的地理界限，员工往往全职服务于某一个组织，雇用关系也主要是基于长久、互惠的原则。而数字化时代，技术改变了雇用边界，员工的移动性和灵活性更强，员工可能在不同组织以全职、兼职、零工或者随时随地组成工作团队的形式存在。数字化人力资源管理的对象既包含那些全职工作者，也包含那些没有受雇于组织的员工，即数字化时代员工与组织关系变得更加复杂化。

另一方面，数字化人力资源管理中员工与技术的关系发生变化。例如，人工智能技术的不断进步及传感器的改进，使得机器人能够进行更复杂的判断，并学习如何执行任务以及与人类沟通，在工作场所中扮演员工、同事的角色，人机协作也变得越来越普遍。在此情况下，人与机器人工作职能的分配、信任等问题使得人力资源管理变得更复杂。

此外，对组织而言，利用数字技术进行决策也变得更加复杂。人力资源现象往往是复杂的，人员评估与决策都会存在许多争议，智能化算法的应用也可能扩大与加剧人工决策存在的问题。例如，对"好员工"的衡量是难以界定和衡量的。最广泛的方法是用绩效评估分值加以评定，但其可靠性、有效性、偏见性等都存在争议。鉴于人工评估的不确定性，采用智能算法能否很好地解决问题呢？这仍是一个值得探讨的问题。数字化人力资源管理的复杂关系如图 5-7 所示。

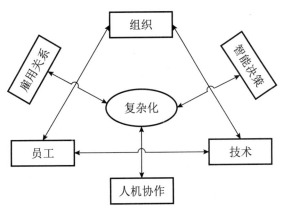

图 5-7 数字化人力资源管理的复杂关系

（三）管理便捷化

尽管数字化时代人力资源管理活动变得更加复杂，但数字技术的使用也使人力资源管理更加便捷。例如，物联网方便组织及人力资源部门实时追踪、监视、监听员工工作情况。通过员工在工作中使用或佩戴相关管理工具，组织可以获取人力资源管理相关数据，如员工需求、资格、表现、身体活动、心理状态或社会状况等，同时方便实时管理，更好地控制业务流程，并在问题出现时立即行动和采用预防性解决方案。应用数字技术简化和方便了具体的人力资源管理实践。例如，人工智能驱动的绩效管理系统允许使用实时数据，向员工和公司提供更多实时反馈，而数据驱动的人力资源管理可消除绩效管理中的偏见。此外，数据技术有助于提高人与人、人与数字技术之间的协调效率。因为人力资源管理者通过算法等手段实施人力资源流程管理，如工作分配和绩效管理，并不需要面对面的交互。基于数字技术的线上系统还有助于提高信息传递的及时性和准确性，从而降低沟通成本、提升协调效率。

（四）管理精准化

数字化人力资源管理的精准化体现在对员工"选""用""育""留"整个流程上。首先是"选"人时，大数据为招聘工作提供了更广泛的平台。利用大数据技术，组织可获取应聘者相关信息，包括个人照片、生活状况、社会关系、能力等，这使应聘者的形象变得更加生动，可提高正确匹配候选人的概率。例如，IBM 公司引入基于人工智能的应用程序 Watson Recruitment，可根据工作需求为任何工作推荐最佳候选人。其次是"用"人时，基于大数据思维，组织可建立庞大的员工数据系统，利用现代信息技术计算员工之间的业绩差异，并分析差异出现的原因，如员工的技术专长、个性甚至生理指标等，根据这些数据，组织可进一步了解员工能力和素质，从而将员工放在合适的岗位上，最终实现人岗精准匹配。再次是"育"人时，组织可利用员工在工作中使用或佩戴的相关管理工具获取 HRM 相关数据，如员工的需求、资格、表现、身体活动、心理状态或社会状况等，根据这些大数据以及实时雇用相关数据分析，人力资源管理者可从后台流程为每个员工设计培训和发展计划。利用人工智能还可为员工提供正确的职业道路并拓展其能力，帮助员工在现有职位上发挥潜能，提高其晋升抱负。最后是"留"人时，组织可以依靠人工神经网络预测员工流失情况，包括哪些员工可能离开，发现影响离职的一些隐蔽因素；还可为人员配置提供预测信息，这些信息有助于组织主动管理员工流动，减轻离职带来的负面影响。例如，谷歌公司引入一套预测算法，并利用其灵活实施薪酬调整以避免员工离职。

（五）管理定制化

定制化也是人力资源管理的重要特征。一方面，组织以员工为中心，允许员工在办公室、家和任何地方工作。这种无处不在的工作环境不仅满足员工工作需要，而且有助于员工平衡工作与生活。另一方面，定制化管理还表现在人力资源管理实践活动的各个方面。例如，在员工培训方面，组织可以通过大数据了解行业与职位需求，并结合员工个性化的需求、期望、绩效及贡献等，为其设计培训和发展计划；在薪酬管理方面，组织可利用数字技术为员工创建个性化薪酬；在员工职业生涯管理方面，通过对员工的兴趣、晋升意愿、职业经验和表现、职业规划等信息进行定量分析，HR 可以更好地了解员工的职业兴趣，从而为员工提供量身定制的服务，降低员工离职率，实现企业与员工双赢。比如 IBM 公司应用 Blue Match 软件通过算法为每个员工提供职业晋升和新工作的建议，这些算法基于员工的兴趣、之前的工作经历、培训以及有利于其在工作中获得成功的个人特征，为员工提供合适的建议。IBM 公司 2018 年已获得新工作或晋升的员工中有 27% 得到 Blue Match 的帮助。此外，IBM 公司的"我的职业顾问"人工智能虚拟助手还可以帮助员工确定其需要提高哪方面的技能。

5.3.3 人力资源管理数智化创新的应用场景分析

在企业人力资源管理数智化转型与创新的过程中，需要首先找到可应用的场景。场景即是一个个具体的业务环节或工作任务，只有从企业当前最想要提升效率和质量的业务领域出发，从一个个场景中不断挖掘应用的可能性，才能使人力资源管理的数智化转型走得更稳健更成功。因此，当前企业可在选、用、育、留的核心环节上创设丰富的应用场景，以大数据、云服务、移动互联网、AI 等技术为抓手，为企业管理层及每个员工提供数智化服务，这不仅能为决策层提供更精准的数据支持，还能更高效地提升员工工作的幸福指数。

（一）"选"——数字化招聘和选拔

人力资源管理的首要环节是对人才的招聘和选拔，人才招聘和选拔工作的效率和质量直接关系后期的人力资源配置工作。因此，可以采用数智化技术，根据招聘需求智能推荐招聘渠道，智能推荐匹配职位资格要求的建立，从而减少人工寻找、搜索的盲目性和低效率，并设置能够自动拨打电话和记录交流内容的招聘外呼机器人，与候选求职者取得联系，在智能化沟通的同时，进行自动归类、分析。对一些基础性问题，如公司地址、面试时间、薪资待遇等，可提前设置好答案，由招聘客服机器人自动进行回答。在初步面试筛选时，可利用 AI 面试技术，根据候选人的语言内容、肢体行为、面部表情、音调高低等进行测谎、情绪、压力测试，并给出智能化评测结果，进而为人力资源管理者们提供参考。

通常在后期新员工入职阶段，人力资源管理者还需要处理许多琐碎的工作。例如，从给拟聘候选人发 offer、确认入职时间、回答相关岗位、薪资等疑问，到填录入职人员信息、为新员工办理行政手续等，都要耗费管理者较多精力。因此，在数智化场景下，求职候选人可在智能化管理系统平台上查阅入职事项，并可与招聘客服机器人咨询入职准备的具体细节，还可在线填入或完善个人信息，通过物联网技术下的终端设备打印工卡、签订电子劳动合同，使用智能取件柜领取个人办公用品，等全部办理完入职手续后，智能化管理系统平台还可推送个性化职前培训项目课程，让新员工能够快速了解公司规章、企业文化、职位信息等相关内容，这样既能减少管理者的行政事务量，又能够更好地服务于员工。

（二）"用"——数字化配置和使用

智能化精准识才的下一步是科学合理用才，只依靠传统人为的主观判断很难有效地实现人岗匹配，也就无法真正高效地发挥出人才的潜力和价值。因此，在数智化人力资源管理中，可以借助大数据分析技术，一方面根据人才的基本信息、潜在能力信息、绩效信息、职业倾向性、职业偏好、社交网络信息等生成人才画像；另一方面根据岗位的基本信息、工作范围、具体职责、任职资格条件等生成岗位画像，再将两者进行智能化匹配，大大提高人才资源配置的科学性和准确性。另外，还可发挥智能化人才盘点的功能，在企业内部生成全范围的人才地图，使管理者更清晰地掌握企业内部人才的数量和质量动态变化情况，及时洞察人才缺口，建立关键人才离职率预测模型，积极防范人才流失，同时也为企业关键职位的内部选拔和培养提供有力的数据支持。

科学化配置人才的同时，还需要随时了解人才使用的绩效数据。在数智化管理系统平台上，可根据每个员工的目标看板和目标完成进度，分析员工绩效目标的实现概率和风险，及时进行风险预警和绩效反馈；还可为个别员工提供智能化绩效辅导，促进员工能力快速提升。

（三）"育"——数字化培训和发展

传统培训往往给员工带来不好的体验，要么占用员工工作时间，要么安排的培训内容不适合员工，导致培训结果不尽人意。数智化人力资源管理下的培训更提倡以员工为中心，既可为员工提供灵活化的培训场景和丰富的培训内容，让员工可以根据自身学习需求来选择；还可以基于大数据分析的员工能力、绩效评测结果，为员工推荐智能化、个性化、视频化的知识、技能培训项目，并可在智能培训系统中提供社交沟通功能，让员工之间分享学习经验、记录学习曲线，针对每个员工的成长提供智能化的发展计划，真正赋能于每个员工。

（四）"留"——数字化激励和留才

在员工管理过程中，激励方式实施的得当与否，将极大影响员工的士气高低，也关乎组织绩效目标的实现。因此，企业建立科学、合理、灵活、高效的激励体系是当前人力资源管理工作的重中之重。依托于数智化技术，人力资源管理者们将可以为员工提供更人性化、更便利、可自主选择的云激励方案，并且在常规的员工合同管理中，以云技术驱动档案管理的效率，并且给予欲离职的员工充分尊重、便利和合规性的离职程序，在口碑和情感上赢得员工的心。

5.4 沙盘数字人力操作指南

在模拟经营的任务时间段,学员可点击页面中的大屏,打开数字化转型解锁页面,如图 5-8 所示。

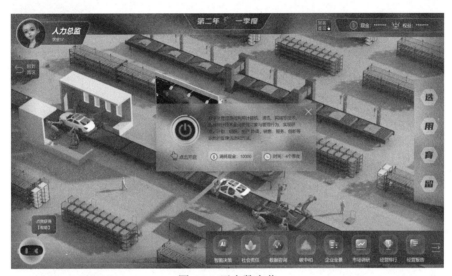

图 5-8 开启数字化

数字化的解锁需要时间和金钱。就像我们前面学过的产品资质,点击解锁后,经过一定时间,即可进入数字人力时代,如图 5-9 所示。

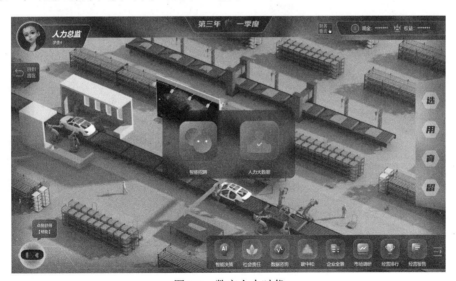

图 5-9 数字人力时代

1. 智能招聘

学生进入生产总监页面,点击"人"图标,点击"招聘需求填报",填写需要招聘的员工种类、员工数量、员工效率，如图 5-10 所示。

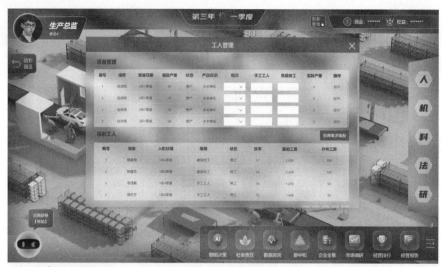

图 5-10　智能招聘

填写完毕后，学生再点击"智能招聘"按钮，即可打开"智能招聘"页面，如图 5-11 所示。

图 5-11　智能招聘

点击"智能筛选"按钮，便能筛选出所有符合要求的员工，如图 5-12 所示。

图 5-12　智能筛选结果

具体操作说明如下。

（1）"招聘需求填报"可多次填写。

（2）点击"智能筛选"按钮后，页面显示符合要求的员工。

（3）点击页面上方"点击这里"按钮查看更多的人才。

（4）对选择好的员工发放 offer，可直接按照期望月薪制定薪资。

（5）也可直接点击"智能定薪"员工查看市场中的中位工资，按照中位工资发放 offer。

（6）发 offer 成功的员工，可在本季度结束前随时查看和更改薪资。

2. 人力大数据

学员点击"人力大数据"按钮，即可打开"人力大数据自选看板"页面，如图 5-13 所示。

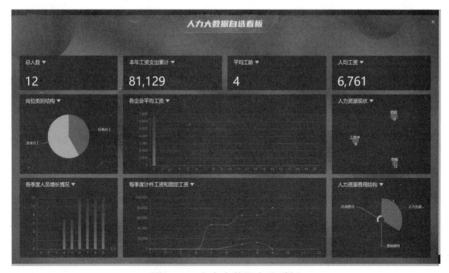

图 5-13　人力大数据自选看板

看板的具体说明如下。

（1）看板分为 10 个区块。

（2）10 个区块中都有相应的选项，用户可自行选择展示的类型。

（3）鼠标悬浮在具体的图形上时，可查看具体数值。

思考题 >>>

一、概述人力资源管理的特征。

二、概述平衡计分卡的必要性。

第六章
生产管理

学习目标

- 认识什么是生产管理。
- 了解传统企业生产管理与现代企业生产管理。
- 认识精益生产,熟练运用生产管理三大手法。
- 认识数智工厂与企业数字化,了解企业转型升级后工厂变化。
- 掌握沙盘生产管理操作流程,理解操作步骤及其逻辑关系。

导入案例

中国制造业复苏

20世纪八九十年代是中国经济开始腾飞的年代。大家期望着商店的货架能满满当当,所有人都鼓足了劲埋头发展经济。但那也是商品野蛮生长的年代,工厂要生产更多的商品,而忽略了质量的好坏。这就好比,一个人饿久了,只要食物放在面前,哪还会挑剔好不好吃,先吃饱再说。更有甚者,趁着当时没有相关法律的约束,不良商家生产假冒伪劣产品。比如,某人买了一双皮鞋,才穿一天就掉了鞋底,仔细一看,所谓皮鞋竟然是马粪纸压实后涂黑制成;某人系了一条新皮带,没想到打了个喷嚏,皮带竟然断成了两截,原来皮带是硬纸板做的。

扩展阅读 6.1

中国智造业复苏

改革开放以来,中国制造实现了从短缺到丰富,产量从小到大,质量从差到优的飞跃。曾有个街头采访,当一名外国人被问到"你认为中国制造怎么样"时,他回答道:家里用的东西都是中国制造,中国制造的东西质量好。40多年前,自行车、缝纫机还都是人们眼里的奢侈品。到了现在,中国的汽车、平板电脑、智能手机等现代产品的产量,已经在世界上首屈一指。中国成了唯一拥有联合国产业分类中全部工业门类的国家,在世界500多种主要工业产品当中,有220多种的产量中国都是全球第一。1990年,我国制造业占全球的比重还只有2.7%,2010年的占比就提高至19.8%,世界占比排名也从第九位,上升至第一位,自此连续多年稳居首位。

现在，我国已经有365万家工业企业，国有工业企业的核心竞争力不断增强，固定资产在40年里增长了91倍；私营工业企业活力十足，规模以上私营工业企业2017年吸纳的就业人数占全部规模以上工业企业的37%。外商投资企业从无到有，规模以上境外投资工业企业在2017年的出口交货量占全部规模以上工业企业的六成以上。

十八大以来，在供给侧结构性改革等国家重大战略的推动下，工业经济发展由数量规模扩张向质量效益提升转变。据测算，2015年至2017年工业战略性新兴产业的增速一直保持在10%以上。高技术制造业、装备制造业在2017年的增速，更是分别达到13.4%、11.3%，同样明显快于规模以上工业增速。新一代信息技术产业规模占工业战略性新兴产业增加值的比重超过1/4，新能源汽车、民用无人机、工业机器人等代表性产品增势强劲。中国制造也越来越受世界认可，我国货物出口总额从1980年的第26位，到2009年就跃升至全球第1位，一直持续到现在。尤其是附加值较高的机电产品的出口，在2017年达到了1.3万亿美元，占全球市场的份额超过17%。

中国制造也变成了中国智造。

中国智造是我国加快推进产业结构调整、适应需求结构变化趋势、完善现代产业体系、积极推进传统产业技术改造、加快发展战略性新兴产业、提升中国"制造"水平、全面提升产业技术水平和国际竞争力的一项重要发展战略。

"Made in China（中国制造）"遍及全球，中国拥有了"世界工厂"的地位。在国际分工体系的角逐中，昔日"世界工厂"英、美、日占据国际分工链的高端。作为今日"世界加工厂"的中国，既要瞻"前"还要顾"后"。"前"有发达国家的贸易壁垒与技术鸿沟；"后"有印度、墨西哥与东欧等地的成本"追兵"。中国必须思变，实现由"中国制造"上升至"中国智造"，从"世界加工厂"转变为"世界创造基地"。

6.1 什么是生产管理

6.1.1 生产管理的概念与内容

（一）生产管理的概念

生产管理就是企业对生产活动的管理。

企业的生产活动是按照预定的经营目标和经营计划，充分利用人力、物力和财力，从产品品种、质量、数量、成本和交货期等方面，生产符合市场需要和用户满意的产品的过程。生产管理就是对这一过程进行计划、组织、指挥、控制和协调。换句话说，生产管理就是同产品制造密切相关的各项管理工作的总称。

由于企业生产活动的范围不同，生产管理有广义与狭义的区别。狭义的生产管理就是以产品产量和进度为目标的管理，其主要包括生产过程组织、生产能力核算、生产计划和生产作业计划的编制、生产进度控制和生产作业核算等。

广义的生产管理是对全部生产系统的管理，它是对人、财、物的输入，计划、标准等信息的输入，经过生产制造过程，输出产品和劳务，再利用信息反馈对整个生产过程实行控制的全部活动，也就是通常所说的生产技术准备、基本生产、辅助生产和相应的管理工作。它除了包括前面所说的狭义的生产管理的内容以外，还包括企业生产方向和规模的确定、工厂布置、质量管理、设备和工具管理、物资管理、能源管理、劳动组织和劳动定额管理、成本管理、安全生产、环境保护等。本书主要研究以生产系统为对象的管理，也就是广义的生产管理，它也被大多数现代企业所使用。

（二）现代企业生产管理的特征

1. 现代生产管理的范围与传统生产管理相比，变得更宽

如果从企业经营决策的角度来看，其决策范围在向新产品的研究与开发、生产系统的选择、设计与调整这样的"向下"方向延伸；而从生产管理的角度来看，为了更有效地控制生产系统的运行，适时适量地生产出能够最大限度地满足市场需求的产品，生产管理从其特有的地位与立场出发，也必然要参与产品的开发与生产系统的选择、设计，以便使生产系统运行的前提——产品的工艺可行性、生产系统的合理性得到保障。因此，生产管理的范围从历来的生产系统的内部运行管理在向"外"延伸。

2. 多品种、中小批量混合生产将成为生产方式的主流，从而带来生产管理上的新变化

20世纪初，大量生产方式揭开了现代化社会大生产的序幕，该生产方式所创立的生产标准化原理、作业单纯化原理以及移动装配法原理等奠定了现代化社会大生产的基础，至今仍是制造业企业的主要生产方式。但是时代发展至今，一方面，在市场需求多样化面前这种生产方式逐渐显露出其缺乏柔性、不能灵活适应市场需求变化的弱点；另一方面，飞速发展的电子技术、自动化技术以及计算机技术等，从生产工艺技术以及生产管理方法两方面，都使大量生产方式向多品种、中小批量混合生产方式转变。这也是现代生产管理的重要特征。

3. 计算机技术和现代管理技术在生产管理中得到综合应用

近年来，计算机技术已经为企业的经营生产活动以及包括生产管理在内的企业管理带来了惊人的变化。计算机辅助设计和计算机办公自动化等技术在企业生产以及企业管理中的应用极大地提高了生产和管理的自动化水平，带来了很大的便利，从而极大地提高了生产率。同时，计算机技术更使得企业的经营计划、产品开发、产品设计、生产制造以及营销等一系列活动有可能构成为一个完整的有机系统，从而更加灵活地适应环境的变化和要求。计算机技术具有巨大的潜在效力，它的应用和普及将为企业带来巨大的效益。但这也要求企业必须建立能够与之相适应的生产经营综合管理体制，并进一步朝着经营与生产一体化、制造与管理一体化的高度集成方向发展。这也将是现代生产管理进一步发展的方向之一。

(三)生产管理的任务

企业生产管理的基本任务,就是在生产活动中,根据经营目标、方针和决策,充分考虑企业外部环境和内部条件,运用计划、组织、控制等职能,将输入生产过程的人、财、物、信息等生产要素有机结合起来,经过生产转换过程,以尽可能少的投入生产出尽可能多的符合市场和消费者需要的产品和劳务,并取得最佳的经济效益。

为了提高企业生产经营效益,生产管理的具体任务主要有以下几个方面。

(1)按照市场需求,生产出适销对路、质优价廉的产品,以满足市场和消费者的需要。

(2)全面完成企业生产计划所规定的目标和任务,包括产品品种、质量、产量、产值、交货期及劳动生产率、材料利用率和设备利用率等技术经济指标。

(3)合理组织劳动力,充分利用人力资源,最大限度地挖掘企业员工的内在潜力,调动广大员工的积极性、主动性和创造性,不断提高生产效率。

(4)加强物资、能源管理,合理利用物资、能源,努力降低单位产品的物资和能源消耗,提高资源利用率,建立合理的物资储备,减少资金占用。

(5)加强设备管理,提高设备的完好率和利用率,不断采用新技术,促进企业技术进步。

(四)生产管理的内容

生产管理要实现上述任务,就需要做很多工作。这些工作按管理的职能来划分,大体上可分为生产准备、生产组织、生产计划和生产控制四个方面的内容。

1. 生产准备

其主要包括以下内容:①工艺技术方面的准备,主要包括通过经济效益的分析,进行工艺方案的选优、编制和修改工艺文件,设计和补充制造工艺装备等。②人力方面的准备,主要包括适应生产任务变化的需要,充分发挥人才优势,对工种和人员的选择、配备与调整等。③物料、能源方面的准备,主要包括原材料、燃料、动力、外购件、外协件等,在保证完成生产任务的前提下,力求使总费用最节省。④设置完好运转方面的准备,主要包括设备选择的经济评价和计划检修类别的确定等。

上述这些准备工作,都是正常生产活动所必备的基本条件,是实现生产计划的重要保证,这些准备工作必须先行。企业在进行这些生产准备工作时,要十分重视对经济效益的定性分析和定量计算,力求在保证完成生产任务的前提下,取得最好的经济效益。

2. 生产组织

生产管理所讲的组织,是生产过程组织与劳动过程组织的统一。生产过程的组织主要解决产品生产过程各阶段、各环节、各工序在时间和空间上的协调衔接;劳动过程的组织主要解决劳动者之间、劳动者与劳动工具、劳动对象之间的关系。生产过程组织与劳动过程组织是企业生产活动计划工作的基础和依据,两者必须实行动态平衡,既要保持相对的稳定性,又要随着企业经营方针、经营计划的变化而变化。提高生产组织形式和劳动组织形式的应变能力,其主要目的在于提高劳动生产率和经济效益。

3. 生产计划

其主要包括产品生产计划和生产作业计划。生产计划主要规定产品品种、产量（产值）、质量等计划，以及保证实现生产计划的技术组织措施计划。生产作业计划是生产计划的具体执行计划，它保证产品生产过程各阶段、各环节、各工序之间在期量上的协调与衔接，使企业实现有节奏的均衡生产。

生产计划与生产作业计划的编制与执行，决定着企业能否按质、按量、按品种、按期限地生产出市场需要和消费者满意的产品，影响企业能否取得良好的经济效益。企业在制订计划时，既要考虑市场需求和企业内外的生产条件，又要通过综合平衡，以最小的消耗和成本实现最优的生产方案。

4. 生产控制

其是指围绕着完成生产计划任务所进行的各种检查、监督、调整等工作。其作用在于完善生产组织，实现生产计划，提高产品质量，降低生产消耗和生产成本。广义的生产控制是对生产全过程实行全面的控制。从范围看，包括了生产组织、生产准备和生产过程的各个方面；从内容看，主要包括投产前控制、生产过程控制、产品质量控制、机物料消耗与生产费用等方面的控制、库存和资金占用的控制等。对于市场经济条件下的企业来说，重要的是实行事先控制。做好事先控制的前提是建立和健全各种控制标准，加强信息收集和反馈系统，并根据反馈信息及时采取对策措施。

为了有效地进行生产活动，必须明确生产计划和生产控制这两种职能的关系。生产计划是生产控制的依据，生产控制是实现生产计划的手段。如果生产计划不正确，生产控制就会变得复杂化，不仅工作量增加，而且会导致生产秩序混乱、失控等现象的发生，从而影响生产计划按期完成。

6.1.2 生产管理的三大手法

（一）标准化

所谓标准化，就是将企业里各种各样的规范，如规程、规定、规则、标准、要领等，形成文字化的东西并统称为标准（或称标准书）。制定标准，而后依标准付诸行动则称之为标准化。那些认为编制或改定了标准即认为已完成标准化的观点是错误的，只有经过指导、训练才能算是实施了标准化。

创新改善与标准化是企业提升管理水平的"两大轮子"。创新改善是使企业管理水平不断提升的驱动力，而标准化则是防止企业管理水平下滑的制动力。没有标准化，企业不可能维持在较高的管理水平。

标准化的目的，就是以规定的成本、规定的工时，生产出品质均匀，符合规格的产品。如果制造现场的作业有所改变的话，如工序的前后次序随意变更，或作业方法、作业条件随人而异，一定无法生产出符合上述目的的产品。因此，必须对作业流程、作业方法、作业条件加以规定并贯彻执行，使之标准化。标准化有四大目的：技术储备、提高效率、防止再发、教育训练。

标准化的作用主要是把企业内的成员所积累的技术、经验，通过文件的方式来加以保存，而不会因为人员的流动或者整个技术、经验流失而消失。这样就可以做到：个人知道多少，组织就知道多少，也就是将个人的经验（财富）转化为企业的财富。因为有了标准化，每一项工作即使换了不同的人来操作，也不会因为不同的人，在效率与品质上出现太大的差异。

管理水平的提升是没有止境的。虽然标准化在国内许多企业有体系、制度、意识上的障碍，但必须拿出"明知山有虎，偏向虎山行"的气魄，才能真正让"中国制造"成为高品质的代名词。

（二）目视管理

目视管理实施得如何，很大程度上反映了一个企业的现场管理水平。无论是在现场，还是在办公室，目视管理均大有用武之地。在领会其要点及水准的基础上，大量使用目视管理将会给企业内部管理带来巨大的好处。

所谓目视管理，就是通过视觉导致人的意识变化的一种管理方法。目视管理有三个要点：①无论是谁都能判明是好是坏（异常）；②能迅速判断，精度高；③判断结果不会因人而异。

在日常活动中，我们是通过"五感"（视觉、嗅觉、听觉、触觉、味觉）来感知事物的。其中最常用的是"视觉"。据统计，人的行动的60%是从"视觉"的感知开始的。因此，在企业管理中，强调各种管理状态、管理方法清楚明了，达到"一目了然"，从而容易明白、易于遵守，让员工自主地完全理解、接受、执行各项工作，这将会为管理带来极大的好处。

"尽量减少管理、尽量自主管理"这一符合人性要求的管理法则，只有在目视管理中才能发挥得淋漓尽致。实施目视管理，即使部门之间、全员之间并不互相了解，但通过眼睛观察就能正确地把握企业的现场运行状况，判断工作的正常与异常，这就能够实现"自主管理"的目的，省去许多无谓的请示、命令、询问，使得管理系统高效率地运作。

目视管理的实施方法：目视管理本身并不是一套系统的管理体系或方法，因此也没有什么必须遵循的步骤。如果说一定要列出推行的方法，那么通过多学多做，树立样板区，然后在公司全面展开是可取的。

目视管理的实施可以先易后难，先从初级水准开始，逐步过度至高级水准。在实施过程中充分利用好"红牌作战"[①]及"定点摄影"[②]将十分有益。

---

① 红牌作战即使用红色标签对工厂各角落的"问题点"，不管是谁，都可以加以发掘，并加以整理的方法，是"5S"活动运用的技巧之一。
② 定点摄影是使用同一部相机站在同一地点、同一方向，将工厂的死角、不安全之处，不符合"5S"原则之处拍摄下来并张贴在大家都看得到的地方，激发大家改善的意愿，并将改善后的结果再予以拍摄下来公布，使大家了解改善的成果。

（三）管理看板

管理看板是管理可视化的一种表现形式，即对数据、情报等的状况一目了然的表现，主要是对于管理项目，特别是对情报进行的透明化管理活动。它通过各种形式的标语、现况板、图表、电子屏等把文件上、脑子里或现场等隐藏的情报揭示出来，以便任何人都可以及时掌握管理现状和必要的情报，从而能够快速制定并实施应对措施。因此，管理看板是发现问题、解决问题的非常有效且直观的手段，是优秀的现场管理必不可少的工具之一。

下面我们通过部分事例来简单说明如何进行运用。

目标分解展示板能使高层领导从日常管理里解脱出来。所谓目标分解，是公司经营管理的一级指标向二级、三级指标层层展开的一个系统验证图。在制定时必须根据公司经营方针，对主要的指标进行重点分解管理，一般步骤如下。

第一，综合目标设定。进行对比后选定课题，确定综合目标。综合目标不易选定太多，否则会分散注意力。一般选定 1 个指标或 2~3 个指标，大多数情况不超过 4 个指标，其目标值应用数值具体表示出来。

第二，目标展开。按综合生产力目标展开，树立对策体系。目标一般可以按照产品、工序、原因、技术等来分解。但应考虑以下情况，如现象把握难易度、对策实施难易度、成果把握难易度等，然后决定按什么顺序来展开。

第三，对策选定，包括对策检讨、选定，树立对策方案。为达成每个目标值，我们应探索能够实践的具体对策。至今为止，企业在由下到上为主的改善活动中，经常出现一些因盲目选定对策而发生负作用的事例，或是对"什么是对策"进行直观的判定，或是根据以往的经验在对效果不能预测的状态下盲目实施，造成无法获得其改善的后果。

总之，管理看板的使用范围非常广，可根据需要选用适当的看板形式。全面而有效地使用管理看板，将在六个方面产生良好的影响：①展示改善成绩，让参与者有成就感、自豪感；②营造竞争的氛围；③是营造现场活力的强有力手段；④明确管理状况，营造有形及无形的压力，有利于工作的推进；⑤树立良好的企业形象（让客户或其他人员由衷地赞叹公司的管理水平）；⑥展示改善的过程，让大家都能学到好的方法及技巧。

管理看板是一种高效而又轻松的管理方法，对其有效的应用对于企业管理者来说是一种管理上的大解。

讲完生产管理，就不得不提到当今社会生产型企业常用的生产管理模式——精益生产。

6.1.3 认知精益生产

（一）精益生产的思想和方法

企业经营的目的是向社会提供产品和服务，同时为企业创造利润。为达到这一目的，企业必须投入人员、材料、设备、资金等资源，并通过对它们的有效使用和优化组合制造出社会所需要的产品。而利润的高低取决于投入和有效产出的比例，即生产效率，班组是使产品增值的基本单元，是提高生产效率的主战场。

提高生产效率有以下三种途径。

（1）投入不变，产出增加。

（2）产出不变，投入减少。

（3）投入减少，产出增加。

第一种途径适用于产品的成长期，即市场对该产品的需求呈上升趋势的阶段；第二种途径适用于产品的成熟期或衰退期，即市场对该产品的需求渐趋稳定或下降的阶段；第三种途径显然是最理想的，因而难度也是最大的。但是，市场竞争的结果最终将导致前两种途径的失效，从而使企业的经营状况步入低谷。要避免这种状况，就必须采用第三种途径。精益生产的成功有力证明了这一途径的优越性和有效性。

（二）精益生产的诞生及其特点

精益生产方式是继单件生产方式和大量生产方式之后在日本丰田汽车公司诞生的全新生产方式。精益的"精"就是指更少的投入，而"益"是指更多的产出。

20世纪中叶，当美国的汽车工业处于发展的顶峰时，以大野耐一为代表的丰田人对美国的大量生产方式进行了彻底的分析，得出了两条结论。

第一，大量生产方式在削减成本方面的潜力要远远超过其规模效应所带来的好处。

第二，大量生产方式的纵向泰勒制组织体制不利于企业对市场的适应和职工积极性、智慧和创造力的发挥。

基于这两点认识，丰田公司根据自身面临的需求不足、技术落后、资金短缺等严重困难，同时结合日本独特的文化背景，逐步创立了一种全新的多品种、小批量、高效益和低消耗的生产方式。这种生产方式在1973年的石油危机中体现了巨大的优越性，并成为20世纪80年代日本在汽车市场竞争中战胜美国的法宝，从而促使美国花费500万美元和5年时间对日本的生产方式进行考察和研究，并把这种生产方式重新命名为精益生产（lean production）。

精益生产的核心是消除一切无效劳动和浪费，它把目标确定在尽善尽美上，通过不断地降低成本、提高质量、增强生产灵活性、实现无废品和零库存等手段确保企业在市场竞争中的优势，同时，精益生产把责任下放至组织结构的各个层次，采用小组工作法，充分调动全体职工的积极性和聪明才智，把缺陷和浪费及时地消灭在每一个岗位。精益生产方式的优越性不仅体现在生产制造系统，同样也体现在产品开发、协作配套、营销网络以及经营管理等各个方面。

与单件生产方式和大量生产方式相比，精益生产方式既综合了单件生产方式品种多和大量生产方式成本低的优点，又避免了单件生产方式生产效率低和大量生产方式僵化的缺点，是生产方式的又一次革命性飞跃。精益生产方式在生产制造系统中的主要思想体现在以下四个方面。

1. 人本位主义

精益生产强调人力资源的重要性，把员工的智慧和创造力视为企业的宝贵财富和未来发展的原动力。其具体特点表现为以下几点。

1）彼此尊重

我们的企业建立在泰勒原则上，从经营人员、管理人员、监督人员到操作人员的严格等级划分制度使层次观念已根深蒂固。工人的任务就是不折不扣地按标准作业方法加工产品，至于"为什么这样做""怎样做更好"则是领导人员的事。在这样的企业里，工人不仅得不到物质上的平等，如工资福利、疗养晋升、工作环境和强度等，也得不到精神上的足够尊重，如被认可、受赞赏、参与协商和决策等。一方面会造成领导人员指责操作人员缺乏责任心，人为缺陷太多；另一方面操作人员也在抱怨声中应付领导人员的每一个指令。这是造成传统大量生产方式体制僵化的重要原因。

精益生产方式要求把企业的每一位职工放在平等的地位；将雇员看作企业的合伙人，而不是可以随意替换的零件；鼓励员工参与决策，为员工发挥才能创造机会；尊重员工的建议和意见，注重上下级的交流和沟通；领导人员和操作人员彼此尊重、信任。员工在这样的企业中能充分发挥自己的智慧和能力，并能以主人翁的态度完成和改善工作。

2）重视培训

企业的经营能力依赖于组织体的活力，而这种活力来自于员工的努力。只有不断提高员工的素质，并为他们提供良好的工作环境和富于挑战性的工作，才能充分发挥他们各自的能力。精益生产的成功同样依赖于高素质的技术人才和管理人才。它要求员工不仅掌握操作技能，而且具备分析问题和解决问题的能力，从而使生产过程中的问题得到及时的发现和解决。因此，精益生产重视对职工的培训，以挖掘他们的潜力。

轮岗培训（job rotation）和一专多能培训是提高人员素质以满足精益生产需要的有效方法，前者主要适用于领导和后备领导，后者主要适用于操作人员。通过轮岗培训，可使受训者丰富技术知识，提高管理能力，掌握公司业务和管理的全貌；同时，可以培养他们的协作精神和系统观念，使他们明确系统的各部分在整体运行和发展中的作用和弱点，从而在解决具体问题时，能自觉地从整体观念出发，找到改进的方案。一专多能的目的是扩大操作人员的工作范围，提高他们的工时利用率；同时，提高操作的灵活性，为实现小组工作法创造条件。

3）共同协作

传统的管理思想认为，效率来自于明确的分工和严格按标准方法工作。这种思想的确为大量生产方式带来了许多好处，但同时也束缚了员工的智慧和创造力，使操作人员如同机器一样工作，缺乏合作意识和灵活应变能力；使组织体和个人的能力不能完全发挥，从而使企业僵化、保守、丧失创新的动力。精益生产则要求职工在明确企业发展目标的前提下加强相互间的协作，而具体的工作内容和划分是相对模糊的。

协作的范围涉及操作人员之间，也涉及部门和部门、领导人员和操作人员之间。这种协作打破了原有的组织障碍，通过相互交流和合作解决跨部门、跨层次的问题，消除彼此的指责和抱怨，在相互理解的前提下共同完成企业目标。常用的方法有项目管理和小组工作法等，前者多用于跨部门间的协作，而后者一般应用于团队内部。

2. 库存是"祸根"

高库存是大量生产方式的特征之一。由于设备运行的不稳定、工序安排的不合理、较高的废品率和生产的不均衡等原因，常常出现供货不及时的现象，此时库存被看作是必不可少的"缓冲剂"。但精益生产则认为库存是企业的"祸害"，其主要理由有以下几点。

1）库存提高了经营的成本

库存是积压的资金，并以物的形式存在，因而是无息资金。它不仅没有增加产出，反而造成许多费用，并损失了货币资金的利息收入，从而使企业的经营成本上升。

这些费用包括以下内容。

（1）料架、料箱、运输设施、数据处理设备、卸货和装货工具等仓库设施费用。

（2）仓库管理、物料配送和质量检验等人员的费用。

（3）因存放不当、管理不善、时空变化等原因造成的损耗及其相应的处理费用。

（4）仓库场地、照明、保温、通风设备、能源等费用。

2）库存掩盖了企业的问题

传统的管理思想把库存看作是生产顺利进行的保障，当生产发生问题时，总可以用库存来缓解，库存越高，问题越容易得到解决。因此，高库存成为大批量生产方式的重要特征，超量超前生产被看作是高效率的表现。精益生产的思想认为，恰恰是库存的存在掩盖了企业中的问题，使企业意识不到改进的需要，阻碍了经营成果的改善。

这些问题主要表现在以下一些方面。

（1）生产缺乏计划性，灵活性差。

（2）设备故障率高，保养和维修工作欠佳。

（3）生产线运行不均衡，产量波动大。

（4）人员安排不合理，缺勤率高。

（5）废品率或次品率高，返修工作量大。

（6）换模时间长，生产批量难以下降。

（7）运输距离长、运输方式不合理等。

3）库存阻碍了改进的动力

解决上述各类问题需要一定的时间，在这段时间内生产无法继续进行，为了避免因此而带来的损失，大量生产的方式、使用高库存的方法使问题看似得以"解决"，但事实上这些问题不仅存在而且将反复出现。精益生产则采取逆向的思维方式，从产生库存的原因出发，通过降低库存的方法使问题暴露出来，从而促使企业及时采取解决问题的有效措施，使问题得到根本解决，不再重复出现。如此反复的，从暴露问题到解决

扩展阅读 6.2

一汽案例分析

问题的过程，使生产流程不断完善，从而提升了企业的管理水平和经营能力。

3. 永不满足

大量生产厂家为自己制定了许多生产指标，如废品率、库存量、时间作业率、成本、零件品种数等，对于这些指标的改进也通过预先给定的百分比来进行。员工有明确的改进目标，并会努力去达到这些指标，但很少人会去超越这些指标，因为今年做得越好，意味着明年的改进越难。所以，员工仅满足于完成各项指标，从而阻碍了经营潜力的发挥。

精益生产方式则把"无止境追求完美"作为经营目标，追求在产品质量、成本和服务方面的不断完善。这一思想是区别于大量生产方式的重要特征，也是精益生产走向成功的精神动力。准时化生产方式（just in time，JIT）和不断改进流程（continue improvement process，CIP）是精益生产追求完美的体现。其主要体现在以下几点。

1）消除一切无效劳动和浪费

用精益生产的眼光去观察、分析生产过程，我们会发现生产现场的种种无效劳动和浪费。大量生产厂家对这些浪费却熟视无睹，甚至认为是不可避免的。精益生产把生产过程划分为增加价值的过程和不增加价值的过程，前者也称为创值过程，后者则称为是浪费。精益生产方式从分析浪费出发，找到改进的潜力，利用员工的积极性和创造力，对工艺、装备、操作、管理等方面进行不断改进，逐步消除各种浪费，使企业无限接近完美的境界。

2）追求理想化的目标

和大量生产厂家相比，精益生产厂家的生产指标没有明确的定量，而往往以最佳状态作为目标，如"零缺陷""零库存""零抱怨""零故障"等。可以说，要达到这些理想化的目标是不可能的，但其能使员工产生一种向"极限"挑战的动力，树立永不满足的进取精神，极大限度地发挥潜在的智慧。

3）追求准时和灵活

通过采用看板生产和适时供货，使生产所需的原材料、零部件、辅助材料等准时到达所需地点，并满足所需的质量要求和数量。这里的"准时"不同于"及时"，达到及时供应可通过高库存来实现，而达到准时是指在没有库存的前提下也能达到及时。准时和准确的信息流是实现这一目标的前提和保障，因此，精益生产方式的成功依赖于其独特的生产信息管理系统——看板系统。

市场需求越来越趋向于多品种，而且人们对个性的追求使产品的批量越来越小，因此，多品种小批量生产是企业必将面临的挑战。灵活的生产系统是精益生产实现多品种小批量生产的前提条件，而现代高科技技术的发展为建立灵活生产系统提供了可能。

4. 企业内外环境的和谐统一

精益生产方式成功的关键是把企业的内部活动和外部的市场（顾客）需求和谐统一于企业的发展目标。

随着科学技术的不断发展，人们的生活条件得到了明显的改善，消费者的价值观念也发生了根本性的变化，消费需求多样化。产品设计个性化的要求使产品的生命周期缩短、更新换代加快，市场由卖方市场走向买方市场。这种变化促使企业必须改变原来的经营方式，并向20世纪五六十年代盛行的少品种大批量生产方式提出了严峻的挑战，精益生产方式的诞生是适应这种变化的结果。

精益生产方式是目前灵活适应市场变化的最佳手段，其根本思想是把顾客需求放在企业经营的出发点，崇尚"用户第一"的理念，把用户的抱怨看作改善产品设计和生产的推动力，从而使产品的质量、成本和服务得到不断地改善，并最终提高了企业的竞争力和经营业绩。由此可见，精益生产成功的一个秘诀是：通过满足顾客需求提高企业经营利润，把顾客利益和企业利益统一于企业目标。精益生产成功的另一个秘诀是：和供货厂商保持紧密协作关系，通过适时供货和系统供货的方式使双方的利益共同增长。

适时供货是指企业通过多种管理手段，对"人、财、物、时间、空间"进行优化组合，做到以必要的劳动确保在适当的时间内按适当的数量提供必要的材料和零部件，以期达到杜绝超量、超时供货，消除无效劳动和浪费、降低成本，提高效率和质量，用最少的投入实现最大产出的供货方式。由于配套厂的任何延迟交货或者零部件的质量问题都将影响主机厂生产的顺利进行，所以这种供货方式需要主机厂和配套厂的良好合作。

系统供货是指直接以部件或总成系统的形式实现供货的方式，从而改变传统的以单个零件分散供应的方式。系统供货有利于主机厂减少配套管理的幅度和库存量，同时有利于提高配套厂的技术含量，提高经济效益。与大量生产方式的配套情况相比，精益生产方式的配套只与1/8~1/3的协作单位直接发生关系，从而使主机厂和这些配套厂的协作更显重要。这种协作关系不仅停留在买卖关系上，也表现在共同提高产品质量、降低零部件成本、保障交货期等方面。

综上所述，精益生产是一种全新管理思想和方法体系，并在实践中得到了充分的认证。它的成功并不是运用一两种新管理方法的结果，而是一系列的精益生产方法。但企业在推行和应用这些方法之前，必须对本企业的内外环境、企业文化、产品属性和市场状况等进行深入的分析和研究，努力为引入精益生产方式创造前提。

6.1.4 生产管理的分析方法

美国生产管理大师埃尔伍德·斯潘塞·伯法认为，管理科学中用到的关于生产和业务管理中的各种分析方法，不外是在遵循科学方法的基础上利用各种模型，并且以这些模型来表示所研究的系统整体或某些分支部分。在分析各个领域中的问题时，首先需确定研究的系统边界，这样才能划定研究的范围。确定范围的指导原则是准确判断哪些因素或变量可能对所研究的系统产生影响。一般来说，问题的界限或范围越宽，出现次优化的可能性就越少。

其次是构造模型。构造模型时，应该与实际的生产情况相适应，抽掉一些次要的因素，具体分析对生产过程有影响的因素，同时需要考虑可控因素与不可控因素的关系，进而确定使用哪一种模型。模型的选择主要是根据因素间的关系和作用来决定。分析方法中必须确定衡量效率的尺度，建立一套行之有效的标准，来衡量生产行动中各种可供选择方案的效果。这些方面的衡量尺度可以包含利润、贡献、总成本、增量成本、机器停工时间、机器利用率、劳动成本、劳动力利用率、产品单位数量和流程时间等。

所有运用数量方法研究生产问题的模型，都可以概括为一个公式：$E=f(x_i, y_j)$。其中 E 为效率，f 代表函数关系，x 代表可控变量，y 代表非可控变量。可控变量是指那些可以在很大程度上按照管理者的意愿操纵调节的因素。非可控变量是指那些管理者不能控制，至少是不在所限定的问题范围内的因素。建立模型后，就可以用 E 作为衡量生产行动中各种可供选择方案效率的尺度，并在分析的基础上产生可供选择的各种方案，并对这些可供选择的方案进行评价。

伯法列出的分析方法主要有：成本分析、线性规划、排队模型、模拟技术、统计分析、网络计划模型、启发式模型、计算机探索求解方法、图解和图像分析等。这些方法在生产系统的各个方面都有着相应的用途。

（一）成本分析

成本分析是最常用的分析方法。这种方法以关于不同成本因素的特性知识为依据，具有多种形式。它并不是一大堆会计数字的简单堆积，而是经营状况的数据表现。从相关的数字中，管理者能够获取有效的信息。管理者并不关心抽象的成本，他们感兴趣的是自己考虑的各种可供选择的方案中涉及的具体成本变化。成本分析的基本方法是损益平衡分析法，即利用经营规模变化时不同成本在变化上的差别来进行分析。

增量成本分析法是最有价值的简单分析方法之一。它仅仅用来研究那些可能受采用的方针或行动影响的成本。伯法指出，对成本进行分析，并不是要计算出每一个可供选择方案的运行总成本，而是只研究不同方案相比较时有差别的具体成本。这些成本主要指的是存货成本、调整劳动力成本、加班加点费和外包成本。增量成本分析在生产系统分析的各个领域内被广泛应用，通常在线性规划和排队分析模型中很常见。

（二）线性规划

线性规划的实质是最优化，即在满足既定的约束条件情况下，按照某一衡量指标来寻求最优方案的数学方法。线性规划是非常重要的通用模型，主要用来解决如何将有限的资源进行合理配置，进而在限定条件内获得最大效益的问题。线性规划被广泛应用于工业、农业、管理和军事科学等各个领域，是一个现代管理与决策者最常用的有效工具。在生产中决定多个品种的最优构成问题、库存控制问题、原料供应问题时，都可以采用线性规划。线性规划在实际运用中，往往存在着求解困难的问题，对此，一般采用"单纯形法"来解决。

（三）排队模型

很多生产问题都会或多或少的涉及排队。只要在生产过程中存在随机分布现象，就肯定会产生排队。各种库存实际上就是对排队的缓冲。完全的均衡分布在现实中是不存在的。在这一类问题中，会在随机不定的时间间隔内遇到需要某种服务的人、部件或机器。为满足这种服务所需要的活动，往往会花长短不一的时间。在一定的到达率和服务率的条件下，可以运用数学方法计算并安排排队问题。在当代，排队分析被广泛应用在诸如通信系统、交通系统、生产系统以及计算机管理系统等服务系统上。排队论提供了一种数学手段，能够预测某个特定排队的大概长度和大概延误时间，以及其他相关重要数据，包括排队场地安排、优先服务处理、排队成本控制、排队长短与发生事故的关系等。掌握这些信息，会使人们更有针对性地解决相关的随机分布问题，进行明智的决策。

（四）模拟技术

生产管理问题的模拟技术是一项迅速成长的技术。尽管模拟所依据的基本观念很早就有，但模拟技术的迅速成长实际上是由高速的计算机发展带动的。这种方法是运用数理模型来进行模拟试验，用计算机处理相关数据，以选定的效率标准 E 作为衡量尺度，观察和检测各项变量在模型中的运行结果。这种模型是试验性的，不一定能产生最优答案。模拟方法的长处是可以在各种可供选择的方案之间进行比较，实际上是一种通过反复试验以求解决复杂问题的方法。

（五）统计分析

统计分析为精确处理数据提供了一套方法结构。它不仅能够根据所建立的预测模型得出各种结论，而且能够预测可能发生错误的风险有多大。统计分析经常应用于假设检验，能够使我们处理某一系统中的因素或变量在测定数值上的巨大变动问题，而这些因素或变量有可能规定着相关系统的范围。运用统计推断的方法，可以对相关系统的问题得出结论，而且可能是很精确的结论。在生产和业务管理中，统计分析方法本身有着广大的独立应用领域。统计原理作为分析方法的一种通用工具，常常能对其他分析方法的应用提供帮助，并在总体分析工作中作出贡献。

（六）网络计划模型

第二次世界大战后，研究与发展工作和其他的大型一次性工程项目在经济活动中越来越重要，尤其是导弹工程和太空计划的庞大规模和复杂性，要求用特殊方法来提供工程规划，安排进度并进行控制，这些促成了网络计划的诞生。网络计划的基本原理是把需要完成的工作以网络的形式进行计划，工作中涉及的所有事件都列入网络，这些事件的分布安排应按照施工操作的时序和阶段间的相互依赖关系进行。根据网络计划模型，可以计算出作业进度的具体数字，从而使管理者对作业的计划进度了如指掌，能更灵活地支配时间。网络计划模型采用的形式是独特的，尤其是"关键线路"的观念，以及负荷平衡、最低费用法和有限资源的安排。这些互相联系的概念，能够为工程项目的管理提供合理的依据。网络计划模型有两大具体方法：一是关键线路法；二是计划评审法。

（七）启发式模型

所谓启发式，本身就意味着能够引导管理者去寻求答案。就管理上的意义而言，启发式模型是指用于决策的指导原则。或许，这些指导原则算不上是最优的，但是在被人们应用时是始终如一的，而且是有效的，能够避免更加复杂的问题求解程序。在这里，伯法明显借鉴了西蒙的满意型决策思路。伯法强调，有很多问题，我们或没有时间或没有兴趣去探究更彻底的答案，但是，现有的原则足以使我们找到可行方案。或许它不一定是绝对正确的，但这种简单的法则是最适用的。管理者碰到的问题，大多数都很复杂，如果要进行严密精确的分析会步履艰难，很难用数学的方法来求解，但又不得不寻求答案，这时，凭借经验法则形成的逻辑依据就不失为可用的最佳方法。所谓启发式模型，就是这样一套符合逻辑的和具有连贯性的法则。从某种意义上来说，启发式方法是管理工作中历史最悠久的思考方法。通过这种方法，以有可能放弃最好的解决方案为代价，减少了探索的工作量。在业务管理中，这种方法大量用于装配线的平衡、设备布置、车间作业进度计划、仓库位置选择、存货控制以及一次性工程项目的进度安排等领域。

（八）计算机探索求解方法

对于某些非常复杂的问题，利用计算机探索求解不失为"一剂良药"。计算机技术的发展促进了启发式模型的应用，运用计算机可以对某些准则函数的一组有限的可行试解方案按顺序进行审查。通过规定每一个独立变量的数值，计算准则函数并记录下有关的结果，就可以得出一个试验评定值。把每一个试验评定值与以往得到的最佳值进行比较，若发现它有着明显的优越性，就采用它而摒弃先前的最佳值，以此类推，直至无法求得优化解为止。这就是登山式的逐步探索法。在这一基础上，计算机就能按照预定的工作程序，把已发现的各项独立变量的最佳组合方案打印出来。采用计算机探索求解方法的优点在于建立了准则函数模型，它没有线性数学形式的局限，突破了变量的数目限制。在业务管理上，计算机探索求解方法已被用于制订总体计划和作业进度计划问题，还被用于解决资源有限的工作安排问题。计算机探索求解方法在企业管理中具有更大的灵活性，它不需要精密的模型设计和严格的数学形式，所以比较自由，能够在成本模型中更贴近现实。因此，伯法认为计算机探索求解方法在现实管理中具有越来越大的用途。

6.1.5 生产管理的绩效考核

生产绩效是指生产部门所有人员通过不断丰富自己的知识、提高自己的技能、改善自己的工作态度，努力创造良好的工作环境及工作机会，不断提高生产效率、提高产品质量、提高员工士气、降低成本以及保证交货期和安全生产的结果和行为。生产管理绩效主要分为以下六个方面。

（一）效率（productivity）

效率是指在给定的资源下实现最大产出，也可理解为相对作业目的所采用的工具及方法，是否最适合并被充分利用。效率提高了，单位时间人均产量就会提高，生产成本就会降低。

（二）品质（quality）

品质，就是把顾客的要求分解，转化为具体的设计数据，形成预期的目标值，最终生产出成本低、性能稳定、质量可靠、物美价廉的产品。产品品质是一个企业生存的根本。对于生产主管来说，品质管理和控制的效果是评价其生产管理绩效的重要指标之一。所谓品质管理，就是为了充分满足客户要求，企业集合全体的智慧经验等各种管理手段，活用所有组织体系，实施所有管理及改善的全部，从而达到优良品质、短交货期、低成本、优质服务来满足客户的要求。

（三）成本（cost）

成本是产品生产活动中所发生的各种费用。企业效益的好坏在很大程度上取决于相对成本的高低，如果成本所挤占的利润空间很大，那么相应的企业的净利润则相对降低。因此，生产主管在进行绩效管理时，必须将成本绩效管理作为其工作的主要内容之一。

（四）交货期（delivery）

交货期是指及时送达所需数量的产品或服务。在现在的市场竞争中，交货期的准时是非常重要的。准时是在用户需要的时间，按用户需要的数量，提供所需的产品和服务。一个企业即便有先进的技术、先进的检测手段，能够确保所生产的产品质量，而且生产的产品成本低、价格便宜。但是没有良好的交货期管理体系，不能按照客户指定的交货期交货，会直接影响客户的商业活动，客户也不会购买企业的产品。因此，交货期管理的好坏直接影响客户进行商业活动的关键，不能严守交货期也就失去了生存权，这比品质、成本更为重要。

（五）安全（safety）

安全生产管理就是为了保护员工的安全与健康，保护财产免遭损失，安全地进行生产，提高经济效益而进行的计划、组织、指挥、协调和控制的一系列活动。安全生产对于任何一个企业来说都是非常重要的，因为一旦出现工作事故，不仅会影响产品质量、生产效率、交货期，而且会对员工个人、企业带来很大的损失，甚至对国家也会产生很大的损失。

（六）士气（morale）

员工士气主要表现在三个方面：离职率、出勤率、工作满意度。高昂的士气是企业活力的表现，是取之不尽、用之不竭的宝贵资源。只有不断提高员工士气，才能充分发挥人的积极性和创造性，让员工发挥最大的潜能，从而为公司的发展做出尽可能大的贡献，从而使公司尽可能地快速发展。

因此，生产管理的绩效，应该从以上六个方面进行全面的考核。

在数智企业经营管理沙盘中，通常通过效率、成本、交货期这三个要素来考察生产管理的绩效。

6.1.6 "双碳"

"双碳"是"碳达峰"与"碳中和"的简称，中国在第75届联合国大会上正式提出2030年实现碳达峰、2060年实现碳中和的目标，"双碳"目标是中国向世界作出的庄严承诺，彰显了中国积极应对气候变化、走绿色低碳发展道路、推动全人类共同发展的坚定决心。

2021年10月24日发布了，中共中央、国务院印发的《关于完整准确全面贯彻新发展理念做好碳达峰碳中和工作的意见》（以下简称《意见》）。《意见》指出，实现碳达峰、碳中和，是以习近平同志为核心的党中央统筹国内国际两个大局做出的重大战略决策，是着力解决资源环境约束突出问题、实现中华民族永续发展的必然选择，是构建人类命运共同体的庄严承诺。

《意见》强调，以习近平新时代中国特色社会主义思想为指导，全面贯彻党的十九大和十九届二中、三中、四中、五中全会精神，深入贯彻习近平生态文明思想，立足新发展阶段，贯彻新发展理念，构建新发展格局，坚持系统观念，处理好发展和减排、整体和局部、短期和中长期的关系，把碳达峰、碳中和纳入经济社会发展全局，以经济社会发展全面绿色转型为引领，以能源绿色低碳发展为关键，加快形成节约资源和保护环境的产业结构、生产方式、生活方式、空间格局，坚定不移走生态优先、绿色低碳的高质量发展道路。

《意见》明确实现碳达峰、碳中和目标，要坚持"全国统筹、节约优先、双轮驱动、内外畅通、防范风险"的工作原则；提出了构建绿色低碳循环发展经济体系、提升能源利用效率、提高非化石能源消费比重、降低二氧化碳排放水平、提升生态系统碳汇能力五方面主要目标，确保如期实现碳达峰、碳中和。

《意见》明确了碳达峰、碳中和工作重点任务：一是推进经济社会发展全面绿色转型；二是深度调整产业结构；三是加快构建清洁低碳安全高效能源体系；四是加快推进低碳交通运输体系建设；五是提升城乡建设绿色低碳发展质量；六是加强绿色低碳重大科技攻关和推广应用；七是持续巩固提升碳汇能力；八是提高对外开放绿色低碳发展水平；九是健全法律法规标准和统计监测体系；十是完善政策机制。

（一）什么是碳达峰、碳中和

1. 碳达峰

碳达峰是指碳排放量达峰，即二氧化碳排放总量在某一个时期达到历史最高值，之后逐步降低。其目标为在确定的年份实现碳排放量达到峰值，形成碳排放量由上涨转向下降的拐点。碳达峰是碳中和实现的前提，碳达峰的时间和峰值高低会直接影响碳中和目标实现的难易程度,其机理主要是控制化石能源消费总量、控制煤炭发电与终端能源消费、推动能源清洁化与高效化发展。

2. 碳中和

碳中和即为二氧化碳净零排放,指的是人类活动直接或间接产生的二氧化碳排放量与二氧化碳吸收量在一定时期内达到平衡。其中,人类活动排放的二氧化碳包括化石燃料燃烧、工业过程、农业及土地利用活动排放等,人类活动吸收的二氧化碳包括植树造林增加碳吸收、通过碳汇技术进行碳捕集等。

(二)对碳达峰、碳中和的认识误区

(1)对于"碳达峰"存在认识误区。一些地方误以为,既然即将"碳达峰",那么,在"碳达峰"之前应加大排放,以获得一个较高的碳排放额度"峰值"基数,进而在这个"峰值"基数上进行碳减排。这种认识的问题在于,没有认识到碳峰值越大,此后的碳减排难度则越高,为之付出的成本也就越大,此后的经济和民生将难以承受碳减排压力过大带来的影响。换言之,在碳达峰之前增加碳排放带来的经济利益,相比此后碳减排要付出的成本是得不偿失的。

(2)对于"碳中和"缺乏整体性认识。"碳中和"的内涵是:通过持续的碳减排,使得经济活动中的碳排放量持续下降至能够被生态系统完全吸纳的水平。凡是偏离了"持续碳减排"的说法,都是存在认识误区的。此外,"碳中和"是一个整体性的概念,只能在宏观层面讨论才有意义,任何微观主体无从核算其是否达成"碳中和"目标。现实中某些企业自称已实现"碳中和"或即将实现"碳中和",它们没有认识到"碳中和"是一个整体性指标,尤其是没有认识到,"碳中和"对企业而言就是持续强化"碳排放额度"对其经济活动的约束,直至整体上"碳中和"目标的实现。

(3)对于"双碳"目标与经济新增长存在认识误区。一些人认为"双碳"目标将带来类似于"改革"那样促进经济新增长的巨大效应。但实际上,在"碳排放额度"刚性约束下,各种生产要素不可能出现显著的扩张,否则就将与持续碳减排的目标背道而驰。增长主要来源于"碳排放额度"使用效率的提升(简称"碳效率提升")。凡是认为"双碳"目标下将出现更大经济增长机会的说法,都是违背理性逻辑的。

(4)在通过技术创新实现"碳中和"方面存在认识误区。在"碳中和"目标下,一些企业、科研机构提出了零碳技术、固碳技术等创新方向。对此,目前研究者仅从技术可能性的角度来认识,而缺乏从经济可行性角度的考量,没有认识到相关技术开发、产业化的投资,必然要挤占"提高碳效率"的技术开发和产业低碳化资金。当下"双碳"目标要更多从前端减排着手,而不宜寄希望于末端治理的技术突破。

例如,有人认为太阳能和风能完全可以取代火电从而实现碳中和。有些人认为风能和太阳能比火电便宜,因此太阳能和风能完全可以取代火电实现碳中和。然而实际情况是,我国的太阳能每年发电小时数因地而异,在 1 300 小时到 2 000 小时之间不等,很少有超过

2 000 小时的区域，平均在 1 700 小时左右，也就是说太阳能大约 1/5 的时间段比火电便宜，而在其他 4/5 的时间段，如果要储电，其成本会远远高于火电。

风能每年发电的时间比太阳能略微长一点，是 2 000 小时左右，但是需要 24 小时供电，不能说一个电厂一年只能供一两千个小时。不可能说有太阳有风的时候用电，没有太阳和风的时候就停电。

（5）对于碳减排与其他污染排放的关联性存在认识误区。在某些碳减排路径下，碳排放与其他污染物排放存在替代关系，即碳减排将转化为其他污染排放的增加。例如，电动汽车在使用过程中的确可起碳减排的作用，但是电池制造和报废过程中却会增加大量的其他污染；又如，水电站的发展在带来可再生能源生产能力的同时，也会对周边的生态环境造成破坏性影响；再如，在某些特殊区域进行不当的植树造林活动，也可能影响区域气候条件和空气质量。

（三）正确认识和把握碳达峰、碳中和

要如期完成"双碳"这个复杂的系统性工程，我们可以从以下几个方面的关系认识和把握其重大理论和实践问题，进而实现高质量发展。

1. 整体与局部的关系

碳排放是全局性的问题。我国各个地区和各行各业，只要是消费化石能源的，都要产生碳排放。每个地方的资源禀赋、产业结构和经济发展水平不尽相同；每个行业与领域的能源消费结构，产生碳排放的环节、温室气体排放的种类与强度也不尽相同。碳减排的技术手段与实现路径不一而足，没有哪一种技术手段是适用于所有行业或领域的，也没有哪一种实现路径是放之四海而皆准的。实现"双碳"需要充分考虑局部特定及地区之间、行业之间的差异，因地制宜，协同推进。

从全国范围来看，我国可以借鉴国际上应对气候变化采取的"共同但有区别"和"各自能力"原则，允许各地区制定同向但不同步的碳达峰行动方案。经济发达地区和生态功能区可以率先达峰，为全国如期达峰争取时间；工业化起步较晚的地区可以晚一点达峰，并通过淘汰落后产能、产业低碳化改造升级等举措合理控制峰值。也可以加强不同地区之间的交流合作，允许跨地区共同承担任务，探索结对帮扶和协同降碳，完善区域间转移支付制度，促进产业有序转移和用能权、排放权合理配置，平衡地区利益。

从经济体系来看，我们可以根据各行业与领域在低碳技术应用场景及民生作用方面的特点，分类施策，促进产业低碳转型。钢铁、水泥、有色等碳排放重点行业可以在能耗双控以外增加碳排放控制要求，争取率先达峰；建筑、交通运输等领域在满足民生需求的前提下，争取尽早达峰；能源领域可以在供能端、用能端和排放端通过源头少碳、过程减碳、末端固碳等措施，争取实现全链条降碳。

2. 短期与中长期的关系

实现"双碳"目标既要避免坐等时间节点、指望别人努力而自己坐享其成，也要避免急功近利、不顾具体实际大搞全民运动。"双碳"是我国实现永续发展与推动构建人类命

运共同体的长期重大战略，其实现不可能在短期内"毕其功于一役"。主要原因有三点：一是在社会经济层面还有发展的压力；二是社会经济模式惯性需要缓冲时间；三是支撑"双碳"目标的科技创新需要时间。短期强行实现碳达峰和碳中和会造成难以承受的经济代价和社会代价，应立足实际、科学谋划、分步实施、有序推进，做好短期行为与长期目标的匹配。

具体而言，首先，地方政府和作为碳排放主体的企业可以尽早布局谋划，根据自身发展水平和经济条件制定"双碳"路线图。提前谋划调整有利于减小阻力、降低损失和避免系统性风险。其次，要避免跟风冒进运动式减排和停产限产。没有经过科学论证的非理性行为都可能造成较大的损失，并为后续"双碳"工作的推进增加障碍。

在以上两点的基础上，短期可以利用区域差异、社会发展和科技创新成果，降低"双碳"目标实施的成本。在区域差异方面，可以通过国内国际双循环，借鉴并吸收先进经验。在社会发展方面，随着我国社会经济发展水平的提高，对钢铁、有色、石化化工、建材等高耗能、高污染行业的依赖也会降低。科技水平的提升会带来能效和原料利用效率的提升，从而降低单产的碳排放。

3. 化石能源与新能源的关系

能源转型是实现"双碳"的根本保障。当前，我国的经济发展高度依赖煤炭、石油等传统化石能源，导致我国碳排放量居高不下。然而经济的高速发展又离不开能源的大规模消耗和稳定供给，这就要求我国尽快实现煤炭的科学产能、淘汰落后产能，大力发展更为清洁的新能源及可再生能源，逐步降低甚至摆脱对化石能源的依赖。

实现"双碳"不是简单地去化石能源，而是"多能互补"。2021年12月召开的中央经济工作会议指出，要推动煤炭和新能源优化组合，化石能源的逐步退出要建立在新能源安全可靠的替代基础上。在短期内，新能源的经济性、稳定性和便利性还不能比拟化石能源。目前已形成的共识是，实现"双碳"目标是一个新能源逐步取代化石能源的过程，新能源在能源消费结构中的地位变化可以分为三个阶段：第一阶段，新能源在能源消费结构中起补充作用，占比接近30%，至少需要十年；第二阶段，新能源在能源消费结构中起替代作用，占比接近50%，至少需要二十年；第三阶段，新能源在能源消费结构中起主体作用，占比提高至80%左右，至少还需要十年。

我们可以从两方面构建化石能源与新能源优化共存的现代能源体系。一方面，面向未来合理开发化石能源，通过颠覆性技术等手段，加快科学产能支撑科技攻关，构建化石能源的清洁高效转化与利用体系。另一方面，以新能源科技创新为抓手，大力开展光、风、地热、生物质、潮汐等可再生能源和安全高效储能技术的研发、示范与应用，逐步扩大新能源消费量，提升新能源总量比重。

4. 科技创新与实现"双碳"的关系

科技创新是实现碳中和的重要推动力：节能技术实现少碳，新能源技术实现零碳，碳捕获、利用与封存技术实现负碳。人类的科学技术都直接或间接地实现能量高效转换和利用,从这个角度讲,绝大多数的科学技术都可以服务于碳中和。但如前述整体与局部、短期与中长期中的讨论,碳中和是场景性的、有针对性的,没有放之四海而皆准的碳减排技术,需要在具体场景下探讨科技创新对碳中和的贡献。

科技创新依托两个关键因素:基础研究和技术创新。基础研究应是普适性的和原理性的;技术创新实现基础研究向产业化发展,具有明确的应用场景和针对性。无论在何种场景,都需要基础研究提供原理和技术支撑,同时也需要应用研究实现碳排放的降低,不能割裂二者谈论碳中和贡献,也不能脱离应用场景讨论碳中和技术创新。脱离应用场景,将科技创新简单披上碳中和的"外衣",可能会误导技术进步的方向,片面评价其对碳减排的作用。

科技创新对碳减排的贡献不能单纯停留在理论设想和模拟计算中,需要将其实际应用于特定场景,通过示范运行真实、理性地评价技术的碳减排贡献。创新技术的落地示范需要投入大量的研究成本,应用研究相对于基础研究的科学性和创新性可能有所不足,但需要解决工程化的问题,它与基础研究是同等重要的。因此,从应用场景的角度认识科技创新,既要关注基础研究的创新性,又要明确应用研究的实用性,合理评价科技创新的碳减排贡献,减少片面化或"一刀切"的认知。

5. 经济发展与实现"双碳"的关系

我国在以化石能源为主的能源结构条件下,经济增长都是以一定的碳排放为代价的;在达到中等发达国家经济水平之前,经济增长与碳排放都会呈现正向线性关系。未来,我国经济仍需保持合理增速来保障人民日益增长的物质文化需求,能源消费仍将保持增长趋势来支撑经济持续稳定发展。同时,我国经济体系还相对粗放,正处在向集约高效、技术知识密集型转变的关键时期。因此,破解未来经济发展与面临的碳排放及资源环境约束难题,实施生态文明建设、开创人与自然和谐共生、建设人类命运共同体,需要强化"双碳"目标对高质量发展战略的支撑与引领作用。

有关估算表明,实现"双碳"目标需要数以百万亿元计的投资额。这些投资将服务于创造经济发展新动能和开拓绿色发展新模式,为推动高质量发展带来巨大的经济增长点和发展机遇。随着"十一五"以来节能减排工作的持续推进,我国进一步降低能耗强度的边际效益在递减、难度却在增大。我们可以通过紧扣低碳关键技术攻关的"牛鼻子",完善政策法规,改革管理制度,为培育壮大高质量发展的新产业、新业态、新商业模式提供良好的环境保障。

6.2 沙盘生产总监操作指南

1. 操作界面

打开浏览器,输入网址,以及数智企业经营管理沙盘生产总监的账号和密码。登录后,我们会看到一个城市页面，它将一个企业所应该拥有的场景和外部合作机构都浓缩在一个区域中。点击"产"图标，可进入生产总监岗位的操作台，如图 6-1 所示。

图 6-1　沙盘主页面

2. 工人管理

在工业管理界面下，完成工人配置和工人招聘需求填写，如图 6-2 所示。

图 6-2　工人管理

具体操作说明如下。

（1）单击任务栏中"人"图标，进入"工人管理"页面。

（2）在页面下，点击"招聘需求填报"按钮，弹出文本框，在文本框中填写具体的工人数量和工作效率。

（3）最后点击"确定"按钮，完成操作。完成后，该数据直接传至"人力总监"页面。

（4）在设备管理中，为每条生产线配置工人，应当严格按照生产线要求配置，不可多配、少配或错配。

（5）操作完成后，"实际产量"下方显示具体的数字，表示该条产线实际产出的产品数量。

3. 设备管理

可通过设备管理功能,为企业购买新的生产线,如图 6-3 所示。

图 6-3　设备管理

具体操作说明如下。

(1) 单击任务栏中"机"图标,进入设备管理页面。

(2) 在该页面中有如下功能:①购买新的设备;②对老设备进行出售;③将最新的图纸传送到设备中;④对目前生产线上的产品进行调整,转为别的产品;⑤生产线开始生产新的产品。

(3)"购买新的设备"在页面两个空白文本框中,选出企业所要购买的生产线和产品,点击"新增"按钮即可。

(4) 页面中蓝色字体,用于生产线的编辑。

(5)"拆除"按钮,相当于生产线出售。

(6) 单击"更新 BOM"按钮,将最新的图样传入生产线中。

(7) 单击"转产"按钮,可直接将生产线当前生产的产品转成其他产品。

(8) 单击"开产"按钮,即生产线开始生产新的产品,进入工作状态。

4. 库存管理

通过此功能完成原材料订购、库存管理等任务,如图 6-4 所示。

图6-4 库存管理

具体操作说明如下。

（1）单击"料"图标，进入"库存管理"页面。

（2）在库存管理页面中，点击"下单"按钮，弹出"下单信息"对话框。

（3）在文本框中填写具体数字，点击"确定"按钮，完成订购原材料操作。

（4）页面最下方"原料订单""原料库存""产品库存"可随意切换查看详情。

（5）点击"收货"按钮，将订购的原料收入库中。

（6）在"原料库存""产品库存"中，可查看具体的库存数量，点击库中"出售"按钮，可将库存折价出售。

5. 设计管理

当企业需要设计新的产品图纸时，可通过设计管理功能完成设计，如图6-5所示。

图 6-5　设计管理

具体操作说明如下。

（1）单击任务栏中"法"图标，进入设计管理页面。

（2）在产品原型处选择左上角所要设计的产品类型"混动型、纯电型、纯电 pro"。

（3）点击"替换"按钮选择页面上方的特性。

（4）点击"确定"按钮，自动生成新的版本号。

（5）在"历史版本查询"处查看本企业已经生成的版本。

（6）在新的图样生成时，"版号"栏中显示当前产品版本编号；当生产线更新 BOM 时，更新该产品的最新版本号。

（7）若重新设计新的版号后，生产线不更新 BOM，则继续按原来的版号生产。

6. 研发管理

通过本环节操作，完成特性值研发，如图 6-6 所示。

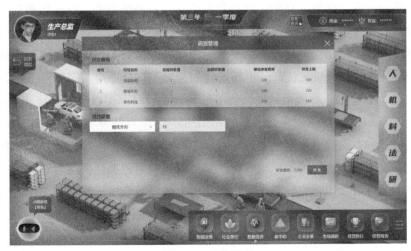

图 6-6　研发管理

具体操作说明如下。

(1) 点击任务栏中"研"图标,进入研发管理页面。

(2) 在页面文本框中,选择所要提升的特性种类(不同的规则,特性名称不同),填入具体的研发值,当页面右下角自动算出研发费用时,点击"研发"按钮即可完成操作。

(3) 特性研发用于提升分配订单时企业的总得分,不影响产品生产的图样。

6.3 数智工厂与企业数字化

6.3.1 什么是数智工厂

数智工厂是在国家 2025 战略、国际 5G 发展战略等方向指引下整个制造产业转型升级的发展方向,主要内容就是将数字和智能制造作为关键技术应用于数智工厂,它是现代工业化和信息化融合的信息体现,也是实现智能化制造的必经之路。

在数智工厂的建设过程中,包含了软件和硬件两个方面的内容,两者互为支撑,互相推动。软件数字化主要的建设内容为车间上网、设备物联、管理软件平台等。硬件数字化则包括设备 PLC 控制,配备网络接口并开发,使设备运行中的参数和状态信号通过物联网实现数据采集。现场配备智能化终端后,现场人员可通过终端实现信息的接收和反馈,实现现场无纸化。

数智工厂汇集了计算机、仿真、虚拟现实和互联网等新兴的技术手段,通过监测产品从设计、生产、物流到服务的全生命周期过程中各项数据的变化情况,实现对整个生产过程的分析和优化。此外,数智工厂基于虚拟制造的原理,能够通过在虚拟的环境中对生产流程进行模拟,获取相应的数据结果并据此分析现有的生产流程中存在的问题,从而有针对性地提出解决方案。在数字化工厂建设初期就应基于整体思维,对工厂布局、业务流程和功能单位等进行全局规划,使得工厂不再是一个个单独的流水线,而是一个联系紧密的系统,有效提升了工厂在生产过程中的灵活性。同时,数智工厂通过运用虚拟仿真技术,能够快速分析产品数据,以加快产品更新迭代的速度,有效缩短新产品推出的周期。

一般来说,数智工厂被认为是以流程工厂为核心,基于工艺设计(engineering)、工程采购(procurement)、工程施工(construction)、项目开发(commencement)及项目管理(management)的综合数字化集成平台(EPCCM 平台)所建立的,对应物理意义上的石油化工工厂的数字化体现,能同时具备工厂属性和工程属性的综合智能数字化系统。利用该平台,可将浩如烟海的数字化信息识别出来并将其有机地联系在一起,进而对相关信息进行处理以达到各种设计要求。数智工厂模式模型如图 6-7 所示。

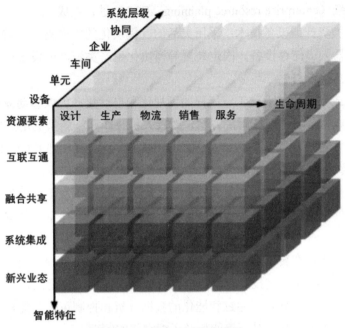

图 6-7　数智工厂模式模型

6.3.2　数智工厂的特征

（一）更透彻的感知

从射频识别装置、传感器、摄像头、全球定位系统、激光扫描器等信息传感设备上感知的数字信息，可以在任何时间、任何地点，通过多种方式来感知、测量、捕获和传递。

（二）更广泛的互联互通

通过各种形式的、高速的、高带宽的通信网络工具，将个人电子设备、生产设备、建筑设施和工厂信息系统中收集和储存的分散的信息及数据连接起来，进行交互和多方共享，可以使得工作和任务通过多方协作来得以远程完成，从而彻底地改变了整个工厂的运作方式。

（三）更深入的智能化

使用先进技术（如数据挖掘和分析工具、科学模型和功能强大的运算系统）来处理复杂的数据分析、汇总和计算，以便整合和分析海量的跨地域、跨行业和职能部门的数据和信息，更好地支持决策和行动。

扩展阅读 6.3

西门子：工业 4.0 时代的未来工厂

6.3.3　数智工厂的关键技术

互联工厂技术：以控制和优化为目的，将资源、设备、运输工具或产品等相关对象连接起来，通常是利用接口技术将制造执行系统（manufacturing execution system，MES）、企业资源计划系统（enterprise resource planning，ERP）进行集成。

模块化生产类资产或设备技术：采用灵活的、模块化的生产类资产或设备，而不是传统的生产线；机器人、储存设备、固定装置等模块化生产类资产或设备可灵活地按照当前生产流程的要求被整合进生产环节。

流程可视化或自动化技术：工厂流程的可视化和自动化，如以移动应用结合平板电脑或数字化眼镜等虚拟及增强现实解决方案，改善人机协作和创新型的用户接口。

综合规划技术：工厂内部的综合规划及排产系统、从 MES 到 ERP、涵盖供应商和客户等外部伙伴；综合规划能对资源可用性或需求的变化立即做出反应。

无人值守的厂内物流技术：工厂系统能够在无人干预的情况下开展物流活动，这些系统可实时感知和处理来自周围数字环境或现实环境中的信息，在室内外安全通行，同时完成指定的任务。

预防性维护技术：在传感器数据和大数据分析的帮助下可远程监控设备的动态情况，从而进行预测维护和维修；该技术有助于提高资源可用性，优化运维。

基于数据的资源优化技术：通过智能化的数据分析和控制可优化能耗和资源消耗。例如根据实际的供需情况，开展对厂房能耗及压缩空气的管理。

完全无人值守的数智工厂技术：工厂根据自主学习的算法，完全独立运作，人工介入仅在初期的设计和设立阶段，以及后续的监控和意外处理；该技术能减少运营成本，主要应用于危险品或远程生产设施。

跟踪技术：通过传感器以及与 MES 或 EPR 系统连接的内部数据平台，对产品和原材料的位置进行跟踪；该技术让生产流程和库存水平透明化，可对各个零部件或产品进行跟踪。

扩展阅读 6.4

中国智造

6.3.4 数智工厂的应用场景

管理数智工厂对产业园的综合管理水平提出了更高的要求。传统产业园由于管理工作繁多，很多模块都是单独的、无法做到资源的统一协调，并且很多数据并不是实时在线，大大增加了管理难度。

数智工厂要求对园区的视频监控、安防报警、人员巡查、门禁考勤、访客管理、一卡通管理、停车位、会议室、信息发布、能源使用情况、环境变化、设备参数等工作进行实时在线的统一管理。首先，企业可利用传感器技术实现动态捕捉、热成像报警、人脸识别、温湿度感应等，再利用 OA 或报表系统实现在线巡检、信息发布、会议室在线预约、访客线上登记等。其次，将系统数据和传感器数据利用微服务接口的方式进行调用，形成园区全貌管理指标。最后，利用 3D 建模技术开发智慧园区全局管理模型或数据分析工具制作园区综合管理驾驶舱，实现对园区资源的统一高效管理，打造绿色、高效、安全的智慧园区。

扩展阅读 6.5

应用场景一：
智慧园区

1. 人脸识别在智慧园区中的应用

人脸识别在智慧园区中的应用流程大致分为以下步骤：人脸面像信息登记或录入，当前人脸面像信息采集，人脸识别，人员出入，门禁或通道关闭。

扩展阅读 6.6

一卡通管理之园区智能化

人脸识别系统的核心组成部分主要包括人脸面像采集模块、人脸面像动态定位、人脸识读、人脸处理、人员查找、人员比对、人员身份确认、执行控制设备和记录管理平台等，通过一脸通管理平台确认人员的身份及相应的权限，对有权限的区域进行开放通行，并保留人员进出通行记录。对一些特定的子系统根据权限进行反馈，如外来访客只可以到达指定的楼层。

在通道入口的应用：园区出入口通道为园区和进出人员提供了有序、文明的通行方式，同时，有效避免了无授权人员的进出。它的组成包括读卡识读部分、闸机执行（锁定）部分、控制机部分，是机械与电子的有效结合。当读卡器采集到人脸信息时，将人脸信息传输给控制机，控制机确认人员的相关权限，确认完成后，反馈信号给闸机，闸机通过执行结构实现通道开启；通过红外感应设备闸机可以感应人员的进出状态，当人员出入后，闸机会关闭通道。园区内部人员可以注册长期使用权限，从而实现有效期范围内的重复进出。外来访客人员要通过人行通道进入园区内部时，需要提前预约或者在访客登记处进行登记，由受访人确认信息后，才可通行。

2. 新技术加上传统物流，就变成了智慧物流

智慧物流指的是以物联网、大数据、人工智能等信息技术为支撑，在物流的运输、仓储、包装、装卸搬运、流通加工、配送、信息服务等各个环节实现系统感知、全面分析、及时处理以及自我调整的功能。同时，企业可基于物联网技术将物流车辆的实时地理位置信息进行保存，再利用大数据处理技术实时监控所有物流车辆的运行状态，对停车超时、未按规定路线行驶、车速异常等情况进行实时报警，对收发货异常的订单可追溯其物流车辆的历史轨迹与停靠点记录，实现物流各环节精细化、动态化、

扩展阅读 6.7

应用场景二：智慧物流管理

可视化管理，提高物流系统智能化分析决策和自动化操作执行能力，提升物流运作效率。本书主要从货物仓库、运输监测以及智能快递终端，三个方面讲述物联网在物流行业的应用。

（1）货物仓储。在传统的仓储中，往往需要人工进行货物扫描以及数据录取，工作效率低下；同时，仓储货位有时候划分不清晰，堆放混乱，缺乏流程跟踪。将物联网技术应用于传统仓储中，形成智能仓储管理系统，能提高货物进出效率、扩大存储的容量、减少人工的劳动强度以及成本，且能实时显示、监控货物进出情况，提高交货准确率，完成收货入库、盘点调拨、拣货出库以及整个系统的数据查询、备份、统计、报表生产及报表管理等任务。

（2）运输监测。通过物流车辆管理系统对运输的货车以及货物进行实时监控，可完

成车辆及货物的实时定位跟踪，监测货物的状态及温湿度情况，同时监测运输车辆的速度、胎温胎压、油量油耗、车速等车辆行驶行为以及刹车次数等驾驶行为，在货物运输过程中，将货物、司机以及车辆驾驶情况等信息结合起来，提高运输效率、降低运输成本，降低货物损耗，了解运输过程中的一切情况。

（3）智能快递终端。智能快递终端是基于物联网技术，能够对物体进行识别、存储、监控和管理等功能，与电脑服务器一起构成的智能快递投递系统。电脑服务端能够将智能快递终端采集的信息数据进行处理，并实时在数据后台更新，方便使用人员进行快递查询、快递调配以及快递终端维护等操作。

快递员将快件送达到指定的地点后，将其存入快递终端后，智能系统就可以自动为用户发送一条短信，包括取件地址以及验证码等信息，用户能在24小时内随时去智能终端取货物，简单快捷地完成取件服务。

3. "三位一体"监造平台

随着制造企业对内部生产过程管理能力的提高，催生出上下游监造管理的需求，一方面是对供应商原材料质量管控的进一步延伸；另一方面是对客户满意度更加重视的表现。从供应商到工厂到最终客户的"三位一体"监造平台，是智慧工厂的核心应用场景。为了满足大客户监造接入需求，企业可利用微服务技术通过接口将生产过程数据和作业视频提取出来，同时利用数据分析平台为客户提供带有分析结果的产品出厂数据，通过权限管理开放给对应客户，实现快速响应客户监造平台数据对接以及远程厂验的需求，提升客户对产品的信任度。对于供应商的监造管理需要可从以下四个方面入手：第一，对接其产线设备传感器数据，掌握供应商生产过程中的设备参数，便于后期追溯异常；第二，接入生产监控视频，实现对供应商生产作业的实时监控，提高管理力度；第三，打通供应商的生产信息系统，掌握供应商订单的执行进度与质量情况，可有效预估订单风险；第四，开发数据上报界面，对供应商临时零散的数据进行及时规范的收集，提高协同能力。

4. 质量闭环追溯

传统的质量管理方式局限于对当时产品生产过程数据的监控，在出现批量质量异常时无法有效锁定不良批次，对导致异常的物料无法追溯其被使用在哪些成品中，增加了质量处理成本与管控难度。质量追溯可帮助企业更实时、高效、准确、可靠地实现生产过程和质量管理，结合条码自动识别技术、序列号管理思想以及条码设备，可有效收集产品或物料在生产和物流作业环节的相关信息数据，每完成一个工序或一项工作，记录其检验结果、存在问题、操作者及检验者的姓名、时间、地点及情况分析，在产品的适当部位标记相应的质量状态标志，跟踪其生命周期中流转运动的全过程，使企业能够实现对采、销、生产中物资的追踪监控、产品质量追溯、销售窜货追踪等目标。最后利用数据分析工具建立质量计划、过程控制、发现问题、异常处理、管理决策、问题关闭的质量闭环管理平台，形成经验库与分析报表来支撑企业打造一套来源可溯、去向可查、责任可追的质量闭环追溯系统。

数智工厂的应用远不止于此,随着新技术、新理念的诞生,数智工厂也将在新时代有新的表现形式,制造管理者应把握新形势,通过执行层自动化与管理层信息化的融合,加快其建设步伐。

6.4 沙盘数字生产操作指南

在模拟经营的任务时间段,学员可点击场景中的大屏,打开数字化转型解锁页面,如图 6-8 所示。

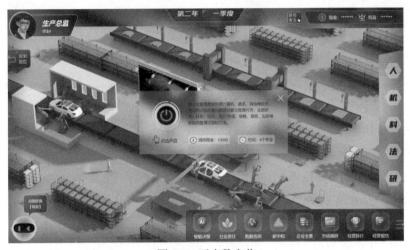

图 6-8 开启数字化

就像我们前面学过的产品资质,点击解锁后,经过一定时间,即可进入数字生产时代,如图 6-9 所示。

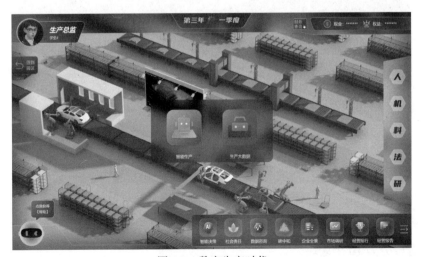

图 6-9 数字生产时代

1. 智能生产

学员点击"智能生产"按钮,即可打开"智能生产"页面,如图 6-10 所示。

图 6-10　智能生产

具体操作说明如下。

(1) 在每条生产线后选择一种产品。

(2) 选择 8 小时制或 12 小时制。

(3) 点击"开启智能生产"按钮。

2. 生产大数据

学员点击"生产大数据"按钮,即可打开"生产大数据自选看板"页面,如图 6-11 所示。

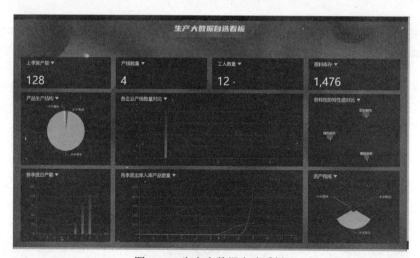

图 6-11　生产大数据自选看板

看板的具体说明如下。

(1) 看板分为 10 个区块。

（2）10个区块都有相应的选项，用户可自行选择展示的类型。

（3）鼠标悬浮在具体的图形上时，可查看具体数值。

思考题 >>>

一、概述精益生产的思想。

二、概述如何正确认识碳达峰和碳中和。

扩展阅读6.8

质量追溯闭环之
从冷链到制造业

即测即练

第三部分
企业经营管理沙盘详解

第七章
沙盘经营规则

学习目标 >>>

➢ 认识企业初始状态,理解沙盘模拟与真实企业之间的关系,熟练掌握竞赛规则。

➢ 掌握战略管理、市场营销、财务管理、人力资源管理、生产运作、物流管理、市场信息收集与运用等管理技能。

➢ 体验制造业企业的完整运营流程,理解物流、资金流、信息流的协调过程,体会现金流的重要性。

➢ 按照企业运行流程,有效履行其所担负的职责。

➢ 掌握实训的目的和任务,了解实训的方式与时间安排。

7.1 模拟企业背景

以下模拟的是一个简单的离散制造企业。

企业从事的是 P 系列产品制造行业。P 是英文单词"product"的首字母。另外,针对不同的技术,配置不同 T 系列的图样。T 是英文单词"technology"的首字母。同时,也是为了训练时称谓上的简单(如 P1+T1 产品)。

这个企业长期以来一直专注于 P 产品的生产与经营,目前生产的 P1 产品在当地市场知名度很好,客户也很满意。同时企业拥有自己的厂区,生产设备齐全,运行状态良好。

最近,一家权威机构对该行业的发展前景进行了预测,认为 P 系列产品将会从目前相对低水平的产品发展为高技术产品。

为此,公司董事会及全体股东决定将企业交给一批优秀的新人来发展,并且希望新的管理层:①投资新产品的开发,使公司的市场地位得到进一步提升;②开发国内市场以外的其他新市场,进一步拓展市场区域;③扩大生产规模,采用现代化生产手段,努力提高生产效率;④投资新技术,让企业经营进入数字化时代。

而新的管理层将由参加课程的各组学员担任。下一个问题就是如何组建新的管理团队。

7.1.1 新管理团队建设

在训练开始时，需要对参加培训的学员进行分组。

分组应当按照"均匀资源"的原则，防止个别小组力量太强大，以致其他小组中途就丧失信心的情况出现。

各小组人员一般配置 4 人或 5 人，视参加人员总数而定。培训一般按照一个班或两个班合并进行，可将所有人分成 10~20 个小组，如果情况特殊，可考虑适当减少分组情况。

各小组需要进行角色分工。通常采取的方式是由各小组自己进行分工。

教师可以给各个小组留出一定时间（如 1~2 分钟），由各小组自己讨论让谁来担当本组的 CEO。而后，再给各个小组一定时间，由 CEO 决定各个小组的岗位分工。目前设置的岗位分工一般包括财务总监（CFO）、市场营销总监（CSO）、生产总监（COO）、人力资源总监（HRD）。分工完成后，可以安排以下几种活动，如小组内组建自己的企业团队、设计企业名称与 logo、企业愿景等。完成设计后一一上台展示。

学员担任各管理层时应当明确以下问题：①如果 CEO 工作不称职，经过小组讨论，可以"集体罢免"；②如果小组中某个角色工作不力，CEO 可以随时进行"撤换"。

各个角色的岗位职责和分工见表 7-1。

表 7-1 数智沙盘模拟各岗位职责

岗 位	主 要 职 责	操 作 职 责
CEO	组织季度会议，分配季度工作任务 接受经营反馈，制定经营决策 对企业整体的经营结果负责	组织每年的计划和预算工作 购买其他企业数据信息 决策企业是否捐款及捐款额度、碳中和操作
CFO	制定财务预算 控制现金流 制定融资决策 进行财务分析 为 CEO 决策提供必要的财务信息	管理企业现金流，为业务部门发放预算 管理融资决策 管理日常费用缴纳 管理贷款的借贷与偿还 管理应收账款和应付账款 实时监控企业各项指标 利用大数据分析企业现状
CSO	进行市场分析 了解竞争对手情况 研究市场进入策略 研究产品研发策略 研究广告投入策略 了解产能和产品资源 为 CEO 决策提供必要的市场信息	协助 COO 按订单组织生产 分析市场，进行市场预测 开拓经销商渠道 开发产品资质、开发质量认证 投放促销广告 经销商订单竞标 订单交付，销售管理 网络营销投放，新媒体广告投放

续表

岗位	主要职责	操作职责
COO	预测研发产品的盈亏平衡点 计算生产产能 预测采购策略 制订设备投资计划 控制库存，降低资金占用风险 为 CEO 决策提供必要的生产信息	根据销售计划制订全面生产计划 管理生产设备，包括安装、拆除、转产等 管理生产工人，合理安排工人 订购原材料，管理出入库 管理产成品，管理出入库 管理产品设计图样，更新设计 管理企业技术研发，升级技术
HRD	制订工人招聘、培训计划 制订员工激励计划 制订员工薪资计划	开展人员招聘 计算并发放员工薪资 开展培训，强化人员技能 对人员进行激励，提升人员的工作效率

在训练中各个角色应当各尽其职，而且需要配合密切。比如生产总监在计算产能时需要与人力总监协商好，如"生产线需要多少工人，需要什么类型的工人"，生产总监应当将详细需求传达给人力总监，人力总监再根据生产总监的需求招聘符合条件的员工。此时生产总监还需要根据工人的效率计算实际产能。

7.1.2　产品类型和市场需求趋势

沙盘训练模拟的 P 系列产品划分为 3 种，分别称之为 P1、P2、P3。在面向企业内训时，为了更逼真地结合企业实际，通常将 P 系列产品依照实际情况设置成不同的产品。例如，小羊单车、小羊摩托、小羊 pro 等。T 系列的技术图样也划分为 3 种，分别称之为 T1、T2、T3。根据不同的规则对 T 系列图纸的定义也不同，如外形时尚、科技体验、安全舒适等。

其中，将小羊单车定义为 P1 产品，是目前市场上的主导产品；小羊摩托为 P2 产品，是在 P1 技术上进行改良的产品；小羊 pro 是 P 系列产品里的高端产品，具备尖端科技。

7.1.3　企业面临的市场

沙盘课程中模拟的市场有 3 个，分别是：国内市场（在培训中一般以本国作为比喻）；亚洲市场（在培训中一般为比国内市场大一些的市场）；国际市场（在培训中，一般指三个市场中最大的市场）。

需要注意的是，以上各个市场是相不包含的，每个市场有各自的销售需求。具体如图 7-1 所示。

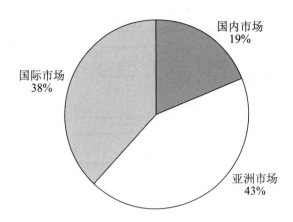

图 7-1 未来 1~4 年各市场的销售需求占比

7.1.4 企业目前经营状况

沙盘训练开始时企业的经营状况是：企业有 300 000 元现金，因企业信誉良好，最高可获得银行 900 000 元的贷款。企业目前没有生产线和能够生产的产品，一切需要新的管理层重新策划。不过目前可确定的是，在第一年企业只能生产 P1 产品，只能在国内市场进行销售。

为了使公司走向正轨，建立管理机制，公司董事会及全体股东决定将企业交给一批优秀的新人来发展，在前面的企业背景中已经提到过，董事会及股东希望新的管理层能够做到：①投资新产品的开发，使公司的市场地位得到进一步提升；②开发国内市场以外的其他新市场，进一步拓展市场领域；③扩大生产规模，采用现代化生产手段，努力提高生产效率；投资新技术，让企业进入数字化时代。

上面四个问题是企业的 CEO 时时都必须思考的问题。在第一年经营过程中，这也恰恰是企业"开源"的要素。

7.2 企业管理流程

沙盘模拟的企业管理流程如图 7-2 所示。

在企业管理流程图中，具体有三大流，第一行为信息流，营销总监从经销商获取销售订单，并且制定规划，将规划划分为生产计划和采购计划，并把信息传达给生产总监、人力总监和财务总监。其流程为：营销总监→生产总监→人力总监→财务总监。

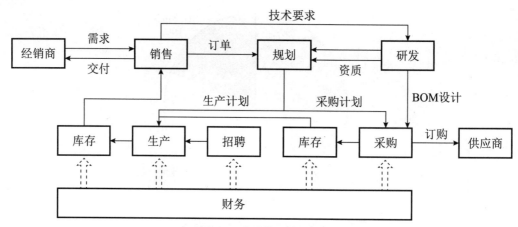

图 7-2　企业管理流程图

第二行为物流，是物品的流动。生产总监从供应商处订购原材料，原材料到货后入原料库，生产时再从原料库中将原料运到生产线上。人力总监保证生产时工人到位，提前招聘工人，最后根据订单中的技术要求完成产品研发，设计符合订单的图样后便可以开始生产。工人将完工的产品传送到产品库，由营销总监交付给经销商，形成一个闭环。产品的流动为：供应商（原材料）→在途（原材料）→原材料库→生产线（原材料→产品库存）→经销商（产成品）。

最后一行为资金流，企业的各项任务由财务总监给予现金支持。

7.3　沙盘模拟操作规则介绍

7.3.1　市场开拓和品牌建设

沙盘系统中进行市场开拓和品牌建设的区域如图 7-3 所示。

在实际业务中，开拓一个新市场是很复杂的，需要进行很多工作，如前期市场调研、工商税务登记、租办公室、购买办公用品、招募人员等。

但在沙盘训练中，所有这些活动被简化成两件事情：花钱、花时间。

每个市场需要花的钱和时间不同。以图 7-4 为例，不同市场的开拓周期不同，企业自点击"开拓"或"认证"开始，经过开拓周期，才能获得该资质。每年每季在操作"渠道管理""产品研发"和"ISO 认证"投资时，决策者需要决定是否投资，如果决定开拓投资直接点击页面中相应按钮即可。

图 7-3　市场开拓与品牌建设操作示意图

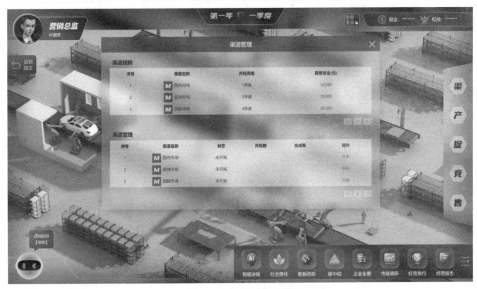

图 7-4　市场开拓规则

在此环节需要强调以下几点。

（1）决策者可随时决定是否投资，一旦投资后，无法撤回。

（2）每个市场、产品、资质需要花费的钱和时间是不同的。

（3）投资后不会立即获得收益，需要经过所需的时间后方可获得。

（4）只有在市场和 ISO 的资质获得后，才可以拿到订单。

根据以上规则，在实际训练中应检查各个小组在投放广告时市场是否已经投资完毕，不然无法获得订单，广告费也是白花。

表 7-2 为根据沙盘标准规则计算的市场投入与品牌建设投资情况。

表 7-2　市场投入与品牌建设投资一览表

单位：元

市场投入及品牌建设	开拓周期	需要资金
国内市场	1 季度	10 000
亚洲市场	3 季度	10 000
国际市场	4 季度	30 000
小羊单车	1 季度	10 000
小羊摩托	2 季度	20 000
小羊 pro	4 季度	50 000
ISO 9000	1 季度	10 000
ISO 21000	3 季度	10 000
ISO 26000	4 季度	20 000

7.3.2　销售会议与广告计划、竞单顺序

（一）订货大会与促销广告

沙盘训练中的模拟销售采用"订货大会"的形式进行。所谓订货大会，就是产品生产商和产品需求方双方进行协商，并签订销售合同的过程。对于生产厂商而言，就是拿到销售订单，在沙盘模拟中也叫作"竞单"。其实，由来已久的"广州商品交易会"，就是一个销售会议。

参加订货大会、拿到销售订单的操作可在"制订广告方案参加订货大会"步骤前的任意时间执行。拿到销售订单的前提是各组提交广告投入计划方案。图 7-5 是各组投放广告的页面。

制订广告计划就是各组在"促销管理"页面填写自己组的广告投入资金数值。投放广告需注意以下几点。

（1）投放时，应分市场投放，各市场互不影响。

（2）投放的广告有时效性，投放完成的广告只能用于一次选单，选单结束广告清零。

（3）广告投放额度与企业知名度占比为 1∶1。

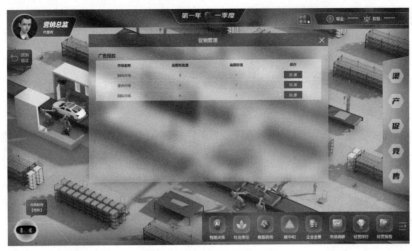

图 7-5　各组广告投放页面

（二）竞单顺序

各组在提交广告方案之后，开始由各组的营销总监竞单。

竞单是要让学员们去竞争每一张销售订单。竞单的方式是填写"申请报价"和"申请数量"。

"申请报价"表示企业愿意以什么价格将产品销售给经销商。

"申报数量"表示企业能够生产出多少产品用于销售。

填写完毕，经过一段时间后，等待竞单分配。分配的规则由三个权重决定，分别为：申报时填写的价格（价格）、企业投放的促销广告（知名度）、生产总监对技术的研发（技术）。

竞单规则：每张订单，综合评分越高的，越容易被选中，按照排名依次顺延，直到经销商被满足。综合评分的公式如下：

$$综合得分 = [知名度（即等同于广告费）] + [市场占有率（初始值为1）× 商誉值 ×（参考价 - 报价）] + [1000 × 特性值（即生产管理特性研发值）]$$

目前在教学中，选单的次序排定有以下几种方式。

第一种方式：各企业综合评分依降序排列，无重复评分。按照综合评分降序排列选单，直到经销商被满足。

第二种方式：如果两组综合评分相同，且两组申报总数量少于经销商数量，则两组均可分到申请的数量。

第三种方式：如果两组综合评分相同，且两组申报数量一样，其总数量多于经销商数量，则两组均分经销商需求量。

第四种方式：如果两组综合评分相同，且两组申报数量不同，其总数量多于经销商数量，则两组按最低的申报量进行分单，其余经销商数量按排名依次顺延，直到经销商被满足。

7.3.3 销售订单、销售交货

（一）销售订单

销售订单代表客户与生产厂商签订的协议。在页面中，主要以竞单形式体现，如图7-6所示。

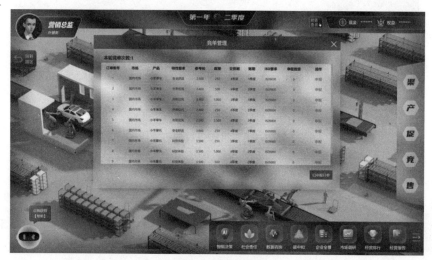

图7-6　竞单列表

销售订单上标注的内容分别为订单编号、市场、产品、特性需求、参考价、数量、交货期、账期、ISO要求、申报数量等信息，其各自的含义如下。

（1）市场：表示该张订单属于哪个市场，即需要哪个市场的资质。

（2）产品：表示该张订单属于哪类产品，即表示企业在交货时需要交付该类产品。

（3）特性需求：表示该张订单需要哪个产品特性，即要交付的产品必须带有该特性。

（4）参考价：表示经销商提供的价格，报价不得超过此价格，否则无法入围。

（5）数量：表示经销商所需要该产品的数量，可以由多家制造商满足。

（6）交货期：表示在该季度之前，把产品交付给经销商，否则视为违约（如交货截止期为第4季度，则需要在本年第4季度或之前把产品交付给经销商）。

（7）账期：表示经过该季度，才能收到经销商给的货款。需注意与交货期不同，这里以交货季度开始算起（如账期为2，在第一年第四季度交付完成，则需要再经过两季度，在第二年第二季度时才能收到这笔货款）。

（8）ISO要求：表示在申请订单时，企业必须拥有这个ISO资质，否则无法入围。

最后点击"申报"按钮，填写申报价格和申报数量即可。

注意：申报时不得超过经销商需求的数量，价格也不得超过经销商提供的价格。

（二）销售交货

各组在竞单中获得的每张销售订单必须在当年规定的季度或之前任意一个季度交货，此时才会产生应收账款，并在财务总监页面的"应收账款"内显示。

若未如期交货，则视为违约，扣除该张订单货款的20%。已经违约的销售订单，无法继续交货。

7.3.4 生产厂房管理

在此次的沙盘课程中，使用的是厂区的概念进行模拟。厂区内含有厂房，包括主要车间、辅助用房及附属设施用房等，无需企业自行购买或租赁厂房。

企业可直接在厂区中进行设备管理，如图7-7所示。对已经够买过的生产线可进行如下操作。

图 7-7 设备管理

（1）建线：购买新的生产线时，除了要选择生产线线型，还需要选择产品品种。购买时，直接支付现金便可购买成功。

（2）拆除：表示出售该条生产线，出售的生产线按照"残值"作价，出售成功，生产线自动在页面消失，企业现金增加。

（3）更新BOM：更新BOM表为开产前必须要操作的任务，相当于把企业生产产品的图纸上传至生产线中，生产线才能开始生产产品。如果重新设计了图样，还需重新更新BOM表，否则生产线继续按原来的图样生产。

（4）转产：转产是指生产线调整，改变所生产产品品种，在沙盘规则中简化为"花钱"和"花时间"。

需要注意的是：生产线转产的真正含义是"由原来生产的产品品种（如小羊单车）转化为另一种产品（如小羊摩托）。这是一个很容易被误解的概念，常被误认为可以把"传统线"转化成"全自动线"。

（5）开产：开产表示生产线执行生产命令，一旦开启生产，期间无法暂停，等待一段时间即可生产出产品。

7.3.5 生产设备管理

现实中各种制造企业的生产设备是多种多样的，包括基本生产车间和辅助生产车间，车间中除了生产线等机器设备外，还需要供电系统等，而在沙盘训练中将企业所有的生产设备简化为只有生产线，本书沙盘模型中设计的生产线有三种，分别是传统线、全自动线、全智能线。

不同的生产线生产周期是不同的。传统线需要两个季度才能生产一批产品；全自动线和全智能线一个季度就能生产一批产品。

在设备规则中，需要注意以下几点。

（1）购买价格：表示获得此条生产线需要支付的价格。

（2）安装周期：购买生产线后需要安装，各种生产线安装周期是不同的。其中，传统线购买后直接可使用；全自动线的安装周期为一个季度；全智能线的安装周期为两个季度。

（3）生产周期：表示生产线生产一批产品需要花费的时间。例如，传统线需要两个季度才能产出一批产品，全自动线和全智能线需要耗费一个季度才能产出一批产品。

（4）数量：表示该产品生产一次所能生产出的产品数量。此数量为基础数量，并非最终数量。生产时还需要为生产线配置工人和工时，配置成功后的实际产量要比基础数量多。

（5）转产周期：是指生产线转产需要花费的时间。不同的生产线转产的时间不同。随着生产线的等级越高，所需要花费的转产时间越少。生产线在转产期内，无法进行生产，等转产成功后才可以生产。

（6）转产价格：生产线转产不仅需要花时间，还需要花费资金。不同的生产线花费的资金也不一样。

（7）残值：生产线在使用期满时，预计能够回收的残余价值，也可以理解为生产线使用期满报废时处置资产所能收到的价款。

（8）维修费用：是指生产线建成后，每年需要维修所花费的资金。

（9）普通工人和高级工人：是指使用此条生产线需要的工人。越老的生产线，需要的工人越多。在配置工人时，应当严格按照规则配置，否则无法开启生产。

（10）碳排放：不同的生产线生产一次的碳排放量不同。

7.3.6 生产管理

（一）工人管理

生产线在生产时，需要为生产线配置一定数量的工人，并且选择工人的工作时长。实际产量的公式如下：

$$实际产量 = 基础产量 \times \left(1 + \frac{普通工人效率之和}{4} + 高级工人效率之和\right) \times 班次加成$$

（二）BOM 结构

在实际生活中，BOM 可以分为以下三类。

（1）设计 BOM，即通过精确描述产品零件与零件之间的设计关系，对应文件形式主要有产品零件明细表、图样目录、零件定额等，通常只考虑零件设计结果，不考虑加工过程。

（2）制造 BOM。其是在设计 BOM 的基础上，根据机加工工艺过程完善的，包括各工艺管控点上的零部件或原材料。

（3）工艺 BOM。工艺 BOM 在制造 BOM 的基础上，增加了加工过程的相关参数属性信息，包括工序号、加工中心、工时定额等内容，它的信息来源于一般工艺部门编制工艺卡片上的内容。

对于一个制造型企业来说，BOM 单可以说是企业的核心文件，它不仅是生产制造过程的重点，而且涉及财务、采购、销售等多个部门的协同合作。BOM 管理系统将会对企业业务的多个流程带来良性的效用。

而在沙盘系统中，将 BOM 简化为产品与特性的结合，需要为企业所生产的各种产品设计各种各样的特性。点击系统中"更新 BOM"按钮，则将最新设计的图样上传至生产线中，生产线便可以进行生产。

（三）生产费用

在本书沙盘模型中，工人不仅有日常工资，而且工人随产出产品的多少，实行计件工资，则这笔费用记为生产费用。生产费用在生产产品时支付。其计算公式如下：

$$计件工资 = 实际产量 \times (普通工人计件工资 + 高级工人计件工资)$$

比如传统线实际产量为 50 件，则计件工资 =50×（2×50 +100）=10 000（元）。在计算工人计件工资时，应当严格按照生产线要求计算。

（四）产品结构及原材料订购

企业进行产品生产时需要按照规则订购原材料种类和数量。本书采用的沙盘模型中三种产品，其原料结构如表 7-3 所示。

表 7-3　产品结构

产品名	产品编号	碳排放量	环保金属	天然橡胶	五金耗材	动力系统
小羊单车	P1	5	1	1	0	0
小羊摩托	P2	4	1	0	1	1
小羊 pro	P3	2	2	1	1	2

碳排放量表示企业生产的产品会产生碳排放，实际中的碳排放很难计算，所以在系统

中，将一系列复杂的计算简化为一种产品产生一定的碳排放量。随着产品等级越高，排放的碳量越少，企业应当紧跟时代步伐，改善企业的产品环境。

原材料的采购流程分为订货与到货两个步骤。

（1）订货：也就是下原材料订单。这项工作在生产产品的上一个季度或上两个季度之前执行。下原材料订单就是与供应商签订采购合同，因此，对于到货的原材料必须接收。原材料一旦下单无法撤回。

（2）到货：随着时间推移，上个季度或两个季度前订购的原材料到货。这时就要接受原材料入库。原材料订购到货如图 7-8 所示。

图 7-8　原材料订购到货示意图

对于已经到货的原材料应当及时在规定时间内收货，否则视为企业违约，扣除企业相应现金和商誉值。对于未到货的原材料，待收货期到达之时执行收货。"收货"不代表企业直接支付现金，而只进行将途中的货物收入原材料库中。

（五）生产

目前在沙盘训练中，生产流程大致分为：工人配置、原料收货、更新 BOM、开产四大步骤。

在生产线进行生产时有以下几个条件。

（1）工人到位，即按照生产线的要求配置工人数量和工人种类，选定工人工作时长。

（2）足够的原材料，即原材料库中的数量不得少于实际产量。

（3）更新 BOM，即在产线首次进行生产产品时，应当先更新 BOM 表，将图样传送至生产线。设计出的新产品图纸也需要及时更新到生产线上，否则生产线按原本图纸生产。

（4）企业拥有准备开产的产品资质和足够的现金流，这时点击"开产"按钮，便可进行生产。

7.3.7 特性研发

生产总监对各项特性技术进行研发，可以理解为提升技术。选择所需要提升的技术，调整研发值，则企业的该项技术投入增加。技术等级高也是经销商所看重的点。研发规则的界面如图 7-9 所示。

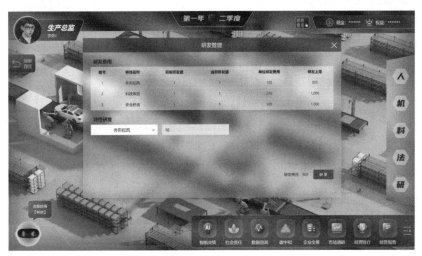

图 7-9　研发规则

7.3.8 融资管理

目前沙盘训练对于融资操作设置了贷款、贴现等方式。

（一）贷款

1. 贷款形式

贷款形式包括以下三种。

（1）长期贷款。通常长期贷款期限为 2 年，利率为 2%。教师也可以根据课程设计自己规定的贷款期限和利率。比如可以规定最长贷款期限是 4 年，这样在 4 年经营结束之前学员不需要考虑还贷款问题。在每季度执行"费用管理"步骤时，将偿还需要支付的利息。

（2）短期贷款。短期贷款的最长时间是 1 年（4 个季度），利息率是 10%。在贷款年限到期，并且季度执行"费用管理"步骤时，将偿还需要支付的利息和本金。

（3）高利贷。高利贷的贷款时间只有 1 季度，利息率是 5%。贷款的下一个季度需要偿还本息。

2. 贷款额度

在贷款中涉及的一个重要问题就是"贷款额度"，即可以从银行取得的贷款金额限制，本书中沙盘模型对贷款的数量限制采用的规则是"上年资产负债表所有者权益的 3 倍"。

关于"贷款额度"的理解应注意以下几点。

（1）所有者权益是资产负债表中"股东资本""利润留存""年度净利"的合计。

（2）额度是指最大贷款数量，应当包括小组前期已有的贷款。比如小组贷款额度是90万元，前期已经贷款70万元，若再申请贷款，最多只能贷20万元。

（3）额度是对所有贷款的限制。比如某小组的所有者权益是30万元，则该小组三种贷款总的贷款额度为90万元。

3. 还款方式

在沙盘系统中，还款方式有两种：第一种是到期还本付息，期间无须支付利息；第二种是每季还息到期还本。其中，短贷和高利贷采用的是第一种方式，长期贷款采用的第二种方式。

（二）增加股东投资

当小组由于"现金断流"，无法再继续经营时，可以由教师端采取"增加股东投资"方式，按照小组能维系继续经营所需要的资金进行资本追加。资本追加的方式有以下两种。

（1）"实践数据调整"。通过实践数据调整可以追加企业现金、所有者权益、产品、原材料。对于直接调整的现金，其表现形式是企业现金增加，所有者权益增加。对于直接调整的产品和原材料追加，仅增加企业的所有者权益，将产品或原材料的成本折算成现金，增加至企业所有者权益中。

（2）企业注资。企业注资后同样增加企业的所有者权益和企业资金，但注资的资本需要企业支付4个季度的利息。

7.3.9 工人管理

（一）工人招聘

在现实生活中，企业招聘员工时需要考虑的维度有很多，如工作年限、学历、个人能力、对口专业等。但在沙盘系统中，一系列复杂的因素简化为工人的工作效率、等级和期望薪资三个维度。在系统中，工人的招聘规则如图7-10所示。

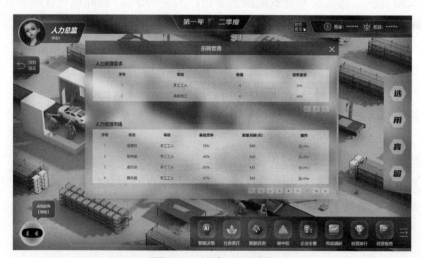

图7-10 招聘工人规则

企业在进行工人招聘时，应当根据工人等级、工作效率和期望工资三个维度来进行判断。本着节流的原则，为企业招聘竞价比较高的工人，节约人力成本。不同的工人期望的工资不同，需要人力总监在人力资源市场进行一番筛选后，选择最适合的人才。

企业在为员工发放 offer 时，有以下几点需要注意。

（1）当企业为员工发放的薪酬大于等于员工的期望工资时，该员工一定入职。

（2）当企业为员工发放的薪酬大于等于期望工资的 70% 和小于期望工资时，该员工入职的概率为随机。

（3）当企业为员工发放的薪酬小于期望工资的 70% 时，该员工一定不会入职。

企业在招聘工人时，应当根据不同的策略制定薪资规划。例如，企业在下个季度急需生产产量，则在本季度招聘工人的时候，应当直接为该员工发放他的期望工资，以保证下季度能够正常生产。也可以给工人发放最低随机入职的工资，多招聘几个工人，以此来弥补不能入职的概率。

（二）工作时长

工人入职后，工作时间的长短会影响工作效率：工作的时间越长，工作效率降低越快。

由表 7-4 可知，工人工作的时间越长，产出的产品就越多，其损失的效率也就越高。国家实行劳动者每日工作时间不超过 8 小时、平均每周工作时间不超过 44 小时的工时制度，所以在安排工人生产时，应当配置 8 时制，当出现紧急情况，如多选订单时，可考虑配置 12 时制。

表 7-4 班 次 规 则

班次名称	产品加成（倍）	效率损失（%）
8 时制	1	2
12 时制	1.2	50

（三）工人培训与激励

企业招聘的工人分为两个等级：普通工人和高级工人。可通过招聘的方式招聘所需要的工人，企业内部也建立有自己的机制，通过培训普通工人，使之等级提升。相对于直接招聘高级工人，通过企业内部培训的方式相对来说成本更低，因为一般只是在原来普通工人工资的基础上工资翻倍而已，但在人才市场中，高级工人的工资是普通工人的三倍，如表 7-5 所示。

表 7-5 工人培训规则

培训名称	消耗现金（元）	消耗时间（季）	原岗位	培训后岗位	工资涨幅（%）
升级培训	5 000	1	普通工人	高级工人	100

长时间工作会导致工人的工作效率逐渐降低，产能也随之下降，此时企业可通过激励或涨薪的方式，促使工人提升效率，从而扩大产能，如表 7-6 所示。

表 7-6 提高员工效率的方式

方　　式	提升效率比例（%）
激励	20
涨薪	50

激励和涨薪属于两种不同的激励方式。不同激励方式提升的效率也不同。此比例为万分比，即花费 10 000 元为某一工人涨薪，工人效率在原来的基础上提升 50%。

（1）激励。激励属于一次性交易，即支付工人一定资金后，工人立刻提升少许效率，后期无须继续支付。

（2）涨薪。涨薪属于为员工涨工资的范畴，工人立刻提升较多效率，且不需要立刻支付现金，但后期每季度支付工人工资时，应当将涨薪的部分计算在内。

7.3.10　应收账款、应付账款及贴现

（一）应收账款

应收账款是指企业在正常的经营过程中因销售商品、产品、提供劳务等业务，应向购买方收取的款项。在本书中，企业为经销商提供产品，可由财务总监进行收款。

（二）应付账款

应付账款是指企业在生产产品时向供应商购买原材料，应当支付给供应商的款项。应付账款同应收账款相同，企业购买完材料时也不会直接向供应商支付货款，经过一段时间后，再支付应付款。不同的规则对应付款的要求不同，有的规则要求购买完原材料立即付款。

（三）贴现

贴现是指企业有应收账款但未到期时，可进行贴现操作，支付给银行部分手续费，便可立刻获得货款。

7.3.11　费用核算

沙盘模型中的费用可以分为以下几种。

（1）管理费用：可以理解为"支付给管理人员的工资"或支付企业的水电费、物业费等。每个季度都需要执行这项工作。

（2）维修费用：每条生产线的维修费用都是固定的，不需要企业主动支付，在切换季度时系统自动扣除。

（3）转产费用：每季度生产线调整时如果进行转产，系统就会扣除转产费用。

（4）折旧费：设备折旧在建线满一年时，每年需要扣除费用：（生产线净值 – 残值）÷4。企业的设备折旧采用的是平均年限法计提。

（5）利息费用：每年的长期贷款利息和短期贷款利息及高利贷利息。

(6) 贴现费用：在执行贴现操作时扣除。

(7) 违约金：当营销总监获取的订单无法按时交货时，订单总额的 20% 为违约金，在违约时立刻扣除。

(8) 所得税费用：当企业盈利时，在切换下年年初季度时的第一个任务就是扣除所得税。纳税按照上年盈利的 20% 进行计算。

按现行税法的规定，纳税的前提条件是"首先弥补前期的亏损"。如果本年的盈利没有将前期的亏损弥补，本年即使已经盈利，也不必纳税。例如，初始操作时的企业权益是 30 万元，而后企业开始亏损，权益降低至 14 万元。当年企业盈利 10 万元，但权益总额只有 24 万元，这时企业就不必纳税。如果盈利 18 万元，权益达到 32 万元，此时多出 2 万元，这 2 万元就必须纳税。

7.3.12 碳排放

在数智企业经营管理沙盘系统中使用生产线和生产产品均会产生碳排放。不同的生产线和产品种类产生不同量的碳排放。将第二年设置为达峰年份，以前两年总的碳排放量为峰值。第三年开始分配碳排放额度。

排放量公式如下：

$$排放量 = 产品数量 \times 该产品单位排放 + 生产线单次排放 \times 生产次数$$

碳分配公式可用以下内容表述。

(1) 设定上一次（第三年按前两年计算，第四年按第三年计算）总碳排量 A，N 支队伍为 A_1、A_2、A_3、…、A_N。

(2) Ax 是某支队伍上年的碳排放量。

(3) 每支队伍的碳排放量为：$A(1-Ax/A)/(N-1)$。

(4) 需注意的是，开放"双碳"时，一定要保证多组经营。仅单组经营时，无法被分配排放量。

当碳排放不足时，无法进行生产，第四年按第三年碳排放总量为基数，计算各企业第四年所分配的碳排放量。

自第三年起企业每年都会被分配碳排放量，上年产生的碳排放量越高的队伍，本年被分配的碳排放量则越少。第三年开始，本年所产生的碳排放量可通过植树造林进行中和，中和掉的碳排放不代表碳排量增加，只影响中和率，企业最终经营得分按照每年的中和率增加相应得分。

7.3.13 社会责任

一个优秀企业应当承担部分社会责任。

在系统中社会责任可通过捐款体现。当教师开启"精准扶贫"按钮时，在"社会责任"页面中的"捐款"按钮被点亮，各企业便可以进行捐款。捐款的额度可按照比例进行税前扣除。

捐款可减免纳税，具体按下列公式执行。

（1）设捐款金额为 X 元。

（2）若 X 大于等于税前利润乘以 12%，按税前利润 12% 扣除。应交税费为：税前利润 $\times$（1–12%）$\times$20%。

（3）若 X 小于税前利润乘以 12%，按实际 X 值扣除。应交税费为：（税前利润 $-X$）$\times$ 20%。

7.4　"引导年"操作

在开始操作时，学员对于前面介绍的"规则"通常处于似懂非懂状态，特别是对企业实际运作流程不了解。即便是企业老板，由于在企业内部一直负责某一项局部业务，他对于其他业务也可能不是十分清楚。

本书以"引导年"为例，带领所有小组一起完成一个年度的模拟经营，因此各个小组数据完全相同，之后可将数据还原，由各个小组再重新经营。这里可以把"引导年"理解为"企业新领导层"开始接管企业的"磨合时期"。

7.4.1　沙盘初始状态

在沙盘模拟中主要涉及的财务报表是利润表、资产负债表和现金流量表，为了配合沙盘操作，所采用的利润表和资产负债表与实际财务报表相比稍有改动。

假设本年为第一年，初期只有现金，企业其余资产一律为空，所以上年利润表也为空，资产负债表仅剩初始现金，如表 7-7 所示。

表 7-7　资产负债表（初始状态）

资产（元）		负债和所有者权益（元）	
现金	300 000	长期负债	0
在制品	0	短期负债	0
应收款	0	其他应付款	0
产成品	0	应交税费	0
原材料	0	负债合计	0
流动资产合计	300 000	股东资本	300 000
土地与设备	0	利润留存	0
在建工程	0	年度净利	0
固定资产合计	0	所有者权益合计	300 000
资产总计	300 000	负债和所有者权益合计	300 000

在初始状态下，只有 300 000 元现金，企业的各项资产均需各学员购买。

7.4.2 "引导年"操作流程

在本书中，为了让大家顺利、有序地完成各种模拟任务，通常采用任务清单方式进行梳理。

任务清单在训练之前发放或投屏在幕布上，各"总监"跟着教师按任务清单进行各项操作。操作时依次在各任务清单中根据自身完成情况标记"√"或"×"。标记"√"表示这项工作执行完成，标记"×"表示这项工作未执行。一年四个季度，任务项目的操作顺序是由上至下。

（一）第一季度任务清单

第一季度的任务清单如表 7-8 所示。

表 7-8 第一季度的任务清单　　　　　　　　　　　　　　　单位：元

岗 位	任 务	数 据	完成情况
财务	预算控制	营销：50 000 生产设计：304 700 人力资源：0	
财务	融资	短贷：200 000	
财务	管理费	管理费：1 500	
营销	渠道开拓	本地市场	
营销	产品资质申请	P1	
营销	ISO 资质申请	ISO 9000	
营销	促销广告	投放本地市场：20 000	
人力资源	招聘	为 2 个手工工人、4 个高级技工发 offer（给期望工资）	
生产	建线	3 条自动线，P1	
生产	订购原材料	R1：200 R2：200	
生产	产品设计	P1+T3	
生产	研发管理	T3　1 → 10	

对于任务清单上所列各项任务，除"预算控制"外可随意更换先后顺序。比如，发放完预算后，可以由人力总监先去进行员工招聘，生产总监先订购原材料，再由财务总监申请贷款和支付管理费用。只要每季度开始后先由财务总监发放本季度预算即可。

依据上述表格，操作流程为以下步骤。

（1）点击"财"按钮进入"财务总监"页面，点击"控"按钮进行预算控制，在对应部门后面的对话框中输入对应的预算值。

（2）点击"财"页面中"融"图标，在"选择套餐"中选择"短期银行融资"，在"额度"对话框中输入"200 000"。

（3）点击"财"页面中"费"图标，点击"缴纳"按钮，支付本季度的管理费用。

（4）点击"销"按钮进入营销总监页面，点击"渠"按钮在"本地市场"右侧点击"申请"按钮。

（5）点击"销"页面中"产"图标，在"小羊单车"页面点击"申请"按钮，在 ISO 9000 页面点击"认证"按钮。

（6）点击"销"页面中"促"按钮，在"本地市场"右侧点击"投放"按钮，在弹出的对话框中输入 20 000。

（7）点击"人"按钮进入人力总监页面，点击"选"按钮。在"人力资源市场"中选择"2 个手工工人和 4 个高级技工"，在右侧点击"发 offer"按钮，在弹出的对话框中输入该工人的期望工资。

（8）点击"生"按钮进入生产总监页面，点击"机"按钮。在"选择线型"下拉框中选择"自动线"，在"选择产品"下拉框中选择"P1 小羊单车产品"，点击"确定"按钮。完成建设，共操作三次。

（9）点击"生"页面中"料"图标，在 R1、R2 右侧点击"下单"按钮，填入"200"，点击"确定"按钮即可。

（10）点击"生"页面中"法"图标，点击页面中 P1 产品选择"T3 特性"。

（11）点击"生"页面中"研"图标，选择"T3 特性"，在右侧"研发计划"中输入"10"，点击"研发"按钮即可。

（二）第二季度任务清单

第二季度任务清单如表 7-9 所示。

表 7-9　第二季度任务清单　　　　　　　　　　　　　单位：元

岗　位	任　务	数　据	完成情况
财务	预算控制	营销：40 000 生产设计：275 300 人力资源：0	
财务	融资	短贷：200 000	
财务	管理费	管理费：1 500	
营销	渠道开拓	区域市场	
营销	产品资质申请	P2	
营销	ISO 资质申请	ISO21000	
营销	选单	订单 1 250 个	

续表

岗 位	任 务	数 据	完成情况
生产	建线	传统线，P1	
生产	原材料收货	R1：200 R2：200	
生产	工人管理	派工，保存产能	
生产	开产	更新BOM，开产	
生产	原料订货	R1：150 R2：150	
财务	付款	付款200 000	

依据上述表格执行如下操作。

（1）点击"财"按钮进入财务总监页面，点击"控"按钮进行预算控制，在"对应部门"后面的对话框中输入对应的预算值。

（2）点击"财"页面中"融"图标，在"选择套餐"中选择"短期银行融资"，在"额度"对话框中输入"200 000"。

（3）点击"财"页面中"费"图标，点击"缴纳"按钮，支付本季度的管理费用。

（4）点击"销"进入营销总监页面，点击"渠"按钮在"区域市场"右侧点击"申请"按钮。

（5）点击"销"页面中"产"图标，在"小羊摩托"页面点击"申请"按钮，在ISO 21000页面点击"认证"按钮。

（6）在"销"页面中点击"竞"图标，选择第一张订单，在"报价"栏输入参考价，在"申报数量"栏输入"250"。

（7）点击"生"按钮进入生产总监页面，点击"机"按钮在"选择线型"下拉框中选择"传统线"，在"选择产品"下拉框中选择"P1小羊单车产品"，点击"确定"按钮。

（8）在"生"页面中点击"料"按钮，在原料订单中点击"收货"，将上季度订购的原材料收入库中。

（9）在"生"页面中点击"人"按钮，在"每条生产线班次列"选择"8时制"，按照生产规则自动线配置1个高级技工，传统线配置2个手工工人和1个高级技工，点击"保存"按钮即可。

（10）在"生"页面中点击"机"图标，在设备管理中对应每条生产线点击"更新BOM"后再点击"开产"按钮。

（11）点击"生"页面中"料"图标，在R1、R2右侧点击"下单"按钮，填入"150"，点击"确定"按钮即可。

（12）点击"财"按钮进入财务总监页面，点击"付"按钮把页面中需要本季度支付的所有款项付款。

（三）第三季度任务清单

第三季度任务清单如表 7-10 所示。

表 7-10 第三季度任务清单 单位：元

岗 位	任 务	数 据	完成情况
财务	预算控制	营销：0 生产设计：359 600 人力资源：30 000	
财务	融资	长贷：500 000	
财务	管理费	管理费：1 500	
人力资源	发薪	计算得出	
人力资源	激励	不足 60 的激励到 60	
生产	原料收货	R1：150 R2：150	
生产	工人管理	派工，保存产能	
生产	开产	更新 BOM，开产	
生产	原料订货	R1：150 R2：150	
生产	建线	全智能线，P1	
财务	付款	付款 150 000	

依据上述表格执行如下操作。

（1）点击"财"按钮进入财务总监页面，点击"控"按钮进行预算控制，在"对应部门"后面的对话框中输入对应的预算值。

（2）点击"财"页面中"融"图标，在"选择套餐"中选择"短期银行融资"，在"额度"对话框中输入"500 000"。

（3）点击"财"页面中"费"图标，点击"缴纳"按钮，支付本季度的管理费用。

（4）点击"人"按钮进入人力资源管理页面，点击"用"图标，点击"统一发放"即可。

（5）点击"人"页面中"留"图标，所有不足 60 效率的工人，激励到 60，计算需要的费用，点击"激励"按钮，输入计算的值点击"确定"按钮即可。

（6）点击"生"按钮进入生产总监页面，点击"机"按钮在"选择线型"下拉框中选择"全智能线"，在"选择产品"下拉框中选择"P1 小羊单车产品"，点击"确定"按钮。

（7）在"生"页面中点击"料"按钮，在"原料订单"中点击"收货"按钮，将上季度订购的原材料收入库中。

（8）在"生"页面中点击"人"按钮，在"每条生产线班次列"选择"8 时制"，按照生产规则自动线配置 1 个高级技工，传统线配置 2 个手工工人和 1 个高级技工，点击"保存"按钮即可。

（9）在"生"页面中点击"机"图标，在"设备管理"中对应每条生产线点击"更新 BOM"按钮后再点击"开产"按钮。

（10）点击"生"页面中"料"图标，在 R1、R2 右侧点击"下单"按钮，填入"150"，点击"确定"按钮即可。

（11）点击"财"按钮进入财务总监页面，点击"付"按钮把页面中需要本季度支付的所有款项付款。

（四）第四季度任务清单

第四季度任务清单如表 7-11 所示。

表 7-11　第四季度任务清单　　　　　　　　　　　　　　　单位：元

岗　位	任　务	数　据	完成情况
财务	预算控制	营销：120 000 生产设计：174 900 人力资源：25 000	
财务	管理费	管理费：1 500 贷款利息：10 000	
营销	交货	交订单	
营销	数字化	研发部署数字化营销：100 000	
财务	收款－贴现	200 000	
营销	广告投放	自行斟酌，建议小于 10 万元	
人力资源	发薪	计算得出	
生产	原料收货	R1：150 R2：150	
生产	工人管理	派工，保存产能	
生产	开产	更新 BOM，开产	
生产	原料订货	R1-R2-R3-R4：150 个	
财务	付款	付款 150 000	

依据上述表格执行如下操作。

（1）点击"财"按钮进入财务总监页面，点击"控"按钮进行预算控制，在"对应部门"后面的对话框中输入对应的预算值。

（2）点击"财"按钮页面中"费"图标，点击"缴纳"按钮，支付本季度的管理费用。

（3）点击"销"按钮进入营销总监页面，在页面中点击"售"按钮将所有的订单完成交货。

（4）点击"销"按钮，点击页面中大屏幕，点击"开启"按钮即可。

（5）点击"销"页面中"促"图标，在"本地市场"右侧点击"投放"按钮，在弹出的对话框中输入小于 100 000 元的金额。

（6）点击"人"按钮进入人力资源管理页面，点击"用"图标，点击"统一发放"即可。

（7）在"生"页面中点击"料"按钮在"原料订单"中点击"收货"，将上季度订购的原材料收入库中。

（8）在"生"页面中点击"人"按钮，在"每条生产线班次列"选择"8时制"，按照生产规则自动线配置1个高级技工，传统线配置2个手工工人和1个高级技工，点击"保存"即可。

（9）在"生"页面中点击"机"图标，在设备管理中对应每条生产线点击"更新BOM"按钮后再点击"开产"按钮。

（10）点击"生"页面中"料"图标，在R1、R2右侧点击"下单"按钮，填入"150"，点击"确定"按钮即可。

（11）点击"财"按钮进入财务总监页面，点击"付"按钮把页面中需要本季度支付的所有款项付款。

第八章
沙盘数据分析

学习目标 >>>

- 分析如何使得企业利润最大化。
- 理解经营过程中的难点,进行问题回顾、反复计算、制定新策略。
- 掌握营销策略分析方法,学会策略对比,并找出最优方案。
- 掌握生产计划制订、工人效率优化以及破产规避方法。
- 了解企业战略的重要性,学会用战略的眼光思考问题。

通过多次沙盘课程的实践,学员通常会在首次经营中遭遇"滑铁卢"。个中原因多种多样,有的因为操作失误导致生产计划错乱、有的因为营销策略偏离主线导致获取不到订单,甚至有的因为现金流断流而导致破产。本书于此进行分析,阐述在经营过程中需要思考的决策点,以帮助学员能够更加顺利地经营企业。

8.1 如何制定营销策略

制定营销策略的目的是获取更多订单,使企业通过交付销售订单而获得销售收入。销售收入为企业赢得销售利润,有了利润,一方面企业能够获取更多的贷款以扩大企业规模;另一方面可增加企业的所有者权益。所有者权益为最后对比经营得分中的一项,所以营销策略尤为重要。

根据企业获取订单的得分公式可知,共有三种方式能够增加企业总得分 Y,分别为促销广告即知名度、特性研发值、报价。其计算公式如下:

Y=[知名度(等同于广告费)]+[市场占有率(初始值为1)× 商誉值 ×(参考价 – 报价)]+[1 000× 特性值(即生产管理特性研发值)]

注:促销广告和特性研发用于订货会之前,报价用于参加订货会进行订单申报时。

（一）分析知名度、特性研发值、报价在不同情况所产生的影响

知名度对单个市场有效、特性研发值对所有带有该特性的产品有效、报价仅对单张订单有效。

（1）若某张订单报价为 2 500 元，企业商誉值为 100 元，单位特性研发费用为 1 000 元。假如企业共 20 000 元的营销费用。

情况 1：若将该笔资金用于投放促销广告（按满价竞拍，1 促销广告 = 1 知名度），如表 8-1 所示。

表 8-1　资金完全用于投放促销广告　　　　　　　　　　　　　单位：元

知名度	市场占有率	商誉值	参考价	报价	特性值	企业得分
20 000	1	100	2 500	2 500	1 000×1	20 000+1×100×（2 500–2 500）+1 000=21 000

情况 2：若将该笔资金用于投放特性研发（按满价竞拍），如表 8-2 所示。

表 8-2　资金完全用于投放特性研发　　　　　　　　　　　　　单位：元

知名度	市场占有率	商誉值	参考价	报价	特性值	企业得分
0	1	100	2 500	2 500	1 000×（20 000/1 000）	0+1×100×（2 500–2 500）+20 000=20 000

对比两项得分可发现，单位特性研发费用为 1 000 元的情况下，将 20 000 元营销费用投资促销广告比投资特性值得分更高，应当将这笔费用用于投放促销广告。

情况 3：若希望通过降低报价的方式获得该张订单（不投促销广告、不调整研发特性值），如表 8-3 所示。

表 8-3　以降低报价形式获得订单　　　　　　　　　　　　　单位：元

知名度	市场占有率	商誉值	参考价	特性值	企业得分	报价
0	1	100	2 500	1 000×1	21 000	2 500–（21 000–0–1 000）/100=2 300
0	1	100	2 500	1 000×1	20 000	2 500–（20 000–0–1 000）/100=2 310

①通过计算可知当企业报价为 2 300 元时，才能与投放 20 000 元促销广告费用的得分一样。而报价 2 300 元意味一个产品利润降低 200 元。申报两个产品则利润减少 400 元，企业申报的产品数量越多，那么企业利润降低得就越多。用降价减少的利润与营销费用做对比，如表 8-4 所示。

表 8-4　降价减少的利润与营销费用对比（a）　　　　　　　　单位：元

降　价	申报数量（个）	利润减少	营销费用
200	99	200×99=19 800	20 000
200	100	200×100=20 000	20 000
200	101	200×101=20 200	20 000

通过计算可得，如果企业要出售的产品数量不多于 100 个，则不花费营销费用，仅

降价更为合适。如果企业要出售的产品数量多于 100 个，则此时企业应当选择投放促销广告。

②通过计算可知当企业报价为 2 310 元时，才能与 20 000 元营销费用提升特性值的得分一样。而报价 2 310 元意味一个产品利润降低 190 元。用降价减少的利润与营销费用做对比，如表 8-5 所示。

表 8-5　降价减少的利润与营销费用对比（b）　　　　　　　　单位：元

降　价	申报数量（个）	利润减少	营销费用
190	105	190×105=19 950	20 000
190	106	190×106=20 140	20 000
190	107	190×107=20 330	20 000

通过计算可得，如果企业要出售的产品数量少于 105 个，则不花费营销费用，仅降价更为合适。如果企业要出售的产品数量多于 105 个（20140＞20000），则此时企业应当提升特性研发值。

（2）若某张订单报价为 1 000 元，企业商誉值为 100 元，单位特性研发费用为 500 元，企业有 20 000 元的营销费用，则有以下几种情况。

情况 1：若将该笔资金用于投放促销广告（按满价竞拍，1 促销广告 =1 知名度），如表 8-6 所示。

表 8-6　资金全部用于投放促销广告　　　　　　　　单位：元

知名度	市场占有率	商誉值	参考价	报价	特性值	企业得分
20 000	1	100	1 000	1 000	1 000×1	20 000+1×100×（1 000–1 000）+1 000=21 000

情况 2：若将该笔资金全部用于投放特性研发值（按满价竞拍），如表 8-7 所示。

表 8-7　资金全部用于投放特性研发　　　　　　　　单位：元

知名度	市场占有率	商誉值	参考价	报价	特性值	企业得分
0	1	100	1 000	1 000	1 000×（20 000/500）=40 000	0+1×100×（1 000–1 000）+40 000=40 000

对比两项得分可发现，在单位特性研发费用为 500 元的情况下，将 20 000 元营销费用投资特性研发值得分更高，在这种情况下应当将这笔费用用于提升企业特性研发值。

情况 3：若以降低报价的方式获得该张订单（不投促销广告、不研发特性值），则如表 8-8 所示。

表 8-8　以降低报价方式获得订单　　　　　　　　　　　　　　　　单位：元

知名度	市场占有率	商誉值	参考价	特性值	企业得分	报　价
0	1	100	1 000	1 000×1	21 000	1 000–（21 000–0–1 000）/100=800
0	1	100	1 000	1 000×1	40 000	1 000–（40 000–0–1 000）/100=610

①通过计算可知当企业报价为 800 元时，才能与投放 20 000 元促销广告费用的得分一样。而报价 800 元意味一个产品利润降低 200 元。申报两个产品则利润减少 400 元，企业申报的产品数量越多，那么企业利润降低的就越多。用降价减少的利润与营销费用做对比，如表 8-9 所示。

表 8-9　降价减少的利润与营销费用对比（a）　　　　　　　　　　单位：元

降　价	申报数量（个）	利润减少	营销费用
200	99	200×99=19 800	20 000
200	100	200×100=20 000	20 000
200	101	200×101=20 200	20 000

通过计算可得，如果企业要出售的产品数量少于 99 个，则不花费营销费用，仅降价更为合适。如果企业要出售的产品数量多于 100 个，则此时企业应当投放促销广告。

②通过计算可知当企业报价为 610 元时，才能与用 20 000 元营销费用提升特性值的得分一样。而报价 610 元意味一个产品利润降低 390 元。用降价减少的利润与营销费用做对比，如表 8-10 所示。

表 8-10　降价减少的利润与营销费用对比（b）　　　　　　　　　　单位：元

降　价	申报数量（个）	利润减少	营销费用
390	51	390×51=19 890	20 000
390	52	390×52=20 280	20 000
390	53	390×53=20 670	20 000

通过计算可得，如果企业要出售的产品数量少于 51 个，则不花费营销费用，仅降价更为合适。如果企业要出售的产品数量多于 51 个，则此时企业应当提升特性值。

通过上述两个案例得出以下结论。

a. 同样一笔费用用于投放促销广告和提升特性研发值计算出的企业得分不同，在实际操作时，应当详细计算。

b. 费用相同，在满价竞拍的情况下，单位研发费用越低，提升特性研发值企业得分越高。

c. 费用相同，在满价竞拍的情况下，单位研发费用越高，投放促销广告企业得分越高。

d. 报价得分、投放促销广告得分和提升特性研发值得分相同的情况下，降价越多，所能出售的数量就越少，若超过界定数量，则降低报价不如投放促销广告和提升特性研发值。

e. 单位特性研发费用越低，仅报价获得优势所能售出的产品数量越少。单位研发费用越高,仅报价获得优势所能售出的产品数量越多。

(二)分析企业特性研发值的临界点

不同的营销费用,对知名度和单位特性研发费用影响不同,在这里以 20 000 元营销费用举例。假设某张订单参考价为 2 500 元,企业商誉值为 100 元(不考虑报价),则如表 8-11 所示。

表 8-11　不同的营销费用对知名度和单位特性研发费用的影响　　　　单位:元

知名度	市场占有率	商誉值	参考价	报价	单位特性研发费用	特性研发值(初始研发值为 1)	企业得分
20 000	1	100	2 500	2 500	1 000	1	20 000+1×100×(2 500−2 500)+1 000×1=21 000
0	1	100	2 500	2 500	955	20 000/955≈20.94	0+1×100(2 500−2 500)+1 000×20.94=20 940
0	1	100	2 500	2 500	953	20 000/953≈20.98	0+1×100×(2 500−2 500)+1 000×20.98=20 980
0	1	100	2 500	2 500	952	20 000/952≈21	0+1×100×(2 500−2 500)+1 000×21=21 000
0	1	100	2 500	2 500	951	20 000/951≈21.03	0+1×100×(2 500−2 500)+1 000×21.03=21 030
0	1	100	2 500	2 500	950	20 000/950≈21.05	0+1×100×(2 500−2 500)+1 000×21.05=21 050

通过上述公式计算可得,当企业单位特性研发费用为 952 元时,20 000 元的营销费用用于投放促销广告和提升特性研发值,得分相同。当单位特性研发费用少于 952 元时,企业应当将营销费用投资特性研发值。当单位特性研发费用大于 952 元时,企业应当将营销费用投资促销广告。

学员在操作时应先计算出企业所能够拿出的营销费用,再计算将所有费用用于投资促销广告,企业获得的得分,最终计算出临界值(适用于所有规则,不同的营销费用临界值不同,均通过计算可得)。

任何规则,不管订单参考价为多少(假设按满价申报),在订货会开始前若有 20 000 元的营销费用,当单位特性研发费用低于 952 元时,则将资金用于提升特性研发值。当单位特性研发费用高于 952 元时,则将资金用于投放促销广告。

(三)SWOT 分析

结合 SWOT 分析法,分析投放完营销费用后,企业应当如何报价。

首先分析企业当前的优劣势以及机会和威胁。

优势:企业当前知名度和特性研发值都比较高,对比其他企业排在前几名,且市场订单充足。

在这种情况下，即使企业在不进行改变当前得分的情况下也能售出全部产品，此时便为企业的优势。

劣势：企业当前知名度和特性研发值都比较低，对比其他企业排在后几名，市场订单不足。

在这种情况下，如果企业不做出改变，按照当前企业得分情况，无法在市场中售出全部的产品，此时便为企业的劣势。

威胁：企业当前知名度和特性研发值处于一般状态，排在中间几名，且市场中订单一般，存在一定风险。

在这种情况下，若位于企业后几名的企业报价有所变动，那么本企业将处于劣势状态。

机会：无论企业处于劣势或威胁，报价都是企业的一个机会，可以通过降低报价的形式提高企业得分，获得更多优势。

下面将以案例的形式进行具体描述策略。

（1）假设企业单位研发特性费用为1 000元，参考价为2 500元，企业商誉值均为100元。企业1的得分为21 000分，企业2的得分为25 000分，企业3得分为40 000分，具体如表8-12所示。

表8-12 具体案例描述策略　　　　　　　　　　　　　　　　　　　　单位：元

企　业	知名度	商誉值	参考价	报　价	特性值	企业得分
企业1	20 000	100	2 500	2 500	1 000×1	21 000
企业2	24 000	100	2 500	2 500	1 000×1	25 000
企业3	0	100	2 500	2 500	1 000×40	40 000

注：企业得分 Y = 知名度 + 商誉值 × 市场占有率 ×（参考价 – 报价）× 1000 × 特性研发值。

对于企业1来说，如果想以降低报价的方式获得机会，应当填写的报价如表8-13所示（假设市场占有率为1）。

表8-13 企业1通过降低报价的方式应填的报价　　　　　　　　　　　单位：元

情　况	企业得分	知名度	特性值	商誉值	参考价	降低价格	报　价
追上企业2	25 000	20 000	1 000×1	100	2 500	（25 000–21 000）/100/1=40	2 500–（25 000–20 000）/100=2 460
追上企业3	40 000	20 000	1 000×1	100	2 500	（40 000–21 000）/100/1=190	2 500–（40 000–21 000）/100=2 310

注：最低价格 =（其他企业得分 – 本企业得分）/ 商誉值 / 市场占有率；
　　报价 = 参考价 –（其他企业得分 – 本企业得分）/ 商誉值 / 市场占有率。

由上述结果可知，如果企业1在已经开启订货大会的情况下，获得订单优势，必须降低报价，上述计算出的报价为最高报价，如果企业希望获得更多优势应当低于此报价。

（2）报价不是越低越好。首先，要计算出最高报价。其次，再计算最低报价。

在报价时，最低报价不能按单位生产成本计算，还要算上各种费用。先将各种费用均摊在每个产品上，计算均摊后成本。其公式如下：

$$均摊后成本 = 单位成本 + 本年度综合费用 / 实际产能$$

如果填写报价为均摊后成本，则企业本年将无利润。

最后，计算出报价区间（忽略其他企业同样降价的情况）。

如果企业1希望与企业2有一样的竞争机会，则企业应当将报价设置为1 800~2 460元。

如果企业1希望与企业3有一样的竞争机会，则企业应当将报价设置为1 800~2 310元。

8.2 如何制订生产计划

生产总监在制订生产计划时常常遇到一些问题，如"怎么制订生产计划、怎么制订采购计划、当采购计划出现差错时应当如何解决"。

企业的生产计划根据企业的营销计划制订，但也取决于营销总监本年所选取的订单数量和订单种类。生产总监需要根据订单数量和产品种类，规划每季度需要生产的产品数量和产品种类，并根据生产数量和种类订购相应的原材料数量。

案例1：某企业某年营销总监共获取300个P1+T1和300个P1+T2的订单。已知P1需要的原材料为R1和R2。R1、R2需要提前1季度订购。若此时企业共有4条全自动线，每条生产线每季度能够生产50个产品。

首先，计算每条产线1年所能生产的产品数量。

1条全自动线1年能够生产50×3=150个产品（第一季度的产能由上年第四季度决定，故这里不考虑）。那么4条生产线能够生产600个产品。所以营销总监获取的订单，均能如期交货。

其次，选择每条产线生产的产品种类。

方法1：按生产线划分。

由于共有300个P1+T1，而一条生产线能够生产出150个产品，则两条生产线便能满足生产要求。故可以使用两条生产线生产P1+T1，两条生产线生产P1+T2，具体如表8-14所示。

表8-14 按生产线划分

产　　线	第一季度	第二季度	第三季度	总产能
产线1	50个P1+T1	50个P1+T1	50个P1+T1	150P1+T1
产线2	50个P1+T1	50个P1+T1	50个P1+T1	150P1+T1
产线3	50个P1+T2	50个P1+T2	50个P1+T2	150P1+T2
产线4	50个P1+T2	50个P1+T2	50个P1+T2	150P1+T2

方法2：按季度划分。

已知1条产线1季度能够生产50个产品，而4条生产线1季度能够生产200个产品。也可以选择第一季度全部生产P1+T1，第二季度两条生产线生产P1+T1，两条生产线生产

P1+T2，第三季度所有生产线生产 P1+T2，具体如表 8-15 所示。

表 8-15　按季度划分

生产线	第一季度	第二季度	第三季度
生产线 1	50 个 P1+T1	50 个 P1+T1	50 个 P1+T2
生产线 2	50 个 P1+T1	50 个 P1+T1	50 个 P1+T2
生产线 3	50 个 P1+T1	50 个 P1+T2	50 个 P1+T2
生产线 4	50 个 P1+T1	50 个 P1+T2	50 个 P1+T2
总产能	200 个 P1+T1	100 个 P1+T1 100 个 P1+T2	200 个 P1+T2

以上两种方法，均能够满足销售计划。在制订生产计划时，宁可多生产，不可少生产。

最后，制订采购计划。

已知 R1、R2 均需提前一季度订购，由于本年度需要生产的产品均为 P1，所以原材料相同，前三季度所需原材料量如表 8-16 所示。

表 8-16　前三季度所需原材料量

第一季度需要原材料	第二季度需要原材料	第三季度需要原材料
200R1+200R2	200R1+200R2	200R1+200R2

由于原材料需要提前一季度订购，所以本年第一季度所需要的原材料应当在上年第四季度订购。本年需要订购的原材料如表 8-17 所示。

表 8-17　当年需要订购的原材料量

第一季度订购的原材料	第二季度订购的原材料	第三季度订购的原材料	第四季度订购的原材料
200R1+200R2	200R1+200R2	根据第四季度生产计划制订	根据下年第一季度生产计划制订

由案例 1 可知根据销售计划制订生产计划，根据生产计划制订原材料计划。生产计划和原材料计划均属于滚动计划。

定错原材料也是企业在经营过程中常见的问题。若原材料定错导致生产计划错乱时，应当如何解决？接下来以案例的形式提供两个解决方案。

案例 2：某企业在某年的生产计划如表 8-18 所示。

表 8-18　某企业某年的生产计划

第一季度	第二季度	第三季度	第四季度
200 个 P1	150 个 P1	250 个 P1	200 个 P1

原材料需求如表 8-19 所示。

表 8-19　原材料需求表

第一季度使用的原料	第二季度使用的原料	第三季度使用的原料	第四季度使用的原料
200 个 R1、200 个 R2	150 个 R1、150 个 R2	250 个 R1、250 个 R2	200 个 R1、200 个 R2

但由于生产总监的失误，上年第四季度只订购了 100 个 R1 和 100 个 R2。

解决方案 1：加班生产（假设 12 时制班次加成为 1.5）。

第一季度按数量为 100 生产，第二季度和第三季度按照加班后的数量生产，第四季度按照原计划执行，则生产计划如表 8-20 所示。

表 8-20 生产计划表（a）

第一季度生产数量	第二季度生产数量	第三季度生产数量（将工人效率提升回原效率）	第四季度生产数量（将工人效率提升回原效率）
100 个 P1	150×1.5=225 个 P1	250×1.5=375 个 P1	200 个 P1

采购计划如表 8-21 所示。

表 8-21 采购计划表（a）

第一季度订购的原材料数量	第二季度订购的原材料数量	第三季度订购的原材料数量	第四季度订购的原材料数量
225 个 R1、225 个 R2	375 个 R1、375 个 R2	200 个 R1、200 个 R2	按下年生产计划订购原材料

根据重新制订的生产计划可发现，虽然原材料少订了，但是可以通过加班生产的方式将生产计划按时完成，且只需要在第一季度时多订购些原材料便能解决困境。

解决方案 2：提升工人效率（假设工人效率为 100% 时，每季度可增加 50 个产品）。

第一季按原计划生产，在第一季度订购原材料时，按工人效率为 100% 计算第二季度的实际产能，按此实际产能订购原材料数量。第二季度将工人效率全部提升至 100%，第二季度订购原材料时，依然按第一季度订购数量订购。

生产计划如表 8-22 所示。

表 8-22 生产计划表（b）

第一季度生产数量	第二季度生产计划（生产前将工人效率提升至 100%）	第三季度生产计划	第四季度生产计划
100 个 P1	150+50=200 个 P1	250+50=300 个 P1	250 个 P1

采购计划如表 8-23 所示。

表 8-23 采购计划表（b）

第一季度订购的原材料数量	第二季度订购的原材料数量	第三季度订购的原材料数量	第四季度订购的原材料数量
200 个 R1、200 个 R2	300 个 R1、300 个 R2	250 个 R1、250 个 R2	按下年生产计划订购原材料

无论是方案 1 还是方案 2 均可解决定错原材料问题，前提是定错的数量可以弥补，若出现过大失误，还需通过计算解决。在选择方案时，计算每种方法带来的损失，取损失最小方案即可。

8.3 如何使得工人效率最大化

企业在生产过程中，工人的工作效率通常会随着工作时长以及生产次数的增加而逐渐降低。在数智企业经营管理沙盘中提升工人效率的方式有两种。

1. 激励

激励是指给该员工发放一笔资金，该笔资金相当于给员工发放的福利，属于一次性费用，激励成功工人提升少许效率。但由于激励属于一次性费用，工人的工资不变，故该种方式多在企业经营前期使用。

2. 涨薪

涨薪是指改变工人原本的工资，从下季度开始为工人发放涨薪后的薪资。涨薪的当季度不会立刻减少资金，同时涨薪后工人提升较多效率。由于每涨薪一次工人工资增加一次，故该种方式通常在企业经营后期采用。

案例 1：某企业使用全自动线生产产品，全自动线需要 1 个高级技工，基础产量为 30。已知高级技工第三年第一季工作效率为 60%，工人工资为 3 000 元，按 8 时制生产一次工人效率损失 2%，班次加成为 1。企业本季度计划拿出 5 000 元提升工人工作效率，但不清楚用激励和涨薪哪种方式更合适。激励规则如表 8-24 所示。

表 8-24 激 励 规 则

激 励 名 称	提升效率比例（%）
激励	20
涨薪	50

首先，计算该笔资金分别用于激励和涨薪，共能提升多少效率。

若 5 000 元用于激励，则工人效率提升 5 000/（10 000/20%）×100%=10%。此时工人的工作效率为 60%+10%=70%。

若 5 000 元用于涨薪，则工人效率提升 5 000/（10 000/50%）×100%=25%。此时工人的工作效率为 60%+25%=85%。

其次，计算工人效率提升后所能够为企业增加的产品数量。

根据公式计算产线的实际产能：实际产能 = 基础产能 ×（1+ 手工工人效率之和 /4+ 高级技工效率之和）× 班次加成，具体如表 8-25 和表 8-26 所示。

表 8-25 产线的实际产能（a） 单位：%

方式	3Y1Q 工作效率	3Y2Q 工作效率	3Y3Q 工作效率	3Y4Q 工作效率	4Y1Q 工作效率	4Y2Q 工作效率	4Y3Q 工作效率	4Y4Q 工作效率
激励	70	68	66	64	62	60	58	56
涨薪	85	83	81	79	77	75	73	71

表 8-26 产线的实际产能（b）

方式	3Y1Q 实际产能	3Y2Q 实际产能	3Y3Q 实际产能	3Y4Q 实际产能	4Y1Q 实际产能	4Y2Q 实际产能	4Y3Q 实际产能	4Y4Q 实际产能	产能总计
激励	51	50	49	49	48	48	47	46	388
涨薪	55	54	54	53	53	52	51	51	423

然后，计算自工人提升效率后所产生的费用，如表 8-27 所示。

表 8-27 工人提升效率后所产生的费用　　　　　　　　　　单位：元

方式	费用（3~4 年）
激励	5 000
涨薪	5 000×3×7=105 000（增长的费用，每月增长 5 000，1 季度三个月，共 7 个季度）

最后，对比产能利润与费用。

若（涨薪后产能－激励后产能）× 单位产品利润大于"涨薪费用－激励费用"，则涨薪合适。

若（涨薪后产能－激励后产能）× 单位产品利润小于"涨薪费用－激励费用"，则激励合适。

假设单位产品利润为 X 元。

（423－288）× X =105 000－5 000，计算可得 X 约为 2 857 元。所以当单位产品利润大于 2 857 元时，则涨薪合适。若单位产品利润小于 2 857 元时，则激励合适。

若在企业前期使用涨薪方式提升工人效率，不仅会产生高额的费用，而且对产品利润有要求。而随着经营时间越短，则费用就会越少，所以经营后期使用涨薪较为合适。

总体来说，激励和涨薪都能够使工人工作效率增加，而不同的方式所产生的结果不同，可通过对比产品利润来确定投放方向。当产能一定时，需要通过考虑自投资季度截至经营结束所产生的费用来确定投资方向。

8.4　如何避免破产

在数智企业经营管理沙盘中，破产是常见的现象，有些企业破产是由于经营不善导致企业的资金断流，但有些单纯是因为季末或年末未留足现金，才导致的破产。那么在企业经营过程中如何才能避免破产呢？

首先，明确破产的条件。破产是由于系统强制扣除企业应付未付的费用，而导致现金为负的结果。若季末或年末资金充足，扣除费用后现金仍为正数，则不会破产。

其次，应列出系统强制扣除的费用。

1. 企业应付未付的费用

在数智企业经营管理沙盘中，应付账款、管理费用、利息费用、贷款本金、工人工资以及解雇费用应当由企业主动支付。若忘记支付，在切换季度时系统强制扣除此部分的资金。现金为负则视为破产。各学员身为企业高层应当发挥企业家精神，主动承担企业的责任，在经营企业的同时，维护企业的商誉，及时支付企业应付的费用。

2. 企业无法支付，系统自动扣除的费用

除了上述费用外，维修费、违约金、税金则是由系统自动扣除，企业无法主动支付，所以在季末或年末时，应当计算并留足此部分的资金，才能避免由于扣除此部分的资金而导致破产。

根据生产线的建成时间计算维修费，生产线建成满一年，则系统自动扣除维修费，此费用按年持续扣除。根据规则查看每种生产线的维修费用，如表 8-28 所示。

表 8-28　每种生产线的维修费用　　　　　　　　　　　　　　单位：元

生产线种类	生产线数量（条）	单产线维修费	总维修费
传统线	4	500	4×500=2 000
全自动线	2	1 500	2×1 500=3 000
全智能线	1	5 000	1×5 000=5 000

违约金是由于未及时交付产品而产生的。若某季度无法交付产品，根据该张订单总销售费用计算出违约金，留足此部分资金即可，如表 8-29 所示。

表 8-29　根据总销售费用计算违约金　　　　　　　　　　　　单位：元

订单销售收入	违约金比例	违约金
1 711 000	20%	1 711 000×20%=342 200

需要根据企业盈利情况计算税金，可分为以下几种情况，如表 8-30 所示。

表 8-30　根据企业盈利情况计算税金　　　　　　　　　　　　单位：元

情景模拟	情景描述	税率	应交税金
情景 1	第一年盈利 2 000	20%	2 000×20%=400
情景 2	第一年亏损 2 000	20%	不交税
情景 3	第一年亏损 2 000， 第二年盈利 1 500	20%	均不交税
情景 4	第一年亏损 2 000， 第二年盈利 1 500， 第三年盈利 3 000；	20%	第一年不交税 第二年不交税 第三年交税金额（1 500+3 000−2 000）×20%=500

最后，如年末进行网络销售，那么税金如何计算？

网络销售的产品在切换季度时，系统自动将销售收入增加至企业现金中，同时自动扣除相应数量的产品。但由于实际销售数量受众多因素的影响，无法判断具体的销售数量。所以在年末时，企业应当留一定量的资金，如表 8-31 所示。

表 8-31　根据网络销售计算年末税金　　　　　　　　　　　　　单位：元

某企业某年在经销商市场销售收入为 32 483 000	年末企业应当留的现金要多于 32 483 000×20%=6 496 000
某企业某年在经销商市场销售收入为 4 509 000，年末在零售市场上架量的销售收入为 43 780 000	年末企业应当留的现金要多于 4 509 000×20%=901 800

虽然企业在零售市场全部售出产品后，将得到 4 378 000 元的货款，这笔资金足以弥补应交的税金，但零售市场是否能售出产品还受其他企业上架量的影响（未知量）。如果企业未能在零售市场售出产品，也未留充足资金，企业将会因资金不足而破产。为了规避这种情况，企业应当按上述计算方法在年末留足一定量的资金。

第四部分
企 业 家

第九章
企业家精神

学习目标

> 学习企业家的勤劳、创业、敬业、惜时精神。
> 培养学生自信、自主、自立、自强的企业家精神和良好的道德情操。
> 了解创立企业、合法经营、培育企业的企业文化。
> 践行新时代企业家精神,提升自身爱国、创新、诚信、社会责任和国际视野,成为推动高质量发展的生力军,不辜负时代赋予自己的神圣使命。

导入案例

慈善企业家——邵逸夫

邵逸夫,原名邵仁楞,1907年11月出生于浙江宁波。他是中国电影史上有声电影的"开山鼻祖",缔造了素有"东方好莱坞"之称的邵氏影城,创造了香港无线TVB的电视神话,开设了"港星摇篮"训练班,培养了众多一线巨星。邵逸夫因此被称为"华语影视大亨"。

邵逸夫不是香港最有钱的人,却是香港富豪中屈指可数的大慈善家。据不完全统计,邵逸夫历年在社会公益和慈善事务等方面的贡献超过100亿港元,捐建内地各类教育等项目超过6 000个。他主要通过自己名下的基金会与教育部合作,支持社会的教育、科技、公益等慈善事业。全国逸夫楼的拔地而起,便足以表明邵逸夫回馈社会的赤子之心。

1987年后,邵逸夫对故乡宁波开始倾注爱心,先后捐资4 000多万元发展教育文化事业,荣获"爱乡楷模""荣誉市民"的称号。1994年,邵逸夫向牛津大学捐赠300万英镑,成立了中国研究所。2002年11月,邵逸夫基金创立邵逸夫奖,下设天文学奖、生命科学与医学奖、数学科学奖三个奖项,巨额奖金媲美诺贝尔奖。2011年,邵逸夫退休时,还不忘将公司2.59%的股权馈赠给数家教育及慈善机构。

邵逸夫在许多重大灾害中也积极捐资助建。比如20世纪90年代江浙一带发生台风和洪涝灾害,他一次性资助了150多所受灾中小学;1999年,捐出2 500万港元,救助"9·21"的中国台湾地震灾民;2005年,为南亚海啸灾区捐出1 000万港元;2008年,汶川大地震后,捐款1亿港元;2009年,为中国台湾台风水灾捐款1亿新台币;2010年,在青海玉树大地震后捐款1亿港元等。

通过上述案例我们了解到邵逸夫的慈善事迹，那么作为一名企业家应当具备什么精神呢？

法国经济学家萨伊在 1800 年左右对企业家最先进行了定义，"把经济资源从生产率较低、产量较小的领域转到生产率较高、产量更大领域的人便是企业家"。后来英国的经济学家马歇尔指出："企业家们属于敢于冒险和承担风险的有高度技能的职业阶层。"经济学家彭罗斯对企业家的意义进行了提升，企业的家的事业心和对风险的态度是一枚硬币的两面，因为企业家的事业心包含承担风险的意志，探索避免风险的热情，是企业持续发展的动力，以及把对利润的追求当成自己的伟大使命。

除此之外，企业家应有"三商"，即智商、情商和胆商。

智商指的是智慧和知识的储备，以及如何利用智慧和知识创造财富的勇气和能力；情商指的是处世和沟通的能力，特别是建立关系和整合资源以及能力；胆商指的是有胆识和决策的魄力，能够把握一切机会，以最快的速度应对环境的变化。

企业家应本着"君子爱财，取之有道"的游戏规则，实现利益的增长和企业的壮大。真正意义上的企业家都会有"取之于社会，用之于社会"的胸襟和社会责任感。

那么什么是企业家精神呢？

9.1 企业家精神

2020 年 7 月 21 日，中共中央总书记、国家主席、中央军委主席习近平在京主持召开企业家座谈会并发表重要讲话，在会议上，他对中国的企业家提出以下几点希望。

第一，增强爱国情怀。企业营销无国界，企业家有祖国。优秀企业家必须对国家、对民族怀有崇高使命感和强烈责任感，把企业发展同国家繁荣、民族兴盛、人民幸福紧密结合在一起，主动为国担当、为国分忧，正所谓"利于国者爱之，害于国者恶之"。爱国是近代以来我国优秀企业家的光荣传统。从清末民初的张謇，到抗战时期的卢作孚、陈嘉庚，再到新中国成立后的荣毅仁、王光英等，都是爱国企业家的典范。改革开放以来，我国也涌现出一大批爱国企业家。企业家爱国有多种实现形式，但首先是办好一流企业，带领企业奋力拼搏、力争一流，实现质量更好、效益更高、竞争力更强、影响力更大的发展。

第二，勇于创新。创新是引领发展的第一动力。"富有之谓大业，日新之谓盛德。"企业家创新活动是推动企业创新发展的关键。美国的爱迪生、福特，德国的西门子，日本的松下幸之助等著名企业家都既是管理大师，又是创新大师。改革开放以来，我国经济发展取得举世瞩目的成就，同广大企业家大力弘扬创新精神是分不开的。创新就要敢于承担风险。敢为天下先是战胜风险挑战、实现高质量发展特别需要弘扬的品质。企业家要做创新发展的探索者、组织者、引领者，勇于推动生产组织创新、技术创新、市场创新，重视技术研发和人力资本投入，有效调动员工创造力，努力把企业打造成为强大的创新主体，在困境中实现凤凰涅槃、浴火重生。

第三，诚信守法。"诚者，天之道也；思诚者，人之道也。"人无信不立，企业和企业家更是如此。社会主义市场经济是信用经济、法治经济。企业家要同方方面面打交道，调动人、财、物等各种资源，没有诚信寸步难行。由于种种原因，一些企业在经营活动中还存在不少不讲诚信甚至违规违法的现象。法治意识、契约精神、守约观念是现代经济活动的重要意识规范，也是信用经济、法治经济的重要要求。企业家要做诚信守法的表率，带动全社会道德素质和文明程度的提升。

第四，承担社会责任。企业既有经济责任、法律责任，也有社会责任、道德责任。任何企业存在于社会之中，都是社会的企业。社会是企业家施展才华的舞台。只有真诚回报社会、切实履行社会责任的企业家，才能真正得到社会认可，才是符合时代要求的企业家。这些年来，越来越多企业家投身各类公益事业。在防控新冠肺炎疫情斗争中，广大企业家积极捐款捐物，提供志愿服务，作出了重要贡献，值得充分肯定。当前，就业压力加大，部分劳动者面临失业风险。关爱员工是企业家履行社会责任的一个重要方面，要努力稳定就业岗位，关心员工健康，同员工携手渡过难关。

第五，拓展国际视野。有多大的视野，就有多大的胸怀。改革开放以来，我国企业家在国际市场上锻炼成长，利用国际国内两个市场、两种资源的能力不断提升。过去10年，我国企业"走出去"步伐明显加快，更广更深参与国际市场开拓，产生出越来越多世界级企业。近几年，经济全球化遭遇逆流，经贸摩擦加剧。一些企业基于要素成本和贸易环境等方面的考虑，调整了产业布局和全球资源配置。这是正常的生产经营调整。同时，中国是全球最有潜力的大市场，具有最完备的产业配套条件。企业家要立足中国，放眼世界，提高把握国际市场动向和需求特点的能力，提高把握国际规则以及开拓国际市场的能力，提高防范国际市场风险的能力，带动企业在更高水平的对外开放中实现更好发展，促进国内国际双循环。

9.2　社会企业家精神

彼得·德鲁克承继并发扬了熊彼特的观点。他提出企业家精神中最主要的是创新，进而把企业家的领导能力与管理等同起来，他认为"企业管理的核心内容，是企业家在经济上的冒险行为，企业就是企业家工作的组织"。

世界著名的管理咨询公司埃森哲，曾在26个国家和地区与几十万名企业家交谈。其中79%的企业领导认为，企业家精神对于企业的成功非常重要。全球最大科技顾问公司Accenture的研究报告也指出，在全球高级主管的心目中，企业家精神是组织健康长寿的基因和要穴。正是企业家精神造就了"二战"后日本经济的奇迹，引发了20余年美国新经济的兴起。那么，到底什么是真正的企业家精神呢？

一、企业家首先应有"工匠精神"

"工匠精神"落在企业家层面，可以认为是企业家精神。第一，创新是企业家精神的内核。企业家通过从产品创新到技术创新、市场创新、组织形式创新等全面创新，从创新中寻找新的商业机会，在获得创新红利之后，继续投入、促进创新，形成良性循环。第二，敬业是企业家精神的动力。有了敬业精神，企业家才会有将全身心投入到企业中的不竭动力，才能够把创新当作自己的使命，才能使产品、企业拥有竞争力。第三，执着是企业家精神的底色。在经济处于低谷时，其他人也许选择退出，唯有企业家不会退出。

二、创新是企业家精神的灵魂

熊彼特关于企业家是从事"创造性破坏"（creative destruction）的创新者观点，凸显了企业家精神的实质和特征。一个企业最大的隐患，就是创新精神的消亡。一个企业，要么增值，要么就是在人力资源上报废，创新必须成为企业家的本能。但创新不是"天才的闪烁"，而是企业家艰苦工作的结果。创新是企业家活动的典型特征，从产品创新到技术创新、市场创新、组织形式创新等。创新精神的实质是"做不同的事，而不是将已经做过的事做得更好一些"。所以，具有创新精神的企业家更像一名充满激情的艺术家。

三、冒险是企业家精神的天性

坎蒂隆和奈特将企业家精神与风险（risk）和不确定性（uncertainty）联系在一起。没有甘冒风险和承担风险的魄力，就不可能成为企业家。企业创新风险要么成功，要么失败。在美国3M公司有一个很有价值的口号："为了发现王子，你必须和无数个青蛙接吻"。"接吻青蛙"常常意味着冒险与失败，但是"如果你不想犯错误，那么什么也别干"。同样，对1939年在美国硅谷成立的惠普、1946年在日本东京成立的索尼以及1976年在中国台湾新竹成立的宏碁、1984年分别在北京、青岛成立的联想和海尔等众多企业而言，虽然这些企业创始人的成长环境、成长背景和创业机缘各不相同，但无一例外都是在条件极不成熟和外部环境极不明晰的情况下敢为人先的结果。

四、合作是企业家精神的精华

正如艾伯特·赫希曼所言：企业家在重大决策中实行集体行为而非个人行为。尽管伟大的企业家表面上常常是"一个人的表演"，但真正的企业家其实擅长合作，而且这种合作精神需要扩展至企业的每个员工。企业家既不可能也没有必要成为一个超人（superman），但企业家应努力成为蜘蛛人（spiderman），要有非常强的"结网"的能力和意识。西门子就是一个例证，这家公司秉承员工为"企业内部的企业家"的理念，开发员工的潜质。在这个过程中，经理人充当教练角色，让员工进行合作，并为其合理的目标定位实施引导，同时给予足够的施展空间，并及时予以鼓励。西门子公司因此获得令人羡慕的产品创新纪录和成长纪录。

五、敬业是企业家精神的动力

马克斯·韦伯在《新教伦理与资本主义精神》中写道:"这种需要人们不停地工作的事业,成为他们生活中不可或缺的组成部分。事实上,这是唯一可能的动机。但与此同时,从个人幸福的观点来看,它表述了这类生活是如此的不合理:在生活中,一个人为了他的事业才生存,而不是为了他的生存才经营事业。"货币只是成功的标志之一,对事业的忠诚和责任,才是企业家的"顶峰体验"和不竭动力。

六、学习是企业家精神的关键

荀子曰:"学不可以已。"彼得·圣吉在其名著《第五项修炼》中说道:"真正的学习,涉及人之所以为人此一意义的核心。"学习与智商相辅相成,以系统思考的角度来看,从企业家到整个企业必须是持续学习、全员学习、团队学习和终身学习。日本企业家的学习精神尤为可贵,他们向爱德华兹·戴明学习质量和品牌管理;向约琴夫·M.朱兰学习组织生产;向彼得·德鲁克学习市场营销及管理。同样,美国企业家也在虚心学习,企业流程再造和扁平化组织,正是学习日本的团队精神结出的硕果。

七、执着是企业家精神的本色

英特尔总裁葛洛夫有句名言:"只有偏执狂才能生存。"这意味着在遵循摩尔定律的信息时代,只有坚持不懈、持续不断地创新,以夸父追日般的执着,咬定青山不放松,才可能稳操胜券。在发生经济危机时,资本家可以变卖股票退出企业,劳动者也可以退出企业,然而企业家却是唯一不能退出企业的人。正所谓"锲而舍之,朽木不折;锲而不舍,金石可镂"。20世纪80年代"诺基亚人"涉足移动通信,但到20世纪90年代初芬兰出现了严重经济危机,诺基亚未能幸免遭到重创,公司股票市值缩水了50%。在此生死存亡关头,公司非但没有退却,反而毅然决定变卖其他产业,集中公司全部的资源专攻移动通信。坚忍执着的诺基亚成功了,诺基亚手机曾在世界市场的占有率达到35%。

八、诚信是企业家精神的基石

诚信是企业家的立身之本。在企业家修炼领导艺术的所有原则中,诚信是绝对不能摒弃的。市场经济是法制经济,更是信用经济、诚信经济。没有诚信的商业社会,将充满极大的道德风险。凡勃伦在其名著《企业论》中早就指出:"有远见的企业家非常重视包括诚信在内的商誉。"诺贝尔经济学奖得主弗利曼更是明确指出:"企业家只有一个责任,就是在符合游戏规则下,运用生产资源从事利润的活动,亦即须从事公开和自由的竞争,不能有欺瞒和诈欺。"

参 考 文 献

[1] 刘芳，胡俊开. 市场营销基础与实务 [M]. 北京：人民邮电出版社，2015.

[2] 周三多，陈传明，刘子馨，贾良定. 管理学——原理与方法 [M]. 上海：复旦大学出版社，2018.

[3] 财政部会计资格评价中心. 财务管理 [M]. 北京：经济科学出版社，2020.

[4] [美] 加里·德斯勒. 人力资源管理 [M]. 刘昕，译. 北京：中国人民大学出版社，2017.

[5] [日] 大野耐一. 丰田生产方式 [M]. 谢克俭，李颖秋，译. 北京：中国人民大学出版社，2016.

[6] 黄丹. 财务管理智能化及其未来发展趋势浅析 [J]. 商讯，2021（1）：33-34.

[7] 林萍萍. 数字化赋能高校财务共享平台建设研究——以 F 高校为例 [J]. 教育财会研究，2021，32（2）：67-72.

[8] 刘梅玲，黄虎，佟成生，刘凯. 智能财务的基本框架与建设思路研究 [J]. 会计研究，2020（3）：179-192.

[9] 王玲. 数智化背景下企业人力资源管理的创新发展研究 [J]. 江苏科技信息，2021，38（33）：8-10.

[10] 刘梓鑫. 数字化工厂建设风险管理研究——以 A 企业为例 [D]. 数字化工厂研究，2021.

[11] 陆晓辉，陈晓梅. 沙盘模拟原理及量化剖析 [M]. 北京：化学工业出版社，2009.

附　录

注释：

1. 《大雅·灵台》是中国古代第一部诗歌总集《诗经》中的一首诗。其是记述周文王游乐生活的诗，是中国最早的表现园囿之美的诗歌。

2. 秦始皇：中国古代杰出的政治家、战略家、改革家，首次完成中国大一统的政治人物，也是中国第一个称皇帝的君主。

3. 李斯：战国末楚国上蔡人，秦朝著名政治家、文学家和书法家。

4. 王翦：频阳东乡（今陕西省富平县）人，战国时期秦国名将、杰出的军事家。

5. 范晔：字蔚宗，顺阳郡阳县（今河南省淅川县李官桥镇）人。南朝宋时期著名史学家、文学家、官员。

6. 菲利普·科特勒：现代营销集大成者，被誉为"现代营销学之父"，任美国西北大学凯洛格管理学院终身教授，是美国西北大学凯洛格管理学院国际市场学 S.C. 强生荣誉教授。美国管理科学联合市场营销学会主席，美国市场营销协会理事，营销科学学会托管人，管理分析中心主任等。

7. 美国市场营销协会：于1937年由市场营销企业界及学术界具有远见卓识的人士发起成立。如今，该协会已发展成为世界上规模最大的市场营销协会之一，拥有30 000多名会员，他们在世界各地从事着市场营销方面的工作以及营销领域的教学与研究。

8. 每用户平均收入（average revenue per user，ARPU）：指一个时期内（通常为一个月或一年）电信运营企业平均每个用户贡献的通信业务收入，其单位为元/户。从计算的角度看，ARPU值的大小取决于两个因素，业务收入和用户数量，相对用户数量，业务收入越高，ARPU值越大。同时 ARPU 值也反映企业的用户结构状况，当用户构成中高端客户占的比重越高，ARPU值就越高。

9. 麦卡锡："4P"理论的创始人，20世纪著名的营销学大师。曾发表过多篇论文，编写多本市场营销类的书籍，并担任多家知名企业的市场营销顾问。

10. 合作性战略模式（vendor managed inventory，VMI）：所谓VMI，是一种以用户

和供应商双方都获得最低成本为目的，在一个共同的协议下由供应商管理库存，并不断监督协议执行情况和修正协议内容，使库存管理得到持续地改进的合作性策略。

11. 埃尔顿·梅奥：管理学家，原籍澳大利亚，早期的行为科学——人际关系学说的创始人，美国艺术与科学院院士。

12. 彼得·圣吉：学习型组织之父，当代最杰出的新管理大师之一，是美国麻省理工学院（MIT）斯隆管理学院资深教授，国际组织学习协会（SoL）创始人、主席。

13. 彼得·德鲁克：现代管理学之父，其著作影响了数代追求创新以及最佳管理实践的学者和企业家们，各类商业管理课程也都深受彼得·德鲁克思想的影响。

14. 郑晓明：任清华大学经济管理学院领导力与组织管理系长聘教授（终身正教授），博士生导师，兼任中国工商管理案例中心主任。

15. 让·巴蒂斯特·萨伊：法国经济学家，古典自由主义者。他是继亚当·斯密、大卫·李嘉图之后，古典经济学派兴起之后的又一个经济学伟人。

16. 阿尔弗雷德·马歇尔：近代英国最著名的经济学家，新古典学派的创始人，剑桥大学经济学教授，19世纪末和20世纪初英国经济学界最重要的人物。

17. 约瑟夫·熊彼特：1901—1906年在维也纳大学攻读法学和社会学，1906年获法学博士学位，是一位有深远影响的美籍奥地利政治学家，其后移居美国，一直任教于哈佛大学。

18. 查理德·坎蒂隆：爱尔兰人，他的主要经历在法国，而且他的经济学研究以法国为对象，因此被列入法国经济学家的行列。经济学家和金融家，曾撰写现代经济学的最早的著作《商业性质概论》。

19. 弗兰克·H.奈特：美国经济学家，20世纪的经济学巨擘之一。曾长期执教于芝加哥大学，任芝加哥大学经济学教授（1927—1955），后任荣誉教授直至逝世。

20. 艾伯特·赫希曼：一位德国出生的犹太思想家，早年沉迷于黑格尔和马克思等大陆哲学，辗转英美学习经济学，直到1964年进入哈佛大学工作。著名的发展经济学家，当代伟大的知识分子之一。

21. 马克斯·韦伯：德国著名社会学家，也是一位现代最具生命力和影响力的思想家。公认的社会学三大"奠基人"之一。

22. 荀子：战国后期赵国人，世人尊称荀卿，汉时避汉宣帝刘荀名讳称为孙卿。思想家、哲学家、教育家、儒家学派的代表人物，先秦时代百家争鸣的集大成者。

教师服务

感谢您选用清华大学出版社的教材！为了更好地服务教学，我们为授课教师提供本书的教学辅助资源，以及本学科重点教材信息。请您扫码获取。

》 教辅获取

本书教辅资源，授课教师扫码获取

》 样书赠送

企业管理类重点教材，教师扫码获取样书

 清华大学出版社

E-mail: tupfuwu@163.com
电话：010-83470332 / 83470142
地址：北京市海淀区双清路学研大厦 B 座 509

网址：http://www.tup.com.cn/
传真：8610-83470107
邮编：100084